中央民族大学“985工程”建设项目
中国少数民族教育研究创新基地文库

本书系全国教育科学“十二五”规划2011年度教育部重点课题“民族地区农村中小学布局调整政策执行研究”（DMA110312）的最终成果

国家出版基金项目
NATIONAL PUBLICATION FOUNDATION

中国少数民族教育政策研究丛书

苏 德 主编

民族教育政策：

基层官员政策再制定行为研究

江凤娟 著

教育科学出版社
·北 京·

丛书总序

我国是一个统一的多民族社会主义国家，民族教育是我国教育事业重要的组成部分，民族教育的发展是促进各民族共同团结进步、共同繁荣发展的重要基础。《国家中长期教育改革和发展规划纲要（2010—2020年）》中专门对民族教育做出全面的规划和部署，这无疑为民族教育学科的跨越式发展提供了大好机遇。

中央民族大学作为党和国家为解决中国民族问题、培养少数民族干部和高级专门人才而创建的高等学校，在我国民族事务与民族教育事业中具有举足轻重的地位。该校是一所汇聚了56个民族师生的国家“985工程”和“211工程”重点建设大学。中央民族大学教育学院一直致力于我国民族教育的田野调查和理论研究，是我国民族教育研究领域的“带头人”。通过“211工程”和“985工程”三期建设项目及其他项目的积累，教育学院形成了以少数民族教育为特色和优势的学科，凝聚了一支在国内外有影响、团结协作并有奉献精神的少数民族教育创新研究团队，在少数民族教育的理论与实践方面取得了丰硕成果。

为贯彻落实《国家中长期教育改革和发展规划纲要（2010—2020年）》精神，进一步提高民族教育科学研究的质量和水平，促进我国民族教育科学事业的繁荣和发展，为新时期国家民族教育改革决策和实践服务，教育学院专门成立了“中国少数民族教育政策研究丛书”编委会，以科学发展观为指导，围绕民族教育改革发展的重要理论和重大现实问题，邀请国内外民族教育研究的优秀专家学者开展了一系列基础研究和应用研究，撰写和出版了中国少数民族教育的系列专业教材和学术著作。

“中国少数民族教育政策研究丛书”以中央民族大学“211工程”和“985工程”三期建设项目为研究平台，在中央民族大学教育学院院长苏德教授主持的联合国教科文组织西班牙千年发展目标促进基金“中国文化与发展伙伴关系”项目“中国少数民族基础教育政策研究”课题（2008—2011），以及国家社会科学基金教育学重点招标课题“民族教育质量保障和特色发展研究”的系列研究成果的基础上形成。该项目研究者历时五年，主要在我国西南地区的云南省、贵州省和西北地区的青海省进行多次田野调查，收集了大量的一手资料。研究者从教育政策的不同角度对我国的民族教育政策做了实践上的梳理和理论上的提升，最终形成了此套丛书，即《民族教育政策：质性研究与案例分析》《民族教育政策：文化思考与本土建构》《民族教育政策：行动反思与理论分析》《民族基础教育质量保障的政策研究》《民族教育政策：基层官员政策再制定行为研究》《民族教育质性研究方法：理论、策略与实例》《民族教育政策文化分析——以民族预科教育政策为线》等。

该丛书在理论和实践层面，对我国民族教育发展过程中存在的实际问题进行了深度描写和梳理，并从当地的生态环境、独特的语言文化出发，提出了有针对性的、有意义的对策和建议，是中央民族大学民族教育学学科建设的标志性成果之一，为中国少数民族教育学科与民族教育事业的发展做出了重要贡献。

顾明远

2013年2月

目　录

第一章　研究问题和文献述评

第一节　研究背景、问题界定和研究意义

一、研究背景

20世纪80年代初期，农村中小学就开展了局部调整。依据1986年《中华人民共和国义务教育法》中第15条的规定——“县级以上地方人民政府根据本行政区域内居住的适龄儿童、少年的数量和分布状况等因素，按照国家有关规定，制定、调整学校设置规划。新建居民区需要设置学校的，应当与居民区的建设同步进行”，我国进行了第一次较大规模的农村中小学布局调整，各级地方政府以农村初、高中为重点，撤并了一批规模过小的“麻雀校”，初步整合了当时的农村教育资源①。

近年来，随着“两基”攻坚和“普九”工作的深入推进，农村义务教育的改革与发展日益成为我国各项工作的重中之重，农村中小学布局调整问题再次受到高度关注。

2001年颁布的《国务院关于基础教育改革与发展的决定》（国发〔2001〕21号）将调整农村义务教育学校布局列为一项重要工作，并指出应“因地制宜调整农村义务教育学校布局”。同年，国务院召开的全国基础教育工作会议也将农村中小学布局调整列为发展农村义务教育当前要重点抓好的六项工作之一。自2001年起，各地政府纷纷制定本地区的农村中小学布

① 庞丽娟，韩小雨．农村中小学布局调整的问题、原因及对策［J］．教育学报，2005（4）．

局调整规划，第二次农村中小学布局调整工作在全国范围内广泛开展。

2002 年和 2003 年，国务院和财政部分别下达了《关于完善农村义务教育管理体制的通知》和《中小学布局调整专项资金管理办法》，从管理体制、经费保证方面进一步推动了农村中小学布局调整工作，各地政府也都大规模地加快了布局调整的步伐，全国范围的中小学数量大幅度减少。从国家统计年鉴发布的数据看，2000 年我国小学学校数为 553622 所，到 2010 年减少到 257410 所，减少了 296212 所，减少比例为 53. 50%。在小学学校数量的变化中，又以农村变化最为明显，2000 年农村小学为 440284 所，到 2010 年减少到 210894 所，减少了 229390 所，减少比例为 52. 10%。城市、城镇小学数量的变化相对平稳（见图 1 - 1）。

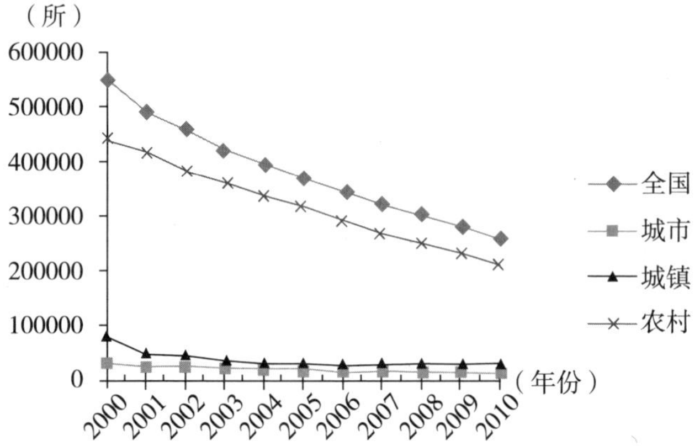

图 1 - 1　2000—2010 年全国范围及区域小学学校数量变化分布

资料来源：中国统计年鉴 2001—2011 [EB/OL]. [2012 - 12 - 10]. http://www.stats.gov.cn/tjsj/ndsj.

自 2001 年全国大规模的农村中小学布局结构调整开展以来，部分地区尤其是一些经济较为发达的农村地区，通过因地制宜、实事求是地合理调整中小学布局，集中力量改善了一批乡镇中心学校的办学条件，使合并后的中心学校实现了一定的规模效益，当地的教师队伍质量与教育教学水平也得以提高。但是，在全国农村中小学布局调整初见成效的同时，部分地区在调整农村中小学布局的过程中凸显出许多新问题，集中体现为：

(1) 学校布局调整后学校服务半径过大，农村学生上学时间或距离不合理。有些地方政府盲目撤并和缩减当地农村中小学校，给学生求学带来不便，上学途中的人身安全及身体健康都会受到影响。同时，因为上学路途遥远，很多偏远地区的学生辍学率又出现反弹现象①。(2) 寄宿制学校出现了不适应状态。因为学校规模增大、班额增加，教师负担加重，宿舍和食堂拥挤不堪，学生离开父母后缺少亲情关爱的愁闷心理无法及时疏导等诸多问题层出不穷②。(3) 教育成本增加，家庭负担加重。随着学校的撤并，很多家长顾及孩子上学交通不便和安全问题，选择"让孩子乘车上学并在外解决午餐"，或者干脆在学校附近租赁房屋选择陪读。这在影响了家庭收入的同时又增加了教育成本，很多父母也陷入"欲罢不忍，欲上不能"的困境③。这些问题都在影响着农村基础教育的质量。对于学校布局如何调整，尽管学术界在对学校布局标准的研究中综合了上学距离、上学时间、交通安全、未来人口变化以及宗教等多种因素，但是在具体政策执行中仍未对这些因素进行有效整合，也无法建立一个相对科学的可操作性标准，由此也导致一些学校撤并缺乏科学根据，受教育行政管理者主观影响太强，从而出现了一些盲目的行为。比如一些地区片面追求撤并学校数量和撤并率，一些地区刻意追求办学的集中和学校的规模，还有的地区为了解决历史遗留问题（如危房改造）将多种工作杂糅在一起"搭便车"。

针对此类问题，教育部办公厅发布了《关于切实解决农村边远山区交通不便地区中小学学生上学远问题有关事项的通知》（教基厅〔2006〕5号），要求各地布局调整要"实事求是，因地制宜"，避免调整过程中出现新的学生失学、辍学和上学难问题，并指示各地教育行政部门要"慎重对待撤点学校"。继而，教育部又发布了《关于实事求是地做好农村中小

① 王颖，杨润勇. 新一轮农村中小学布局调整后的负面效应：调查反思与对策分析［J］. 教育理论与实践，2008（12）.

② 贾勇宏. 农村中小学布局调整的预期和动力——基于中西部6省（区）的调查和分析［J］. 教育发展研究，2007（21）.

③ 庞丽娟. 当前我国农村中小学布局调整的问题、原因和对策［J］. 教育发展研究，2006（2B）.

学布局调整工作的通知》（教基〔2006〕10号），总结了有些学校布局调整后出现的学生辍学、大班额授课、寄宿条件差及教育资源流失等种种问题，再次重申布局调整一定要“以人为本”，“充分论证，统筹安排，稳妥实施”，要本着“先建设、后撤并”的原则实施布局调整。教育主管部门连续出台两个文件，针对同一个问题进行了指导性意见和要求的重申，可见农村中小学布局调整过程中出现的新问题已经不再是个别现象①。

由于农村中小学布局调整政策执行后确实产生了一系列问题，因此，很多研究者对现实的问题比较关注，比如学校撤并之后学生上学路途遥远、家庭教育成本增加、寄宿制学校的安全卫生管理不完善、大班额出现等②③④⑤，并针对问题提出了一些“应然”的对策建议。由此可见，大部分对布局调整政策的研究多立足于学生、家长以及教师的视角，从政策目标群体的视角讨论政策产生的影响及问题，体现了研究者浓厚的人文关怀。

不过，从政策目标群体由于“弱权力”而不得不承受的政策影响入手分析，最后提出的对策建议难免无力，比如有的研究者提出“应深入调研当地社会、经济、教育等实际情况，科学统筹规划农村中小学布局调和”⑥，或“强化中央与省级政府责任，建立多元化决策机制，确保学校布局调整政策的科学性、合理性与时效性”⑦。笔者认为，只关注政策目

---

① 关于农村学校布局调整问题的回答［EB/OL］．［2009－09－12］．http：//www.moe.edu.cn/edoas/website18/level3.jsp？tablename＝1894&infoid＝25018.

② 庞丽娟．当前我国农村中小学布局调整的问题、原因与对策［J］．教育发展研究，2006（2B）．

③ 罗银利．农村中小学布局调整中存在的问题及对策［J］．武汉市教育科学研究院学报，2006（9）．

④ 王颖，杨润勇．新一轮农村中小学布局调整后的负面效应：调查反思与对策分析［J］．教育理论与实践，2008（12）．

⑤ 范先佐．我国农村中小学布局调整的成效、问题及对策——基于中西部地区6省区的调查与分析［J］．教育研究，2009（1）．

⑥ 庞丽娟．当前我国农村中小学布局调整的问题、原因与对策［J］．教育发展研究，2006（2B）．

⑦ 雷万鹏．义务教育学校布局：影响因素与政策选择［J］．华中师范大学学报：人文社会科学版，2010（9）．

标群体为主的政策事实还不能充分理解教育政策，仅从单个群体的“怎么样”去分析“为什么”，也会使得分析过于简化或流于表面。为了了解真正的事实，还必须对政策过程的“能动者”——基层官员进行深入调查。比如，为什么各地出现了片面追求撤并率、学校规模等“不约而同”的问题，而相关原因、过程又不尽相同？

从已有的研究文献来看，当前对布局调整政策的研究多是对政策执行后的现状、问题等的事实性研究，就研究范式而言并非是政策研究；多是从学生、家长、教师等政策目标群体的角度，而忽略了从政策执行者的角度进行分析；很少关注真正的“政策研究”，因此也缺乏政策理论的指导和深度。

二、研究缘起

在以往的田野调查中，笔者曾经遇到过那些七八岁便要翻越几个山头上学的学生、放学后在校园里搭起一次性“土灶”煮饭的学生。出于不解，笔者曾就当前学校布局调整过程中出现的问题咨询相关管理人员，得到的回答是“上面的政策要撤校”；再追问其合理性，答曰“其他地方都这样做”……笔者虽试图了解“他们如何理解政策”以及“如何制定具体的撤校方案”，但是都没有得到直接的回复。

于是，笔者开始对布局调整政策产生了兴趣。经过资料检索，发现上述问题并不是一个个案。要了解为什么出现这样的问题，有必要先了解一下政策文本。

农村中小学布局调整工作第一次较大规模的开展，是在1986年《中华人民共和国义务教育法》第15条规定的指导下进行的，当时各级地方政府以农村初、高中为重点，撤并了一批规模过小的“麻雀校”，初步整合了当时的农村教育资源。现在一般提到的农村中小学布局调整政策，则是指2001年颁布的《国务院关于基础教育改革与发展的决定》中关于“调整农村义务教育学校布局”的工作内容，具体为：“因地制宜调整农村义务教育学校布局。按照小学就近入学、初中相对集中、优化教育资源配置的原则，合理规划和调整学校布局。农村小学和教学点要在方便学生就近入学的前提下适当合并，在交通不便的地区仍需保留必要的教学点，防止因布局调整造成学生辍学。学校布局调整要与危房改造、规范学制、城镇化发展、移民搬迁等统筹规划。调整后的校舍等资产要保证用于发展教育事业。在有需要又有条件的地方，可举办寄宿制学校。”

从布局调整和寄宿制的政策文本来看，“小学就近入学、初中相对集中、优化教育资源配置”似乎并没有给各级教育行政部门制定具体任务，那为何各地关于布局调整和寄宿制的报告文件中又几乎都在强调“撤并率”，甚至有的地方撤并的重点是“规模小、效益差”的学校①，同时将布局调整工作作为各级政府的政绩考核内容②③④？

在文献收集过程中，笔者注意到布局调整具体方案的规划和实施都是由县级教育管理部门负责的，也就是说，“县级教育管理部门”是布局调整政策执行中最小的一个单位。因此，笔者决定重点探究布局调整政策在县级层面的执行。

此外，从已有的政策执行研究文献来看，一般将已有的政策作为预设的前提，将政策目标作为衡量政策执行的标准，判断政策目标是否得到了落实或得到了多大程度的落实，也就是大多遵循一种“目标－结果”的逻辑方式。因此，政策执行研究大多关注政策执行偏差。从具体的政策入手，从“结果”来研究政策执行使得研究者多关注措施、效果及问题。不过，需要特别注意的是，政策的效果不应该仅仅将政策目标作为唯一的衡量标准，因为政策最终的目的是影响政策目标群体。了解政策目标群体在政策执行的实际过程中受到的影响更有利于深入探究政策执行。

---

① 内蒙古自治区中小学布局调整专题汇报［EB/OL］.［2009－09－12］. http://www.moe.edu.cn/edoas/website18/level3.jsp? tablename=2437&infoid=35647.

② 内蒙古自治区中小学布局调整专题汇报［EB/OL］.［2009－09－12］. http://www.moe.edu.cn/edoas/website18/level3.jsp? tablename=2437&infoid=35647.

③ 宁夏以学校布局调整促教育健康均衡发展［EB/OL］.［2009－10－03］. http://www.moe.edu.cn/edoas/website18/level3.jsp? tablename=2343&infoid=1248144622323449.

④ 邯郸市“深化布局调整，助推农村义务教育加速均衡”［EB/OL］.［2009－10－03］. http://www.moe.edu.cn/edoas/website18/level3.jsp? tablename=1257413715261250&infoid=1257689049682316.

因此，本研究在选择布局调整政策作为个案政策之后，首先关注的就是政策目标群体，包括学生、家长、教师及学校等实际受到的影响、发生的变化及遇到的问题，进而探究基层官员在政策执行中究竟是如何理解政策，并采取相应措施进行政策执行的。

三、问题界定

本研究试图从基层官员的角度探究政策的执行过程。大多时候，在政策执行者将政策传递至目标群体之前，政策只不过是“一纸空文”，因此“不能脱离政策的执行方式孤立地理解政策”①。

在政策执行过程中，基层官员的决策、处理问题的方法、使用的政策工具直接影响政策的最终效果。当然，这不是说政策制定不重要，也不是指上级管理者对政策执行的影响不大，而是强调基层政策执行者在解释和应用政策过程中发挥着重要的作用。

在农村中小学布局调整政策执行过程中，基层官员既要受到上级行政管理部门的管制约束，又要应对教育需求无法得到满足的家长、学生的压力，同时政策文本本身往往是抽象模糊的，执行所需的政策资源（经费、人员）又严重不足，而且基层官员本身对具体政策也有着自己的理解。这样一种多重压力的环境，与政策制定阶段的决策环境会有明显的差异，这时，基层官员往往会重新“制定”政策。

为了更好地理解政策执行，本研究还关注基层官员如何与目标群体互动。基层官员和目标群体的关系“充溢着权力”②，特别是当目标群体不能自愿选择的时候③。在农村中小学布局调整政策执行过程中，家长、学

---

① Elmore, R F. Organizational models of social program implementation [J]. Public Policy, 1978 (26).

② Adler, M & Asquith, S. Discretion and welfare [M]. London: Heinemann Educational, 1981: 5.

③ Lipsky, M. Street-level bureaucracy: Dilemmas of the individual in public services [M]. New York: Russel Sage Foundation, 1980: 78.

生、被撤并学校的教师一般都处于相对“弱权力”的地位，他们似乎必须接受决策部门制定的政策，而决策者制定政策的时候可能没有完全关注其真正需求，而是根据自己的价值和理念系统。当基层官员将政策传递到目标群体并实施行为的时候，群体的冲突性利益开始碰撞。

本研究立足于已有的政策执行研究，关注布局调整政策执行的实践性现实，重点是对事实的政策过程——尤其是基层官员在政策执行过程中是如何理解政策、决策并采取行动的——进行深入考察。那么：①在布局调整政策执行过程中，基层官员如何“再制定”政策，以及这种再制定对政策目标群体带来了什么结果？②他们进行“再制定”的原因又是什么？这就是本研究主要探究的两个问题。

四、研究意义

首先，从理论意义上来看，基层研究超越了第一代政策执行研究的“命令和控制”的假设，以实证的方式解释影响政策执行的因素。通过研究是什么、为什么和怎么样，可以提高基层官员在政策执行中的责任和效率。理查德·埃尔默（Richard Elmore）指出之前的研究“非常关注基层官员的问题处理，当然这点很重要，但是只是他们工作的一部分，而且只与政策目标有关。从基层研究的视角来分析，基层官员需要处理很多事情，完成很多任务”①。所以，基层研究有助于理解执行政策的基层官员做了什么、工作性质是什么、如何解释政策以及采取措施。

在既有的政策执行研究中，有关基层官员政策执行的研究还较为薄弱。在研究层次上，它不占据学术高端，也似乎没有像探究高层政策执行的“黑箱”那样充满了诱惑。但事实上，政策执行的方式、效果最终要依赖基层官员。

① Elmore, R F. Forward and backward mapping: Reversible logic in the analysis of public policy [M] //K. Hanf and T. A. J. Toonen. Policy implementation in federal and unitary systems. Dordrecht: Martinus Nijhoff, 1985: 214 - 215.

本研究关注这样一个群体，他们是行政级别中最低的一层，是教育政策执行的最后一根链条。在分析繁杂多样的基层政策执行时，更接近日常政治，往往能反映出非体制、非结构和非正式的特征。

本研究试图展示的是一个有关基层官员执行教育政策过程的实态故事。根据笔者的思路框架，故事也被分割成小模块，各模块之间相互独立但又相互联系，事件过程虽然复杂但都反映了基层官员政策执行中的矛盾和冲突，同时也体现了基层官员和目标群体的互动逻辑。如果将本研究置于更广阔的学术背景，最适合的应该是“政治－行政”二分法之下微观的政策执行研究。

其次，从实践意义上来看，尽管政策执行者有着预期的愿望，但是基层官员“不会只做他们想做的或者要求他们去做的。他们会做他们能做的”①。在政策执行的最小单位，基层研究强调政策执行中模糊、不确定的情境，基层官员的自由裁量权和政策再制定的决策过程，同时也提供了一种区分政策事实和政策效果之差异的研究基础。比如在很多政策报告中，政府喜欢使用一些数字来体现政策效果，如“撤并学校为46%，入学率达到99%”。此外，当前很多对布局政策的研究也把关注的重点置于布局调整之后出现的问题，比如学生上学路途遥远、教师负担增加、家庭教育成本增加等。这些问题所能表征的还仅是教育现象，现象背后的政策事实是什么，以及事实背后的原因又是什么，都是基层研究需要进一步关注的问题。

从这个意义上讲，对基层官员的研究在政策执行研究中起到了关键的连接作用，因为基层研究直接探究政策执行中组织和个体分别做了什么、为什么这样做。此外，基层研究的视角还试图寻找政策执行中的问责系统，比如：在政策执行中谁应该为谁负责？政策执行的绩效如何评估？一个引发其他问题的问题如何解决？……这些问题依靠宏观的政策执行研究是很难解决的。对基层官员的研究属于微观的政策执行研究，它所提供的

① Brodkin, E Z. Inside the welfare contract: Discretion and accountability in state welfare administration [J]. The Social Service Review, 1997, 71 (1): 1－33.

视角有助于发现政策执行过程中的诸多维度，这些维度虽然不是直接关联但是对于理解政策的广泛影响是非常关键的。

第二节　国内外研究综述

一、关于“政策执行”的研究述评

将政策看成是一系列的行动而不是一个决定是比较恰当的①，因此对政策的研究往往意味着对政策过程的研究。20 世纪 50 年代以来，关于政策过程的研究呈现出从组织理性走向计划理性、从封闭系统走向开放系统、从个案研究走向大规模比较研究、从关注政策制定走向关注政策执行的趋势，这一趋势现在仍在持续。

关于政策执行研究的发展历史，学界基本认同存在三个不同的阶段：第一阶段表现为自上而下的模式（top down 或者 forward mapping），第二阶段表现为自下而上的模式（bottom up 或者 backward mapping），第三阶段表现为整合型模式②③④⑤。

（一）第一代：自上而下的政策执行研究

20 世纪 70—80 年代，这是自普雷斯曼（T. L. Pressman）和维尔达夫

---

① 米切尔·黑尧. 现代国家的政策过程［M］. 赵成根，译. 北京：中国青年出版社，2004：100.

② Elmore，R F. Backward mapping：Implementation research and policy decisions［J］. Political Science Quarterly，1979，94（4）：601－616.

③ Sabatier，P A，Mazmanian，D. The conditions of effective implementation：A guide to accomplishing policy objectives［J］. Policy Analysis，1979（5）：481－504.

④ 米切尔·黑尧. 现代国家的政策过程［M］. 赵成根，译. 北京：中国青年出版社，2004：110.

⑤ 李允杰，丘昌泰. 政策执行与评估［M］. 张毅，韩志明，译. 北京：北京大学出版社，2008：63.

斯基（A. Wildavsky）的《执行》一书出版后关于政策执行理论研究的“大爆炸”时期。这个时期的研究者明确注意到，在“伟大的期望”和“破碎的希望”之间，还有未标明的执行地带，也就是被称为政策理念消失的“黑箱”，其只能以一种不能承认的形式出现①。这个阶段对执行的研究，尽管已经开始了对政策执行的关注，但是中心却围绕着“如何能让一个好的政策得到完满的落实”，所以它对执行的关注仍然是以制定为中心的，即执行只不过是使“制定出”的政策得以落实。因此，这一时期的主要特点是“政策制定与执行的分离”。如这一代的重要代表人物普雷斯曼和维尔达夫斯基认为：“‘执行’这样的动词必须有一个‘政策’这样的主语。”② 而冯·梅特（Van Meter）和冯·豪恩（Van Horn）则将政策执行过程界定为：“为了实现先前的政策决定中所确定的目标，接受有关政策指导的公共部门或者私人部门的个人（或团体）所采取的行动。”③从对执行的界定上即可以发现，第一代的政策执行研究者们尽管关注对执行阶段的研究，但仍然把执行看作政策制定的一个后续或者附属阶段。

这一阶段做出重大贡献的是马兹曼尼亚（Daniel Mazmanian）和萨巴蒂尔（Paul A. Sabatier）。在研究中，他们根据案例调查中的情况，总结并区分了影响政策过程的 17 个变量，并把它们进一步分为因变量（政策执行过程的阶段）和自变量（问题的可处理性）、相关法律制约政策执行的能力与影响政策执行的非法律因素四个方面④。这种分析开始强调政策制定者对政策问题的控制能力。

20 世纪 80 年代末，对自上而下的政策执行研究进行批判的声音越来越多，主要针对的问题如下：政策制定者不能做到完全理性；政策本身不

① Pressman, J L, Wildavsky, A. Implementation [M]. 3rd ed. Berkeley: University of California Press, 1984: 18.

② Pressman, J L, Wildavsky, A. Implementation [M]. 2nd ed. Berkeley: University of California Press, 1973: XIV.

③ Van Meter, D S, Van Horn, C E. The policy implementation process: A conceptual framework [J]. Administration and Society, 1974 (6): 445 - 488.

④ Mazmanian, D, Sabatier, P A. Effective policy implementation [M]. Lexington, Mass.: Lexington Books, 1981: 86 - 117.

一定是非常明确的；政府对行政人员不可能严格控制，自由裁量权是不可避免的；“完美执行”在现实中是不存在的。而最大的批评则聚焦在“政策制定与执行的分离”上，许多研究表明，政策的制定过程常常在执行过程中得到延续①。

（二）第二代：自下而上的政策执行研究

这个阶段主要以政策执行人员的行动为研究重点，强调政策制定与执行之间的互动，并关注基层管理的政策执行过程。自下而上的政策执行研究倾向于把政策看成一个连续的统一体，去发现“政策行动需要依靠的那些个人和组织之间，以及由于政策变迁利益受到影响的个人和组织之间的互动关系的复杂性和动力”②。

这个阶段有很多研究者发现，执行政策的主体并不是单纯地接受并执行政策，而是对政策进行解释并采取行动，这就是政策的“再制定”。自下而上的政策执行研究关注两点：基层官员的作用和执行结构中的多元主体互动。前者以李普斯基（Michael Lipsky）有关基层官员的研究为代表，而后者则以耶恩（Benny Hjern）与波特（David Porter）的行政结构研究为代表。其中影响比较大的是李普斯基的研究，其富有创意的《基层官员》一书构建的理论模型以一种新的视角进行了政策执行研究。这种视角注意到社会政策的模糊性和不一致性，为行政自由裁量权的行使创建了一种情境。李普斯基认为在特定环境的背后，从分析视角上要像尊重上层“政策制定者”一样尊重这些处于“底层”的管理者。根据李普斯基的研究，当正式的法令是模糊的或者存在内在矛盾的时候，基层官员能够有效地“制定”政策。政策执行需要在传递政策时有决策的自主权，一线工作者的常规工作不能全部监控，也不能全部控制。

不过，尽管李普斯基及其追随者的研究十分强调基层官员的能动作

① 米切尔·黑尧．现代国家的政策过程［M］．赵成根，译．北京：中国青年出版社，2004：113.

② 米切尔·黑尧．现代国家的政策过程［M］．赵成根，译．北京：中国青年出版社，2004：114.

用，但仅仅是描述现象、总结问题而没有给出建设性改进方法。其多元连续互动的观点也被人指责为将政策过程视为一个无缝之网，因而没有决策点、没有始终[①]。

（三）第三代：整合型模式的政策执行研究

第三代政策执行研究不仅把政策执行作为一种组织现象，而且把它视为政策政治学的扩展[②③④]。这种分析模型直接关注关于社会政策的形式和范围的矛盾与冲突如何在执行机构的情境中重组和变化。其中一个关键的问题是考虑这些替代性形式带来的差异。这种研究取向既指向政策结果，同时也是社会政治的追求。

第三代政策执行研究还处于一个发展的阶段，这种整合的发展趋势其实也反映了研究者对政策研究的阶段启发理论的不满。但是整合过程也存在很多问题，比如理论的多元化、应用方面的时空限制。林德（Linder）与彼得斯（Peters）则指出，如果能够解决选择性的相对主义与限制性的权变特征两种缺点，政策执行研究确有可能迈向整合型的第三代模式[⑤]。

从1981年开始，保罗·A. 萨巴蒂尔（Paul A. Sabatier）在一系列文章中逐渐建立了一种新的政策分析框架——支持联盟框架（the advocacy coalition framework）[⑥]，建立这一框架的目的之一就是综合自上而下与自下而上两种方法的优势特征。支持联盟框架认为政策分析的单元应该是公共政策的子系统（或领域），每个子系统中有来自各个不同组织和部门的行

① 李允杰，丘昌泰．政策执行与评估［M］．张毅，韩志明，译．北京：北京大学出版社，2008：17.

② Brodkin，E Z．Inside the welfare contract：Discretion and accountability in state welfare administration［J］．Social Service Review，1997（1）：1－33.

③ Brodkin，E Z．Accountability in street-level organizations［J］．International Journal of Public Administration，2008（31）：317－336.

④ Meyers，M K，Glaser，B，MacDonald，K．On the front lines of welfare delivery：Are workers implementing policy reforms?［J］．Journal of Policy Analysis and Management，1998（17）：1－22.

⑤ Linders，S H，Peters，B G．A design perspective on policy implementation：The fallacies of misplaced prescriptions［J］．Policy Studies Review，1987，6（3）：459－475.

⑥ Sabatier，P A．Top-down and bottom-up approaches to implementation research：A critical analysis and suggested synthesis［J］．Journal of Public Policy，1986（6）：21－48.

动者，他们拥有一套共同的价值信仰，形成政策的支持联盟。这一联盟由于关注信仰系统的构成及其变化，以及行动者联盟之间的组成与互动而具有非常重要的启发意义，同时也在一系列关键性的案例研究中得到了验证①。尽管如此，支持联盟框架在解释集体行动、测量信仰系统以及能否在不同国家得到验证的问题上仍然存在较大的争议。

1990 年，在《第三代的执行理论和实践》一书中，戈金（Malcolm L. Goggin）等明确地提出了第三代研究途径（a third generation approach），主张建立动态的执行图景，用混合方法建立完整模式来研究复杂的、多层次的、多变量的执行问题，特别是府际关系问题②。通过对政策执行理论持续性的关注，温特（Winter）提出了“规划过程/执行结果”模式，试图通过建构政策执行的一般性理论来包含足以影响政策执行结果的四个变量，以精简的原则来避免复杂的整合型模式，从宏观的角度建构政策执行的新模式③。

第三代的整合型政策执行模式正在发展当中，尽管它们有“整合”的倾向，但在理论关注点上却存在着较大的差异④。事实上，有学者反而认为自上而下的模式与自下而上的模式完全可以并行不悖，形成互补的关系，没有必要也很难建立起整合型的政策执行模式。

（四）借鉴意义

从政策执行研究发展的演进路径来看，政策执行研究领域有两个关键的主题：第一个是规范问题，以政策制定的基本概念为基础，也就是政策执行者确定政策的“目标”，各个层级的组织和官员必须将政策目标付诸行动。第二个是实践问题，也就是既有的政策目标能否实现、如何实现、

---

① 保罗·萨巴蒂尔. 政策过程理论［M］. 彭宗超，译. 北京：生活·读书·新知三联书店，2004：150－221.

② Goggin，M L. The “too few cases/too many variables” problems in implementation research［J］. The Western Political Quarterly，1986（39）：328－347.

③ 李允杰，丘昌泰. 政策执行与评估［M］. 张毅，韩志明，译. 北京：北京大学出版社，2008：77－81.

④ 李允杰，丘昌泰. 政策执行与评估［M］. 张毅，韩志明，译. 北京：北京大学出版社，2008：76.

在多大程度上实现，这取决于各个层面的政策执行者，尤其是基层官员。本研究试图将两者结合起来，探究政策执行过程中规范和实践之间的冲突，以及基层官员是如何处理这种冲突的。

从三代政策执行研究的发展演进来看，政策执行研究多是在经验研究的基础上进行理论抽象。因此，本研究也是选择了尚在政策生命周期的农村中小学布局调整政策，重点研究政策执行垂直维度上行政管理的最后一个环节——“县”，既关注作为政策执行者的县教育局局长及相关工作人员、乡镇教育主管人员，又关注作为目标群体的学生、家长和教师与基层官员的互动，在微观政策网络的情境中研究基层官员的政策执行。

二、关于“基层官员”的研究述评

要研究我国的“基层官员”，需要比较西方有关“官僚制”的理论。西方对官僚制的批判，主要集中在两个方面：一是责任，就是政府向人民负责的问题；一是效率和有效性，批判者认为官僚组织执行政策增加了执行成本并扭曲了输出，因此并非是政策执行的可靠“工具”①。从对官僚制的批判来看，官僚被定位为政策执行的“工具”，主要任务是完成上级指令，而自身主观能动性和个人意识被忽略，处于一种被“疏离”的状态。尽管韦伯也提出“形式理性”为官僚制结构的存在寻找价值，但是仍然有学者指出官僚制的“层级化原则”和“专业化原则”之间存在冲突。长期处于被动“疏离”的状态，使得官僚越来越依赖规则，这样就可以让他们在处理问题时免于“选择”的困境，因此，他们变得越来越依赖这种“疏离”的状态。

但是，如果试图更深入地了解官僚的角色和作用，可以发现官僚组织中存在不同角色，甚至可以继续探讨官僚在追求个人利益、政绩时是如何重塑政策的，这就是李普斯基所研究的“基层官员”（street-level bureaucracy）。

李普斯基在《基层官员》一书中提出“基层官员”的概念，他把

① 米切尔·黑尧. 现代国家的政策过程［M］. 赵成根，译. 北京：中国青年出版社，2004：133.

“基层官员”定义为：在执行公共政策时与公众直接打交道的公共官员，同时在履行工作时拥有一定的自由裁量权①。典型的基层官员包括警察、公立学校的教师、社会工作者、公共福利机构的工作人员、收税员等等。他们被形象地理解为是在政府机构的“门口”或“窗口”执行公务的政府公务员②。李普斯基还特别指出，“我认为，基层官员的决定、他们所建立的程序，以及他们为了应付不确定性和工作压力所发明的机制，有效地转化为他们所执行的公共政策”③。自此，学者们开始关注基层官员及其自由裁量权。正如塞尔（Sayre）所指出的：“随着行政机关自由裁量权力的日益增大，其责任与行为是一个至关重要的问题。”④

一般而言，基层官员具有五方面的典型特征：①处于等级森严的政府“金字塔”的最底层，权力小，地位低，只有上级，没有下级，数量庞大，占政府机关人数的大部分；②与政府机关中从事内部行政的政府公务员不同，基层官员工作的一个核心特征是直接与公民打交道，其工作通常直接构成政府机关的产出；③相对于坐在办公室发号施令或处理文件的公务员，特别是上级公务员而言，基层官员是政府机关中做“苦工”的，他们处于政策过程的末端，在现场向公民执行法律法规、规章制度和上级命令等等；④基层官员具有一定的自由裁量权，可以对公民进行赏罚决断；⑤在国家与社会之间、国家权力与公民权利之间的交界面执行工作任务，其工作质量和绩效表现直接决定着行政能力、政府形象和官民关系等，主导着公众对政府的评价⑤。

从政策执行理论的视角来考察基层官员，能够合理解释基层官员在执行政策时自由裁量的必要性以及这种自由裁量对政策结果的重要作用。因

---

① Lipsky，M. Street-level bureaucracy：Dilemmas of the individual in public services［M］. New York：Russell Sage Foundation，1980：3－10.

② Lipsky，M. Towards a theory of street-level bureaucracy［M］//Hawley，W & Lipsky，M. Theoretical perspectives on urban politics. Englewood Cliffs：Prentice-Hall，1977：63.

③ Lipsky，M. Street-level bureaucracy：Dilemmas of the individual in public services［M］. New York：Russell Sage Foundation，1980：82.

④ Sayre，W. Premises of public administration：Past and emerging［J］. Public Administration Review，1958，18（2）：102－105.

⑤ 韩志明. 街头官僚的行动逻辑与责任控制［J］. 公共管理学报，2008（1）.

此，从一定意义上说，它克服了官僚制模式的缺点①。但是，这种分析视角也有缺点，它不能给出一个如何评估自由裁量权的指导标准。因此李普斯基以后，关于基层官员的自由裁量权也存在两种争议，一种认为必须通过组织控制来限制基层官员的自由裁量权②③④，一种认为基层官员的影响是政策成功执行的关键⑤⑥⑦⑧⑨。而第三代执行理论——整合型模式则认为基层官员拥有自由裁量权是一种无法改变的现实⑩。

（一）基层官员理论的提出和发展

"基层官员"这一概念的出现比人们对基层官员这一现象的研究要晚。在"基层官员"概念正式出现之前，很多研究者已经开始研究这一群体的行为和决策，只不过没有用到"基层官员"的概念而已。如在米勒（Miller）1967 年的研究⑪、克洛格（Kroeger）1975 年的研究⑫、艾肯

① 尹文嘉. 从街头官僚到街头领导：一个解释框架［J］. 甘肃行政学院学报，2009（3）.

② Edwards, G C. Implementing public policy［M］. Washington, D. C.: Congressional Quarterly Press, 1980: 79.

③ Linder, S H, Peters, B G. A design perspective on policy implementation: The fallacies of misplaced precription［J］. Policy Studies Review, 1987, 6（3）: 459－475.

④ Sabatier, P A. Top-down and bottom-up approaches to implementation research: A critical analysis and suggested synthesis［J］. Journal of Public Policy, 1986（6）: 21－48.

⑤ Deutsch, K. On theory and research in innovation［M］//R. Merit, and A. Merit. Innovation in the public sector. Beverly Hills, Calif.: Sage, 1985: 132.

⑥ Elmore, R F. Backward mapping: Using implementation analysis to structure political decisions［J］. Political Science Quarterly, 1980, 5（94）: 610－616.

⑦ Lincoln, Y. Organization theory and inquiry: The paradigm revolution［M］. Beverly Hills. Calif.: Sage, 1985: 124－137.

⑧ Handler, J F. Discretion: Power, quiescence, and trust［M］// Keith Hawkins. The uses of discretion. Oxford: Clarendon, 1995: 89－116.

⑨ Maupin, J R. Control, efficiency, and the street-level bureaucrat［J］. Journal of Public Administration Research and Theory, 1993, 3（3）: 335－354.

⑩ Winter, S C. Explaining street-level bureaucratic behavior in social and regulatory policies［R］. Paper presented at the annual meeting of the American Political Science Association, Boston Marriott Copley Place, Sheraton Boston & Hynes Convention Center, Boston, Massachusetts, Aug 28, 2002.

⑪ Miller, G. Professional in bureaucracy: Alienation among industrial scientist and engineers［J］. American Sociological Review, 1967（32）: 755－768.

⑫ Kroeger, N. Bureaucracy, social exchange, and benefits received in a public assistance agency［J］. Social Problems, 1975（23）: 182－196.

(Aiken) 和海格 (Hage) 1966 年的研究[①]以及瓦斯曼 (Wasserman) 1971 年的研究[②]中均可见到该研究对象，他们都从社会学角度研究过基层官员的行为。直到 1977 年，李普斯基发表《建立一个基层官员理论》[③] 一文，才开始使用“基层官员”这个概念，他的学生普罗塔斯 (Prottas) 在 1978 年出版了《公共服务官僚机构的基层官员的权力》一书，也使用了“基层官员”的概念[④]。在 1980 年，李普斯基正式出版了《基层官员：公共服务中的个体困境》[⑤] 一书，使得基层官员受到越来越多研究者的关注。

1. 李普斯基的经典及其他

“基层官员”被李普斯基用来描述“学校、警察部门、福利部门、地方法院、法律服务部门和其他类似单位的工作人员，这些人在利益分配或公共制裁方面有着广泛的自由裁量权”[⑥]。李普斯基认为，“公共政策不能简单地理解为由立法机关或上级部门制定的，其大部分时候政策是在拥挤的办公室或者基层官员的日常事务中制定的”[⑦]。“正是基层官员的决定、常规工作，以及他们处理不确定问题及工作压力的方法，有效地成为他们执行的政策。”[⑧] 李普斯基认为，这些基层官员政策制定的角色主要建立在两个工作特征上：①相对高度的自由裁量权；②相对高度的自主权。李普斯基观察到，基层官员与公众直接打交道的有些方式是未经许可的，有

---

① Aiken, M, Hage, J. Organizational alienation: A comparative analysis [J]. American Sociological Review, 1966 (31): 497 -507.

② Wasserman, H. The professional social worker in a bureaucracy [J]. Social Work, 1971 (16): 89 -96.

③ Weatherly, R A, Lipsky, M. Street-level bureaucrats and institutional innovation: Implementing special-education reform [J]. Harvard Educational Review, 1977 (47): 171 -197.

④ Prottas, J M. People processing: The street-level bureaucrat in public service bureaucracies [M]. Lexington, MA: Lexington Books, 1979: 82 -84.

⑤ Lipsky, M. Street-level bureaucracy: Dilemmas of the individual in public services [M]. New York: Russell Sage Foundation, 1980.

⑥ Lipsky, M. Street-level bureaucracy: Dilemmas of the individual in public services [M]. New York: Russel Sage Foundation, 1980: XI.

⑦ Lipsky, M. Street-level bureaucracy: Dilemmas of the individual in public services [M]. New York: Russel Sage Foundation, 1980: XII.

⑧ Lipsky, M. Street-level bureaucracy: Dilemmas of the individual in public services [M]. New York: Russel Sage Foundation, 1980: XII.

时还与政策产生冲突，因为他们的工作结构使得他们几乎不可能完成工作任务。因此，李普斯基提出，为了解决工作压力而产生的个别化解决方法实际上就成为政策。

这个理论被他的两个学生韦瑟利（Weatherley）和普罗塔斯（Prottas）继续研究①②，这些研究结合起来，让李普斯基的这个理论成为经典，并使“基层官僚”成为公共管理研究的一个学术主题。从1980年开始，其他一些相关学科也开始对基层官员进行研究并有了新的发展。这些发展可以借助某些核心概念进行分组，同时也与李普斯基提出的基层官员的特征相对应。如下所示，后来的这些研究大多数是理论－经验研究，提出了很多命题。接下来，笔者试图从现有的公共政策执行文献中提炼一些观点，并重新思考基层官员的责任。

（1）基层官员必须拥有自由裁量权，同时也必须使用它

自由裁量权和规则是相关的：规则具体规定官僚的职责和义务，自由裁量允许行动上的自由。自由裁量实际上是嵌入规则系统中的，为政策之间在结构化自由裁量的差异提供了空间③④，或为政策之间的强弱形式提供空间⑤。戴维斯（Davis）的定义是宽泛的：“即便对其权力有着严格的限制，一个官员仍然有选择行动或不行动的自由。”⑥ 这个定义实际上是指所有的委托工作都包含了某种程度的自由裁量。乔维尔（Jowell）认为自由裁量可能是不可避免的⑦。因此，分析哪种情况下自由裁量更可能产生也许是必要的。而且还要判断哪些自由裁量是期望之中的而哪些不是、

---

① Weatherley, R A. Reforming special education: Policy implementation from state sevel to street level [M]. Cambridge, Mass.: MIT Press, 1979.

② Prottas, J M. People processing: The street-level bureaucrat in public service bureaucracies [M]. Lexington, MA: Lexington Books, 1979.

③ Donnison, D V. Against discretion [J]. New Society, 1977 (9): 534－536.

④ Bull, D. The anti-discretion movement in Britain: Fact or phantom? [J]. Journal of Social Welfare Law, 1980 (3): 65－83.

⑤ Dworkin, R. Taking rights seriously [M]. London: Duckworth, 1977: 33.

⑥ Davis, K C. Discretionary justice: A preliminary inquire [M]. Baton Rouge, LA: Louisiana State University Press, 1969: 4.

⑦ Jowell, J. The legal control of administrative discretion [J]. Public Law, 1973 (18): 178－220.

哪些是计划之内的而哪些不是，以及区分不同自由裁量的特征。

从概念界定方面来说，也许组织社会学家对社会事实有着开放的、经验的视角，因此创造了新的知识概念来解释或者总结观察到的现象。不过，即便是紧密控制或监督的工作，也不可避免地包括某种程度的自由裁量。即便是所有的规则都清楚地阐释了其具体规定，或者需要执行人员对某些利益和服务承担责任等特殊情况，只要工作是要委托别人做的，那么就会失去某种程度的控制。在任务复杂和责任代理的情况下，组织社会学家通过自己的话语体系研究了自由裁量权。从布劳（Blau）、默顿（Merton）和西蒙（Simon）开始，组织社会家就已经阐明，所有的规则都不是自动生效的（self-executing）[①②③]。行动者会面对各种情况，比如规则本身是模糊的，或者是相互冲突的。之后他们期望应用的各种规则就开始出现了。同时，这些行动者是在“行为命令”的环境中工作：他们必须行动。行动者认为自己是被迫做出决策处理具体的规则，以及在规则中进行选择[④]。

公共管理学家区分了所谓“政策自由裁量”缘由之间的差异[⑤]。范德文（Van der Veen）也进行了同样的研究，他的主要分析包括规则和规章制度的特征、执行组织的结构（劳动分工）、实施控制的方式，以及狭义的工作环境（比如如何与目标群体交互）[⑥]。

（2）基层官员寻找管理自己工作的方法

基层官员工作的环境有一些具体的特征。现有的规则结构不仅嵌入了一定的自由裁量权，而且对规则应用的方式也产生结构性影响。无论是上

---

① Blau, P M. The dynamics of bureaucracy [M]. Chicago, IL: University of Chicago Press, 1955.

② Merton, R K. Social theory and social structure [M]. Glencoe, IL: The Free Press, 1957.

③ Simon, H A. Administrative behaviour [M]. 2nd ed. New York: Macmillan, 1957.

④ Hupe, P, Hill, M. Street-level bureaucracy and public accountability [J]. Public Administration, 2007, 85 (2): 281.

⑤ Ringeling, A B. Beleidsvrijheid van ambtenaren: Het spijtoptantenprobleem als illustratie van de activiteiten vanambtenaren bij de uitvoering van beleid [M]. Alphen aan den Rijn: Samsom, 1978: 58.

⑥ Van der Veen, R J. De sociale grenzen van beleid: Een onderzoek naar ee uitvoering en Effecten van het stelsel van sociale zekerheid [M]. Leiden: Stenfert Kroese, 1990: 144 – 165.

级的强制还是下级的执行，以某种方式处理的问题和已经处理的问题很类似，也就是说，执行有着标准的操作程序。同时，由于工作的其他特征，基层官员会以最大化自由裁量权的方式执行这些标准的程序。关于基层官员工作环境的特征，在法律社会学中也有一定的研究。

（3）基层官员把自己当作专家

李普斯基描述了基层官员认为自己是“职业的或专业的”。基层官员希望被当作专家，同时上级领导必须赋予他们一定的自由裁量权使得他们能够以适应性的方式处理问题①。

但是他们是否像“医生”、“律师”一样职业化，并能根据职业角色要求“自主权”？又如何定义专家呢？有研究者认为“专家”主要有两点特征，第一是职业的特征，第二是工作过程中采用方法的特征。迪马乔（DiMaggio）和鲍威尔（Powell）把专业视为一种工作，其工作人员能够确定“工作的条件和方法”以及“为职业自主权建立认知基础和合法性”②。根据这个定义，基层官员似乎也可以被视为专家。

不同专业为职业自主权提供的合法性程度不同，这可能既与专业发展的历史有关，也与专业知识的可获得性有关。除此之外，还需要注意专业知识应用情境的不确定性或不可预见性。从这些角度来看，基层官员确实需要专业知识。比如福克斯（Fox）特别强调对专家的信任。当面临不确定的工作情境时，需要赋予专家一定的自由裁量权以达到期望的目的，并以明智并有创新性的方式解决问题。基层官员可能是一个政策执行者，但是他们会利用自己的自由重新制定政策并开展他们的工作③。

（4）在与政策目标个体互动的过程中，基层官员是政府官员

“基层官员的本质就是他们要为其他人做决定。基层官员拥有自由裁

① Lipsky, M. Street-level bureaucracy: Dilemmas of the individual in public services [M]. New York: Russel Sage Foundation, 1980: 147.

② DiMaggio, P J, Powell, W W. The iron cage revisited: Institutional isomorphism and collective rationality in organizational field [J]. American Sociological Review, 1983, 48 (2): 147 -160.

③ Fox, A. Beyond contract: Work, power and trust relations [M]. London: Faber, 1974: 33.

量权因为服务的本质要求人的判断，这些不能程序化，因此机器也无法取代。”① 判断的必然性使得很难控制基层官员的工作。上级部门很难管理基层官员，更难以直接的方式控制。正如梅纳德·穆迪（Maynard Moody）和穆舍诺（Musheno）所说的那样，基层官员“以自己的叙事方式……定义他们的工作，在很大程度上以‘关系’而不是‘规则’”②。特别是与目标个体之间的关系，不管这些目标个体（法律中的责任人、企业法人、客户、学生、家长、病人）的职业是什么，基层官员有着他们所没有的特定资源③。哈森费尔德（Hasenfeld）和斯坦梅茨（Steinmetz）把基层官员和目标群体的关系看作“交易”，但这种交易不一定是对称的。如果目标群体需要一种服务，而且又没有替代性选择，目标群体会被指使如何去做④。哈森费尔德和斯坦梅茨，以及李普斯基，都强调了基层官员构建目标群体行为的方式。

这样会产生一种超出个体基层官员行为的后果。李普斯基把个体基层官员的角色看作政治角色。基层官员不仅在政策过程中发挥政策决策的作用，而且在某种程度上成为政策制定者而非执行者。这个角色的政治特征也可以从基层官员的任务中体现出来，因为他们最终决定“特定商品和服务的分配”⑤。基层官员的职位可能存在差异，但是从宪法的劳动分工来说，基层官员是政府官员，要公开地为自己的工作结果负责。

2. 基层官员政策执行研究的发展取向

近年来，一些关于基层官员的研究提出了新的研究视角，其重点是强

---

① Lipsky, M. Street-level bureaucracy: Dilemmas of the individual in public services [M]. New York: Russel Sage Foundation, 1980: 161.

② Maynard-Moody, S, Musheno, M. Cops, teachers, Counselors: Stories from the front lines of public service [M]. Ann Arbor, MI: University of Michigan Press, 2003: 20.

③ Maynard-Moody, S, Kelly, M. Stories public managers tell about elected officials: Making sense of the defunct dichotomy [M] //Barry Bozeman. Public management. San Francisco: Jossey-Bass, 1993: 114-116.

④ Hasenfeld, Y, Steinmetz, D. Client-official encounters in social service agencies [M] //C. T. Goodsell. The public encounter. Bloomington, IN: Indiana University Press, 1981: 83-101.

⑤ Lipsky, M. Street-level bureaucracy: Dilemmas of the individual in public services [M]. New York: Russel Sage Foundation, 1980: 84.

调基层官员在政策执行过程中的关系网络，突出其工作情境对执行决策和执行行为的影响。

（1）有很多不同类型的基层机构、基层工作人员和基层任务

尽管李普斯基已经对原有的研究有了很大的突破，但是他没有关注行业之间的差异。如上所述，基层官员之间还是有差异的，尤其是任务本质的区别，这对行为一致性的程度会产生影响。行业之间工作的差异是很明显的，即便是同一个部门，工作也会有差异。很多研究者都注意到这个问题。比如对于李普斯基所谓的“部门”，威尔逊（James Q. Wilson）将其划分为不同的类型，划分的依据是：部门的主要工作和任务是什么，以及如何保持这个部门的自主性?①威尔逊以行为和结果的明显性作为划分的标准②。

另外，从目前对基层工作的分析来看，很重要的一种划分标准，就是工作中使用信息及通信技术的结构化和管理化程度③④⑤。尽管这些技术作为标准的实际作用被质疑，但是基层官员的自由裁量权和自主权的具体结果取决于基层官员的类型和职务类别。研究者基本的假定为：信息及通信技术可以转换为基层官员自由裁量权限的一部分，而不应该将其限定在特定的范围之内。当然，信息及通信技术发挥作用的方式跟基层官员的组织类型有关。

（2）基层官员在微观的网络或者多种网络（垂直的以及水平的）中工作

社会学家伯杰（Berger）和勒克曼（Luckman）倾向于认同组织及其

---

① Wilson, J Q. The politics of regulation [M] // J. Q. Wilson. The politics of regulation. New York: Basic Books, 1980: 357-394.

② Wilson, J Q. Bureaucracy: What government agencies do and why they do it [M]. New York: Basic Books, 1989: 4.

③ Zuurmond, A. From bureaucracy to infocracy: Are democratic institutions lagging behind? [M] //I. Th. M Snellen and W. B. J. H. van de Donk. Administration in an information age. Amsterdam: IOS Press, 1998: 259-271.

④ Bekkers, V J J M, Homburg, V M F. Administrative supervision and information relationships [J]. Information Polity, 2002 (7): 129-141.

⑤ Snellen, I Th M. The quest for a subservient public administration: Wilson, Weber, street-level bureaucrats, New Public Management and the web [R]. Paper presented at the EGPA 2004 Annual Conference, Ljubljana, 2004: 12.

边界都是社会建构的观点[①]。这种观点认为组织边界的范围可能是有渗透性或者变化的，组织的上层和管理结构可能是多样的，形式也多是混合型的，服务也许需要合作性的安排。这些情境让基层官员个体要水平及垂直性地嵌入组织。

有些研究者强调大部分组织之间的“交易”都可能是为了组织的利益[②③]。这些目的也会影响基层官员。比如垂直关系的官僚会与组织机构特别是国家机构紧密联系。同时，政府事业部门也会垂直互动。基层官员或多或少都会以各种形式进行内部的“交易”。从基层官员的角度研究政策执行其实暗示了一个事实，那就是基层官员与目标群体直接交互的时候，不仅是代表组织，其实也是“确定他们的边界”[④]。

尽管李普斯基认为基层官员实际上扮演着被强迫、或多或少有点合法化的政策制定的政治角色，但是这不是法律或者政策的实质。正如韦瑟利指出的那样：

> 以政策的视角分析基层官员的一线行为是不充分的，不足以解释他们到底做了什么、为什么这样做以及他们的行为对目标群体产生了哪些影响。当然，教师教学，社会工作者分发社会救助，律师为客户辩护，医生为病人治病，他们的工作当然都是政策的体现。但是他们的行为同样也受其他因素的影响，而这些因素是政策制定者或管理者无法控制的。金字塔式的组织结构把处于底层的基层官员看作是被动接受并执行政策和上级指示的群体，这种结构其实过于简化。一个更加实际的模型应该把一线工作者置于一个不规则形状的中间位置，同时有很多指向内部的不同形状。[⑤]

---

① Berger, P L, Luckman, T. The social construction of reality: A treatise in the sociology of knowledge [M]. Harmondsworth: Penguin, 1967: 51 -55.

② Levine, S, White, P. Exchange as a conceptual framework for the study of interorganisational relationships [J]. Administrative Science Quarterly, 1961 (5): 583 -601.

③ Hudson, B. Collaboration in social welfare: A framework for analysis [J]. Policy and Politics, 1987, 15 (3): 175 -182.

④ Hill, M. The public policy process [M]. Harlow: Pearson Longman, 2005: 237.

⑤ Weatherley, R. Reforming special education: Policy implementation from state level to street level [M]. Cambridge Mass.: MIT Press, 1979: 9.

尽管“个体困境”（参考李普斯基的说法）各不相同，基层官员保持着一系列的关系。在水平维度上，他们有同事——可能职位相同——可以相互咨询，也可以与同行（相关的组织）保持联系商讨如何应对目标群体。这些同行既可能是属于相同专业也可能属于不同专业。基层官员工作的专家组织属于不同体制化水平、不同外部性结果的行业协会。在垂直维度上，基层官员一边与政策目标群体、一边与上级领导保持职能性或结构性关系。

在水平维度和垂直维度的组织环境中，个体基层官员完成组织任务的情况，可以用“网络”的概念来描述①②。特别是将基层官员的个体专业性以及作为政策再制定的角色考虑进来，“微观－网络”就更加适当。当基层官员被视为多维的关系“网络”时，可以假定他们为自己的行为及其结果负责的维度不只是垂直的，同事、同行的观点也可能影响他们的行为。

（二）政策执行中的基层官员

基层官员在政策执行中应该发挥什么作用呢？莱廷加（Lettinga）和穆林（Moulijn）指出，“要控制基层官员的日常实践实际上是非常困难的，因为工作环境不同，要遵循的职业要求也不同”③。这个结论与李普斯基关于人力服务部门的研究结论一致。这个研究结论有助于改善对基层官员绩效的消极评价，因为有的研究者认为基层官员一直被赋予了过高的自由裁量权，应该通过更多的规则、严格的控制和严密的程序限制基层官员的自由裁量权。但是，正如我们已经指出的那样，李普斯基的研究提出了一个经验性问题：这些约束得以发挥作用的条件是什么呢？

---

① Kickert, W J M, Klijn, E H, Koppenjan, J F M. Managing complex networks: Strategies for the public sector [M]. London: Sage, 1997: 109.

② Rhodes, R A W. What is new about governance and why does it matter? [M] //J. Hayward and Menon. Governing Europe. Oxford: Oxford University Press, 2003: 61 – 74.

③ Lettinga, B, Moulijn, M. Frontline professionals in the age of institutional rearrangement: The case of needs assessment for public services [R]. Paper presented at the Annual Work Conference 2004 of the Netherlands Institute for Government, Rotterdam, 2004: 12.

李普斯基在《基层官员》一书副标题中提到“个体困境”，就是关注公共服务中的基层官员个体面临的困境，尽管最后的决策可能不一定是高度个体化的。从经验研究的视角看，行为的规律是可以通过对基层官员行动多重嵌入性的系统研究揭示出来的。执行法律、分配财富、提供服务、分配稀有资源，这些都是基层行为，但都是以公共产品或公共问题名义进行的，而公共服务的专业决策产生公共影响。即便允许控制，这些控制如何发挥作用呢？能控制谁呢？

首先，在多维的微观网络关系中，基层官员承担多重任务。基层官员所处的情境相对比较微观、复杂，因此承担的责任也呈现多样化特征。基层官员要接受上级管理部门分配的任务，根据规则对目标群体的行为进行判断并回应，同时还有同事和同行之间也需要交流。这些群体与基层官员互动，会“改变基层官员的工作环境”，基层官员也会有多重责任和义务。

其次，个体基层官员处于一种网络关系之中。基层官员作为“一线的专家”是在一个狭义的网络关系中工作。为了观察作为组织成员的个体基层官员并确定其参与的结构性互动网络，情境化是必要的。尽管基层特征类似，但是组织、职能和任务不同，而且他们工作的情境也不同，政策执行的具体特征因此也不相同。特别要指出的是，组织和个体的政策执行本质特征不尽相同，产生的影响也会有差异。主要体现在四个方面：

——要解决的问题是什么？

——政策执行者与目标群体的关系特征如何体现？

——目标群体在政策执行中的角色是什么？

——政策执行方案究竟是谁确定的？

这些“基层官员政策执行体系”的内在价值在于我们可以把政策执行的特征与特定环境，尤其是基层官员组织和成员的执行模式之间的关系抽象提炼出来，因此，有的研究者将基层官员政策执行体系划分为“任务导向”、“指标导向”和“影响导向”。

将基层官员政策执行的情境进行分类，主要是指确定基层官员的责任范围。基层官员通常把工作视为任务，这些人是任务驱动的。不同的基层部门，可能有着不同的任务或其他“执行模式”。因此，这种情况下，政策执行可能会以“计算”或者“被计算”的方式体现，基层官员被视为拥有实质的自主权，最后是通过实现的影响而不是传递结果来进行评估。当分析这些基层官员的时候，要考虑预期政策目标之外的影响。

由于基层官员的活动是多重的，而且一般都嵌入在组织安排中，因此政策执行中行为选择不是一个简单的问题。为了保持同一个政策在不同地区执行的一致性，需要考量的是情境中多维的影响因素，比如教育资源的分配需要考虑行政系统层级关系，学校撤并需要考虑教师使用水平和效率，课堂教学行为要求综合家长和学生的意见。这些主张仅仅是强调在分析基层官员政策执行的时候要避免公式化。

（三）国内对“基层官员”① 的研究

基层官员的研究多见于行政管理学领域，而这一领域中常用的术语不是“基层官员”，而是“街头官僚”，与“street-level bureaucracy”最为接近。如叶娟丽、马骏在对“街头官僚”的概念进行了历史资料分析之后，分析了他们执行政策的能力，从分配任务、控制顾客和降低不确定性的结果、存储员工资源管理程序性实践的结果等四个方面进行了总结。同时指出，随着信息技术的发展，街头官僚的管理方式也在不断更新，出现了“屏幕官僚”的概念。另外，他们还梳理了关于管理和控制街头官僚的理论成果。② 此外，还有胡怀亮、孙吉海、韩兆柱、周定财等研究者，也在研究中采用了“街头官僚”的概念③④⑤⑥。

① “street-level”如果直译则为“街道层”。但“街道”在我国的行政级别为不设市辖区的城市（不设市辖区的地级市和地级市所代管的县级市、县）、较大城市（直辖市、副省级市、地级市）市辖区或功能区（如经济技术开发区）的行政分区，其管理部门称为“街道办事处”。在教育领域中，最小的教育行政单位通常不会延伸到街道这个层面。考虑到我国的实际情况，“street-level bureaucracy”与“基层官员”最为贴近。因此本书使用了“基层官员”一词。

② 叶娟丽，马骏．公共行政中的街头官僚理论［J］．武汉大学学报：社会科学版，2003（9）．

③ 胡怀亮．街头官僚理论与我国基层公务员的自由裁量权［J］．兰州学刊，2005（4）．

④ 孙吉海．浅析街头官僚理论［J］．辽宁行政学院学报，2006（7）．

⑤ 韩兆柱．责任政府和政府问责制［J］．中国行政管理，2007（2）．

⑥ 周定财．街头官僚理论视野下我国乡镇政府政策执行研究［J］．湖北社会科学，2010（5）．

此外，从研究主题看，现有相关研究多为从行政学角度探究如何控制街头官僚的自由裁量权①②，或者从行政或责任伦理角度予以阐述③。少数研究将街头官僚与政策执行相提并论④，其关注点是政策执行中的偏差现状和问题，并未从政策理论层面予以分析阐释。

从研究方法的角度看，国内关于街头官僚的研究多是对西方基层官员理论的梳理，以特定政策为个案进行的经验研究较少；从研究的视角来看，大多是从行政管理学角度进行探析，尤其是从政府治理的视角；从研究主题看，较少对一项特定的政策进行研究，少量对政策的研究也多是从自上而下的途径关注如何从伦理和规范方面约束街头官僚的自由裁量权，没有考虑街头官僚自身的能动性和与各群体之间的互动。

用"基层官员"作为关键词进行文献检索，所得文献的数量不多，而且多是来自政治学刊物。不过，也有一些虽然题目未明显表明研究对象是基层官员，但研究内容却包含了基层官员。如一些关于政策执行的研究对公共政策多关注政策执行梗阻⑤⑥⑦，其中重要的一个群体便是基层官员；对教育政策执行的讨论也多有研究者提到基层官员⑧⑨，其中有的研究者对基层官员在政策执行过程中的地位和作用进行了探讨，尤其是对基层政

---

① 于伟. 街头官僚控制的困境——以我国房地产调控问题为例［J］. 前沿，2008（1）.

② 郭蕾. 我国基层公务员行使行政自由裁量权问题研究［J］. 武汉职业技术学院学报，2008（2）.

③ 李旭琴. 街头官僚自由裁量权规范化行使的伦理路径解读［J］. 内蒙古农业大学学报：社会科学版，2009（2）.

④ 李旭琴. 街头官僚在公共政策执行中的偏差及矫正［J］. 北京工业大学学报：社会科学版，2009（6）.

⑤ 丁煌. 我国现阶段政策执行阻滞及其防治对策的制度分析［J］. 政治学研究，2002（3）.

⑥ 刘淑影. 我国公共政策执行阻滞的制度因素分析及对策探讨［J］. 兰州学刊，2006（6）.

⑦ 丁煌，李晓飞. 逆向选择、利益博弈与政策执行阻滞［J］. 北京航空航天大学学报：社会科学版，2010（1）.

⑧ 袁振国. 教育政策分析与当前教育政策热点问题［J］. 复旦教育论坛，2003（1）.

⑨ 林小英. 中国教育政策过程中的策略空间：一个对政策变迁的解释框架［J］. 北京大学教育评论，2006（10）.

府作为委托代理角色执行政策，会出现政策执行与政策目标偏移的现象①，有的研究者分析了这种“上有政策，下有对策”现象背后的原因，探索了影响政策变迁轨迹的因素并称其为“策略空间”②。这些研究对本研究有着重要的借鉴意义。

三、基层官员的政策再制定

本研究中“政策再制定”概念是对政策执行中基层官员根据实际情况做出判决、决策并采取行动现象的概括。李普斯基也在相关研究中指出，政策执行需要基层官员根据实际情况做出判断、决策并采取行为，他把自由裁量作为这个过程的一个副产品。

不过，关于自由裁量的形式，可以区分为正式自由裁量和非正式自由裁量。什么是正式的自由裁量？戴维斯曾给出一种概念：“公共官员在权力的有效范围内拥有行动或不行动的自由。”③ 不过，弗雷德里克森（Frederickson）和斯密斯（Smith）认为，这个概念很难界定究竟在什么情况下才能做出非自由裁量的决策，也就意味着哪里有决策哪里就有自由裁量④。而且，汉德勒（Joel Handler）进一步指出，一旦自由裁量的普遍性被认同，就很难接受戴维斯关于规则和自由裁量二分法的观念⑤。当然，自由裁量有多种产生形式。乔维尔认为自由裁量其实是高度自由和极端不自由之间的连续体⑥，不过德沃金（Dworkin）区分了强自由裁量（官员

---

① 包海芹. 政策扩散研究——国家学科基地的发展分析［D］. 北京：北京大学，2006：76－117.

② 林小英. 教育政策变迁中的策略空间［D］. 北京：北京大学，2006：115－132.

③ Davis，K C. Discretionary justice：A preliminary inquire［M］. Baton Rouge，LA：Louisiana State University Press，1969：72.

④ Frederickson，H G，Smith，K B. The public administration theory primer［M］. Boulder，CO：Westview Press，2003：82－87.

⑤ Handler，J F. The conditions of discretion：Autonomy，community，bureaucracy［M］. New York：Russell Sage Foundation，1986：77－79.

⑥ Jowell，J. The legal control of administrative discretion［J］. Public Law，1973（18）：179.

有权力设定标准）和弱自由裁量（标准被重新定义）[1]。无论哪种分类方式，关键是大多数研究者都认为自由裁量是一个相对的概念。

区分遵循规则和自由裁量更大的困难是自由裁量往往都是以正式的规则结构存在的。哈洛（Harlow）和罗林（Rawling）在研究法律和制度文本中发现“嵌入性的自由裁量”，这些法律或制度条文要求官员形成标准的观念，比如哪些是合理的或者异常的[2]。普罗塔斯也指出，将规则付诸实践的人在解释规则的时候必须做出独立的主观判断[3]。

如果自由裁量不可避免，是不是就不存在严格限制自由裁量的领域[4]？于是就有了自由裁量“洞”到底有多大的讨论[5]。戴维斯赞同将自由裁量权力最小化，希望有更多指导性的机构和检查来保证公平和系统性处理[6]。不过，理查德·蒂特马斯（Richard M. Titmuss）批判规则结构的复杂、刻板，他认为个体需求很难通过严格的、去人情化式预先设计的规则来满足，尤其是在国家政策的合法性会引发各种复杂的问题之时[7]。为了确保公正，必须保证政策制定的过程和结构都是公平、平等和准确的[8][9]。与此同时，政府部门也必须是高效、公平和负责的，涉及的政府官员也必须具备这些特征。当然，保证过程的公平不一定能够保证公平的结果。

非正式的自由裁量在政策执行当中也有多样化的形式。普罗塔斯指

---

① Dworkin, R. Taking rights seriously [M]. London: Duckworth, 1977: 47.

② Harlow, C, Rawling, R. Administrative law [M]. London : Weidenfeld & Nicolson, 1984: 298.

③ Hill, M. The public policy process [M]. Harlow: Pearson Longman, 2005: 184.

④ Dworkin, R. Taking rights seriously [M]. London: Duckworth, 1977: 31.

⑤ Hill, M. Review of Michael Adler, and Stewart Asquith "discretion and welfare" [J]. Journal of Social Policy, 1983 (12): 128 – 129.

⑥ Davis, K C. Discretionary justice: A preliminary inquire [M]. Baton Rouge, LA: Louisiana State University Press, 1969: 86 – 94.

⑦ Richard, T M. The gift relationship: From human blood to social policy [M]. New York: The New Press, 1970: 94 – 118.

⑧ Sainsbury. Internal reviews and the weakening of social security claimants "rights of appeal" [M] //G. Richardson and H. Genn. Administrative law and government action. Oxford : Clarendon, 1994: 289.

⑨ Mashaw, J L. Bureaucratic justice: Managing social security disability claims [M]. New Haven, Conn. : Yale University Press, 1983: 425.

出，由于政出多门，基层官员很难同时、同等对待这些政策（当然，有时这些政策目标本身是模糊的，甚至是相互冲突的，或者又有严格的资金限制，这让事情变得更糟）。相互矛盾的需求和有限的时间让基层官员发展出“惰性区域”（zones of relative indifference），他们将政策分为核心政策和边缘政策并采取不同的应对方式①。这时，他们便会“创造”自由裁量。即便受到很多政策约束、行政规制，他们仍然应用自由裁量。因此，在政策执行过程中既有常规的自由裁量，也有未被官方认可的自由裁量②。只要官员要做选择就存在自由裁量，但是由于基层官员是政府工作人员，他们可以选择重新解释或者忽视某些规则（也许破坏规则）。这些规则不一定允许自由裁量，但是都可以被“运作”。罗伯特·希尔（Robert Hill）认为，一项政策允许自由裁量的程度表现为有意或无意的忽略③。

除了自由裁量之外，基层官员的政策再制定中也存在破坏规则的情形。规则破坏也出现在李普斯基的学生关于基层官员研究的文献中，主要表现为在一种充满了限制和压力的情况下产生的理性行为④。一些政策在执行过程中增加了基层官员破坏规则的必要性或可能性。布劳就曾经以统计的方式研究过基层官员修改或调整规则甚至编造数字来应对绩效目标压力的现象⑤。为了破坏规定的程序或规则，基层官员通常会破坏正式的目标⑥。

不过，基层官员都有自己的策略，他们破坏规则的行为从整体上好像依旧符合政策目标。

---

① Prottas, J M. People processing: The street-level bureaucrat in public service bureaucracies [M]. Lexington, MA: Lexington Books, 1979: 100.

② Sainsbury. Internal reviews and the weakening of social security claimants "Rights of Appeal" [M] //G. Richardson and H. Genn. Administrative law and government action. Oxford : Clarendon, 1994: 217 – 219.

③ Hill, M. The public policy process [M]. Harlow: Pearson Longman, 2005: 197 – 199.

④ Prottas, J M. People processing: The street-level bureaucrat in public service bureaucracies [M]. Lexington MA: Lexington Books, 1979: 102 – 105.

⑤ Blau, P M. The dynamics of bureaucracy: A study of interpersonal relations in two government agencies [M]. Chicago: University of Chicago Press, 1963.

⑥ Lipsky, M. Street-level bureaucracy: Dilemmas of the individual in public services [M]. New York: Russel Sage Foundation, 1980: 9.

不过，也有对规则破坏行为的另外一种解释。借助社会学的一些概念，规则破坏其实也是基层官员抵抗的一种积极形态。

基层官员常用一些方式来表现一种情绪，比如不工作（过多的旷工甚至辞职），攻击组织（偷窃、欺骗、故意浪费），或者工作态度消极（疏远、冷漠）。他们会利用各种资源来反抗，比如组成联盟或者组织协会声讨权力。①

一些基层官员倾向于与监督部门、管理者和权力精英对抗。当以一种政治的视角来看的时候，这些抵制行为可以被视为政治运动或者对权威的挑战。杨（Young）阐释了这种观点，认为执行可以理解为基层官员以自己的方式定义情势。考虑到基层官员处于政策系统的最底层，这些定义经常无法与政策制定者相对应；他们不仅面临各种问题，同时还要把各种问题归类并判断合适的处理方式②。

杨还认为，政策结果只能达到这样一种程度，就是政策制定者和基层官员“处于一种共同的假定状态”③。行政部门和政策层级存在着内在的权力不平等（就如阶层、性别、民族的内在差异一样）。从这个视角来看，基层官员会不可避免地去破坏规则和修改政策，因为这体现了一种半自治的行动。那么问题就出现了，即这些工作习惯的频率、形式、程度和影响是如何确定的，尤其是政策面对的大都是人而不是物体。正如李普斯基所指出的，基层官员决策和行为的主要对象是人，决策发生变化，作为目标群体的人的状况也会发生变化④。

赫温登（Hvinden）在研究中提出了规则破坏的更加积极的一面。通过比较苏格兰和挪威的社会福利政策执行，他发现老人、失败者这样的申

---

① Lipsky, M. Street-level bureaucracy: Dilemmas of the individual in public services [M]. New York: Russel Sage Foundation, 1980: 17.

② Young, O R. Regime dynamics: The rise and fall of international regimes [M] //Krasner, S. International regimes. Ithaka, New York: Cornell University Press, 1983: 44.

③ Young, O R. Regime dynamics: The rise and fall of international regimes [M] //Krasner, S. International regimes. Ithaka, New York: Cornell University Press, 1983: 46.

④ Lipsky, M. Street-level bureaucracy: Dilemmas of the individual in public services [M]. New York: Russel Sage Foundation, 1980: 88 -90.

请者会比年轻人取得更多的补助。这些群体得到特别照顾是因为工作人员认为他们更加诚实、值得信任。由此，赫温登指出："变通为这些工作人员提供了表示同情心的机会，也给他们提供了合理和灵活处理工作的可能。也许这种变通的积极效应是提高工作人员职业自尊和骄傲，他们不愿被视为官僚机器的一个螺丝。"①

基层官员需要与目标群体直接互动，无论是否是主动、自愿的。基层官员在工作中会把目标群体分类并采取不同的应对措施。借助符号互动论的一些观点，基层官员的价值在于可以更多地关注到社会中的主体间性。作为一种解释方法，符号互动论强调不同视角和关系的重要性。互动被视为一种综合的过程，它包括完成过程和协商过程。

当群众第一次接触政府部门的时候，他们通常会把自己当作"寻求帮助的人"。基层官员会根据他们的基本情况和提出的需求将他们归类。这是一步非常必要的工作，因为要处理群众不同的需求，必须把他们看作群体而不是个体。复杂的个体被转换为某种类型的人，这就是基层官员的分类工作。为了把不同的个体分门别类，必须对其情况进行判断并决定其类别。这种判断决策过程与事前规定相关，但是更多的判断因素是个体因素。分类的过程对于目标群体和基层官员来说都有着重要的意义，因为分类意味着广泛意义上的"未经许可的自由裁量"。工作人员可以通过自由裁量"为一些人做不能为所有人做的事情"②。

更为重要的是，这些改变政策的规则是在与目标群体互动的过程中产生的③。工作人员这样做主要基于一种"职业和个人偏好"④，他们制定了自己的规则来对待 A 或者 B。因此，很多时候政策不可避免地会无法控

① Hvinden, B. The uncertain convergence of disability policies in Western Europe [J]. Social Policy & Administration, 2003, 37 (6): 609 - 624.

② Lipsky, M. Street-level bureaucracy: Dilemmas of the individual in public services [M]. New York: Russel Sage Foundation, 1980: 151.

③ Lipsky, M. Street-level bureaucracy: Dilemmas of the individual in public services [M]. New York: Russel Sage Foundation, 1980: 84.

④ Lipsky, M. Street-level bureaucracy: Dilemmas of the individual in public services [M]. New York: Russel Sage Foundation, 1980: 85.

制。通过这种方式工作人员继续发展规则：一些规则是组织制定的，一些是自己制定的，也有一些是与同事共同制定的。

还有一种分类方式，就是根据目标群体被帮助的容易程度以及从服务中受益的程度。这种做法反过来会让这些人拥有最成功的记忆，用政治术语来讲即“撇奶皮”①。李普斯基认为，尽管这种做法形成了基层官僚日常工作的常规，但是对于自由裁量却是一种破坏，是滥用了规则②。最后，一些目标群体得到了更多，群体之间的差距更大③。

如果说对目标群体的分类还是属于一种被动的政策再制定行为，那么基层官员还有一种积极的应付方式就是对目标群体进行“改造”。基层官员会改变目标群体的行为、活动、观念或者态度。这种人员改造是人员处理更加积极的一面，也可以说是通过面对面的互动完成政策执行④。米勒（Miller）和安德森（Anderson）分析了基层官员对付目标群体使用的各种策略⑤。例如通过“修饰性”的劝说，可以控制争论并执行政策（比如让目标群体接受培训教育，或者让他们放弃得到服务的某些机会）。安德森在研究中也对工作人员和目标群体之间冲突性的利益进行了充分调查。不过安德森认为，提供的机会和资源越少，基层官员的工作越难做。通过米勒和安德森的研究可以发现，政策执行通过基层官员的“过滤”得以完成。尽管两位研究者都主要研究基层官员的修饰性行为，但是可以看出政策执行取决于权力关系中基层官员之间的互动⑥。

---

① “撇奶皮”是指集中精力解决最容易解决或者最难解决的群体需求，对于太复杂、太浪费时间或者太普遍化的群体需求通常置之不理。

② Lipsky, M. Street-level bureaucracy: Dilemmas of the individual in public services [M]. New York: Russel Sage Foundation, 1980: 66.

③ Handler, J F. Discretion: Power, quiscence, and trust [M] //Keith Hawkins. The uses of discretion. Oxford: Clarendon Press, 1992: 89 -91.

④ Hasenfeld, Y, & Weaver, D. Enforcement, compliance, and disputes in welfare-to-work programs [J]. Social Service Review, 1996 (70): 235 -256.

⑤ Miller, G A. Professionals in bureaucracy: Alienation among industrial scientists and engineers [J]. American Sociological Review, 1967 (32): 755 -768.

⑥ Andersen, M S, Christiansen, P M, Winter, S. Denmark: Consensus seeking and decentralization [M] //K. Hanf and A. -I. Janssen. Governance and environment in Western Europe. Harlow, Essex: Addison Wesley Longman, 1998: 23 -48.

尽管基层官员对控制目标群体有着极大的权力优势①，但是他们也需要努力去做很多“面子工作”（比如需要建立一种亲密关系）。基层官员似乎是为了避免冲突或者努力制造一种“完美的价值体系和统一性”，比如让目标群体“挽回面子”②。对于一些顽固分子，基层官员则采用一种极端的方式处理他们③。

对目标群体进行分类之后，基层官员会根据不同的类型进行定额配给。定额配给是一种通过行政安排来限制福利和服务分发的一种手段，比如给谁、给多少、多长时间给。定额配给一般都不会对分配原则进行详细说明，分配的细则往往是政策执行者的意识、观念或者道德理念。

贴标签④可能是影响定额配给的最直接因素。在基层官员的分配标准中，一些目标群体可能不准申请公共服务。一般情况下，基层官员总是试图解决经费问题，他们发现提高目标群体申请的心理成本可以有效地阻止他们申请公共服务⑤⑥。

基层官员往往通过非正规的方式应用定额配给。由于他们的工作要进行判断和自由裁量，因此定额配给也就体现了他们“自己”的规则。李普斯基指出，基层官员的行为通常都未得到正式批准，也会表现出无计划性、不可预测性。⑦

作为基层官员，尤其是在政策再制定阶段，他们通常会做出决定并采

① Prottas, J M. People processing: The street-level bureaucrat in public service bureaucracies [M]. Lexington, MA: Lexington Books, 1979: 30.

② Goffman, E. Behavior in public places: Notes on the social organization of gatherings [M]. New York: Free Press of Glencoe, 1963: 77.

③ Andersen, M S, Christiansen, P M, Winter S. Denmark: Consensus seeking and decentralization [M] // K. Hanf and A. –I. Janssen. Governance and environment in Western Europe. Harlow, Essex: Addison Wesley Longman, 1998: 228.

④ Goffman, E. Behavior in public places: Notes on the social organization of gatherings [M]. New York: Free Press of Glencoe, 1963: 136.

⑤ Dean, H. Social security and social control [M]. London: Routledge, 1991: 88 –89.

⑥ Fraser, D. The evolution of the British welfare state [M]. 2nd ed. Basingstoke: Macmillan, 1984: 132.

⑦ Lipsky, M. Street-level bureaucracy: Dilemmas of the individual in public services [M]. New York: Russell Sage Foundation, 1980: 68 –72.

取行动，以限制服务、降低成本并分发奖励。李普斯基认为，基层官员进行政策再制定的原因之一就是他们在确定福利和制裁的性质、程度和质量方面拥有大量的自由裁量权，因此他们能够相对独立地掌控政策执行。因此，基层官员在执行政策的时候不仅是一个服务者，更表现为一个裁判员①。一些资源对于他们来说也是可以公开处理的。李普斯基对接受服务的成本类型总结了五类：经费、心理、时间、排队和信息，并指出大部分基层官员都知晓这些成本且懂得如何在工作中控制这些成本②。

尽管一些社会服务对于目标群体而言是可以免费获取的，但是他们可能也会受到一些阻碍。比如，吉布森（Gibson）发现，即便是那些符合条件的人获得了公共服务，他们得到的也是有偏见的分配。比如，有时候人们会因为很少的手续费而放弃申请服务，因为他们实在是太贫困了③。

心理成本也是一种阻碍因素，基层官员能够影响目标群体的心理和情感成本。戈夫曼（Goffman）认为，某些群体害怕丢脸也许意味着他们其实更需要救助，也更需要申请服务。面对面的互动可能更能够释放这种忧虑，进而引发了尴尬或丢脸的情感成本④。李普斯基认为，这种成本的产生是由于缺乏尊重（比如必须排队）、被询问个人隐私问题等等。普罗塔斯认为，基层官员可以根据不同的目标群体改变"立场、态度和语调"。此外还有时间成本，也就是申请服务的人必须等待，这会让申请者产生某种程度的依赖感和无助感，基层官员便可通过拖延回复或制造麻烦的方式减少服务申请。利用时间成本最常见的方式是让目标群体排队，这让他们觉得"只有等待，别无选择"⑤。

---

① Lipsky, M. Street-level bureaucracy: Dilemmas of the individual in public services [M]. New York: Russel Sage Foundation, 1980: 74.

② Prottas, J M. People-processing: The street-level bureaucrat in public service bureaucracies [M]. Lexington, MA: Lexington Books, 1979: 100 - 105.

③ Gibson, D M, Goodin, R E, Le Grand, J. Come and get it: Distributional biases in social service delivery systems [J]. Policy and Politics, 1985, 13 (2): 109 - 125.

④ Goffman, E. Stigma: Notes on the management of spoiled identity [M]. Englewood Cliffs: Prentice Hall, 1963: 61 - 63.

⑤ Prottas, J M. People-processing: The street-level bureaucrat in public service bureaucracies [M]. Lexington, MA: Lexington Books, 1979: 10.

最后，信息也可以被控制和分配。通过控制信息可以让目标群体感到困惑，或者给目标群体制造障碍（比如让过程变得复杂），或者赋予一些群体优先权让他们充分利用政策。有用的信息可以不提供给某些人，或者可以让基层官员获得某些利益。大量的专业政策文本和指导的本质是不让所有的人靠近规则，或者让大多数人难以理解①。

那么，为什么基层官员能够对政策进行再制定呢？普罗塔斯的解释是：基层官员其实可以视为“守门人”，他们是政府层级的最底层，但是通常发挥着重要的作用，即便作为传声筒，也在目标群体面前代表了政府。这些基层官员一般没有接受过深入的专业培训，他们更喜欢采取分类和遵循惯例的方式与目标群体互动。这样导致的结果往往背离了政策的初衷，政策执行出现了目标偏移的问题。正如霍尔（Hall）指出的那样：通常来说，并不是那些最需要帮助的人得到了帮助，而是那些最固执的人、最擅长表达的人、更能理解基层官员的人或者接受过良好教育的人等②。于是，政策再制定行为就在基层官员的日常工作中出现了。

传统的政策制定和政策执行理论通常把目标群体视为政策的接受者（客体），把政策看作是由权力集团和公务员制定的，政策执行是由行政人员来承担的。这种阶段理论把政策制定和执行看作是分离的，而且是一种自上而下的过程。政策接受作为一个独立的现象从政策过程中分离出来，除非在特定情况下出于某些群体的压力必须将政策执行的效果反馈到政策执行环节。关于基层官员的研究突破了这种视角，认为政策制定并不限于政策规划和决策阶段。基层官员和目标群体互动过程中充满了政策制定的现象。尽管基层官员作为政策制定者并没有引起广泛重视，但是这种视角更有助于理解基层官员在政策执行过程中的角色，进而更好地理解政策过程。

---

① Oyen, E. Structural rationing of social service benefits in a welfare state [M] //Grunow, D, & Hegner, F. Welfare or bureaucracy? Problems of matching social services to clients' needs, research on service delivery, Vol Ⅱ. Cambridge, Mass: Oelgeschlager, Gunn & Hain, 1980: 49.

② Hall, P A. Governing the economy: The politics of state intervention in Britain and France [M]. New York: Oxford University Press, 1986: 78.

政策制定不仅发生在政策设计和规划阶段。完整的政策需要一系列的阶段，因此整个政策过程包括更多的参与者，每个参与者都有调整和改变政策的机会和可能。基层官员既能遵循组织规则，但是也会出现破坏规则并将这些规则转化为自己的“工作惯例和工作简化”的现象。他们以自己的方式过滤政策并执行政策，比如他们拥有的自由裁量权可以对政策目标群体进行分类，具体分类方式不仅付诸实施而且还可能改变目标群体的态度和行为。作为基层官员，他们在执行政策的时候会根据需要解释或者修改政策。因此，在政策执行过程中又重新产生了政策制定行为。

第三节　本章小结

从以上文献综述部分可以总结出这样一点，那就是研究基层官员政策执行的过程其实是一个难度比较大的课题。基层官员工作的多重性、工作环境的复杂性、决策过程的模糊性以及政策执行行为效果的不可测量性，都对探究政策事实的研究产生一定的阻碍。

从已有的文献可以看出，分析基层官员的政策执行问题可以有两种途径。第一种途径是将政策的决策行动嵌入一种多维的制度系统。一个政策系统包括“一个嵌入性的决策序列——包括组织结构、财政和管理——因此不同的行动者以不同的方式担负责任”。这些嵌入性决策反过来会建立一种制度情境。垂直维度的政策过程之间的弹性关系包括连续不断的行为控制的斗争。这些行动无论在“行动水平”还是在“行动阶段”上，都呈现出不同的形式①。从这个视角来分析，在政策执行研究中，“基层”需要被视为一个级别——无论是正式的还是非正式的行政级别，其政策执行是多重的。基层官员的政策执行以一种多样化的行动方式进行：自下而上的、自上而下的或者整合型的。

① Rhodes, R A W. Understanding governance [M]. Buckingham: Open University Press, 1997: 47.

第二种途径是研究政策执行中的基层官员决策行为及其缘由。这种途径强调政策执行的多重性而不是简单地讨论应该控制谁。这种强调有助于更加清楚地理解基层官员政策执行过程中的政治规制和自由裁量权之间的关系。由于大部分基层官员的行动是多面性的，有些能清楚地表述而有些却不能。因此，需要研究一个明确的政策情境来确定基层官员的行动。政策执行在某种程度上可以说是一种决策选择，在这个过程中基层官员的决策发挥了“自治”、“交易”、“劝导”（特别是“强制”）、“绩效”和“协作”的作用，这需要考虑政策执行的一些相关模式。罗兹（Rhodes）强调，“这些模式的选择不一定是意识形态的问题，而是实践的问题”，并提出了“在什么情况下这些政策执行人员发挥作用”的问题[①]。

在本研究中，政策执行过程同样是复杂的、多重的：在不同学校、不同村庄、不同家庭，基层官员要解决的问题是不确定的；布局调整政策目标中“小学就近入学，初中相对集中”也是模糊的；同时，不同政策执行群体对于“什么是布局调整”的偏好也存在差异；家长对子女教育的期望反过来对基层官员产生了压力……在这个过程中，上级部门、同级部门、目标群体会产生冲突性的行为决策，基层官员要及时做出权衡处理。因此，为了深入探究基层官员政策执行的复杂性、多重性，本研究尝试通过经验－比较的研究范式，调查布局调整政策在不同地区执行的类同性与差异性，以探究基层官员的“再制定”行为。

① Hill, M. The public policy process [M]. Harlow: Pearson Longman, 2005: 277－278.

第二章　研究设计

第一节　核心概念界定

一、农村中小学布局调整政策

新中国成立以来，农村基础教育经历了两次布局调整。本研究主要关注现在仍然在政策生命周期的2001年之后制定的相关政策，尤其是《国务院关于基础教育改革与发展的决定》、《教育部办公厅关于切实解决农村边远山区交通不便地区中小学学生上学远问题有关事项的通知》、《教育部关于实事求是地做好农村中小学布局调整工作的通知》，以及所调研省市制定的相关政策及其具体执行情况。

二、基层官员

目前我国农村基础教育实行分级管理、以县为主的行政管理模式，以县为分析单位，可以更清楚地了解县级单位所承受的各种张力，以及所处的政策网络。例如，县既要执行各项教育政策、分配教育资源，同时又要保证县域范围的教育质量，也许这种匹配本身对于基层工作者来说就是一种困境。

“基层”在本研究中是个相对的概念，也是一个分层的概念，在不同的政策环境，以及同一政策不同执行阶段、不同时期、不同区域，与政策目标群体直接交互的政策执行人员是不同的，但他们都是“基层官员”。

农村中小学布局调整政策执行方案基本由县级教育管理部门制定，其中具体学校的保留、撤并以及新建学校的确定，则是由各乡镇提出建议规划，提交县级部门审核。县级教育管理部门再派相关负责人员进行实地调查，最终确定布局调整规划方案。本研究将县级层面及其以下的教育管理者视为教育政策执行的“基层官员”，具体包括县（市）教育局（民族宗教事务局）局长及其他行政管理人员、乡镇教育管理者、学校校长及其他管理人员。

三、政策再制定

政策再制定的基本前提是：承认政策与行动的连续性，政策制定与政策执行是交互行动、相互议价的过程。一方面上层规范执行细节，希望政策目标能够实现；另一方面是基层官员以自己的专业知识和经验，选择性地执行政策内涵和意旨，形成了“自己的”政策①，这就是政策执行过程中的“再制定”。

依此，政策执行实际上突破了自上而下以及自下而上的模式，它是以一种演进的行为模式为特征的个体行动。在这种情况下，政策目标无法作为行动的唯一准则，“目标－结果”的政策评估模式往往忽略政策执行的互动过程。很多研究者把没有遵循目标的政策执行视为“政策变通”、“政策偏移”、“政策替代”、“政策规避”甚至“政策失败”，但这些只是现象的描述，从行为演进模式来看，实际上是基层官员出现了政策再制定行为。

第二节　分析单位

所谓分析单位（unit of analysis），就是一项研究中被描述、分析与解释的对象，通过它可以考察和归纳同类事物的特征，解释和说明相应的社

① 李允杰，丘昌泰. 政策执行与评估［M］. 张毅，韩志明，译. 北京：北京大学出版社，2008：12.

会现象之间的差别。分析单位不同于研究内容与调查对象。研究内容是分析单位的属性或特征，它们以分析单位为载体，是研究中需要收集的信息与资料，通常以变量与指标等形式呈现出来。而调查对象则是指直接提供信息与资料的对象，它不一定就是研究的对象。

一般认为，分析单位主要有五种基本类型：个人、群体、组织、社区和社会产品。但正如艾尔·巴比（Earl Babble）所指出的，“社会科学家绝对可以研究任何事物”[①]，因此，社会研究的具体分析单位可以说是无限的，如实践、角色、关系、空间、制度、文化、社会世界、生活形态、报刊、书籍、图片、建筑物等等，都可以作为分析单位。然而，无论哪种类型的分析单位，都具有如下两个显著的特点：一是研究所收集的资料直接描述分析单位中的每一个个体；二是将对这些个体的描述聚合起来，可以描述由这些个体所组成的总体，或用这种描述的聚合去解释某种社会现象。

分析单位可划分为不同的层次，一个较高水平的分析单位可能包括多个较低水平的分析单位。由于某一层次分析单位的资料聚合可以用来描述更高层次分析单位的某些特征与属性，又由于个人一般被视为社会的最小构成要素，所以个人往往成为社会研究中最基本也是最常用的分析单位。正是通过对个人进行描述，并对这些描述进行聚合和处理，研究者能够描述和解释由个人所组成的各种群体，以及由个人的行为和态度所构成的丰富多彩的社会生活现象。一般来说，以个人为分析单位的描述性研究旨在描述由那些个人所组成的总体，而以个人为分析单位的解释性研究则是为了发现存在于该总体中的社会动力。作为分析单位，个人往往被赋予了某种群体成员的特征，即个人可以用他所隶属的社会群体来指示其特征。反过来，以群体作为分析单位时，它们的特征有时也与群体中个人的特征密切相关，或者说群体的特征可以从其成员的特征中抽象出来。

那么，在本研究中，分析单位似乎并不是比较容易确定的。比如，是把“教育行政管理组织行为”还是把“基层官员个人行为”作为分析单

① 艾尔·巴比．社会研究方法［M］．邱泽奇，译．北京：华夏出版社，2009：123.

位？因为本研究描述与分析的核心是基于基层官员个体的政策执行行为分析，进而总结概括这一群体的政策执行行为特征，并希望与不同群体进行比较，所以，研究的分析单位选择了以基层官员作为隶属群体的“教育行政管理单位”。此外，研究是把“县”还是“乡镇”作为分析单位？把“县”作为分析单位似乎不够“街道”，因为具体执行行为可能来自乡镇级的实际执行，那么到底是把“县”还是“乡镇”作为分析单位才能更好地体现教育政策执行的真实情况？在调查过程中，笔者发现乡镇的政策执行是更下位的政策执行，不过乡镇级虽然以实践的方式进行了某种程度的政策执行，但是他们没有对基础教育的管理权，也就是没有决策权。从这个层面上来说，他们更像是政策执行过程中探究信息的工具。因此，本研究最终确定将“县级”教育基层官员政策执行行为作为分析单位，以了解最底层的教育行政单位政策执行过程中体现的特征。

需要说明的是，本研究在以“县”为分析单位的同时，嵌入了“乡镇”这一次级分析单位。但乡镇的政策执行只是作为县级政策执行的证据和支持资料，最终关注的还是县级基层官员在政策执行过程中如何进行政策“再制定”。

第三节　理论基础

一、垂直和水平维度的政策

本研究借用科尔巴奇对政策的阐释，将政策从“垂直维度”和“水平维度”来理解。根据科尔巴奇的理解，垂直维度将政策看成是“统治”（rule）：与权威性决策的自上而下传达有关，决策者选择能够使得他们所支持的价值得以最大化的行动路线，并且将这些政策传达给下属工作人员去实施。这个维度强调了工具性的行动、理性选择和合法性权威的力量，关注的是下属工作人员对这些决定施加影响的能力和才干，以及统治过程的构建和服从的方式[①]。在垂直维度上，政策似乎都有一个明确的起点，并且这个起点一般为权威的顶端——中央教育行政部门。在行政纵向制约系统中，由于地方教育行政部门处于中央政策与政策目标群体必须经过的环节，同时拥有地方政策的决策权和执行权，因此，地方教育行政部门是政策过程中最重要的行动主体，尽管也涉及其他行动主体，但制定和执行政策的权力最终归属行政机构[②]。

水平维度是在“行动建构”（structuring of action）的意义上来理解政策。它关注的是垂直权威之外不同组织的政策参与者之间的关系。不同组织的参与者之间形成默契和承诺的结构，在任何一个组织之内还存在独立的权威性决策的垂直传达。因此，政策既与组织间的这些纽带如何形成和持续有关，也与这些组织如何互动的制度形式有关，还与参与者理解政策问题的解释框架有关[③]。

政策的垂直维度和水平维度是不能相互替代的，但是在政策执行过程中却是相互依存的。因为权威性政策的执行需要不同组织、群体的参与及合作；并且在水平层面上达成共识性谅解，如政府部门的决策、政策指示和法令，也必须通过垂直维度才能得以实行[④]。

从科尔巴奇的这个政策概念来看，在本研究中，农村中小学布局调整政策的行政纵向约束的上层包括国务院以及财政部和教育部，它们从不同维度共同推进了这项全国性的基础教育政策。之后经过省、市的传递，这项政策最终由县级教育行政主管部门（教育局）作为政策直接行动主体。这是布局调整政策的垂直维度。

在政策的水平维度，也就是在县级层面，农村中小学布局调整政策由教育局主要负责制定布局调整计划，而具体撤、并、建的学校名单则由乡

① H. K. 科尔巴奇. 政策［M］. 张毅，韩志明，译. 长春：吉林人民出版社，2005：31.

② 迈克尔·豪利特，M. 拉米什. 公共政策研究：政策循环与政策子系统［M］. 庞诗，译. 北京：生活·读书·新知三联书店，2006：94.

③ H. K. 科尔巴奇. 政策［M］. 张毅，韩志明，译. 长春：吉林人民出版社，2005：31.

④ 林小英. 教育政策过程中的行政纵向制约：垂直维度和水平维度的研究［J］. 高等教育研究，2006（12）.

镇行政机构和中心校合议提出建议名单，最终由教育局确定最终方案。同时，布局调整工作的顺利开展也需要县财政局、人事局、民政局积极配合。比如寄宿制学校的建立需要财政局直接拨款，师资调动需要人事局统一安排，有些家长不服从安排则需要民政局扣除其各项补助。从相互竞争合作的意义上理解，县级层面的各个组织部门建构了布局调整政策的水平维度。本研究主要关注水平维度层面的基层官员如何在垂直行政制约和水平竞争合作的情境中采取行动执行政策，尤其是其政策再制定行为。

二、行动演进的政策执行

从政策执行研究发展的演进途径来看，政策执行研究领域有两个关键的主题：第一个是规范问题，以政策制定的基本概念为基础，也就是政策执行者确定政策的“目标”，各个层级的组织和官僚必须将政策目标付诸行动。第二个是执行者个体行动演进的实践问题，也就是既有的政策目标能否实现、如何实现、在多大程度上实现，取决于各个层面的政策执行者，尤其是基层官员。

本研究试图将两种研究途径结合起来，以已有的政策执行研究为基础，关注农村中小学布局调整政策执行中“规范”与“实践”的冲突，重点对真实的政策过程进行深入考察，尤其是基层官员在政策执行过程中是如何理解政策、决策并采取行动的。

与此同时，本研究还力图从目标群体的角度分析基层官员的政策执行。安德森认为，“政策是相关联的、稳定的、有目的的行为结果，这种结果由一系列的参与者给予特定的目的与关怀而引起……由政府或权威部门决定”①。如果这种具有权威性影响的行为没有行为客体、承载对象，任何具体政策都将没有现实意义，将仅仅存在于行为主体的思想观念中，不被公众所认知。在布局调整政策执行中，表面是对学校分布的调整，具

① Anderson, J E. Public policymaking: An introduction [M]. 7th ed. Boston: Wadsworth, 2010: 6.

体是指学校的新建、撤除和合并，其中涉及的群体主要包括学生、家长、教师等。本研究将通过了解基层官员与这些群体的互动，以及政策给这些群体带来的影响，进一步深入了解基层官员的执行行为。

因此，首先有必要重申温特在“规划过程－执行结果”整合型模式（见图2－1）中强调的执行结果。政策执行结果可以划分为产出和结果：产出仅仅是抽象的政策结果，如“撤并了274所学校”、“入学率达到99.8%”等，这只是从数字的大小来判定；而政策结果则指政策产出之后对政策目标群体的影响，如学校撤并之后学生学习环境是否得到真正的改善、学生学业成就有没有变化。如果从政策产出的维度，基层官员很容易出现应付行为，其行政自由裁量权的使用也变得没有限制。因此，如果要降低权威性政策的纵向规制，必须转变政策执行结果的评估标准，不仅关注政策的官方目标（凡是与官方结果一致的为成功的政策执行），而且要从利益相关者的角度，将执行结果与执行过程中不同行动者的利益相比较（凡是能让多数利益相关者得到好处的就是成功的政策执行——这体现了政策的水平维度在政策执行方面的互动）。其中，最重要的是从问题解决角度，将政策执行结果与是否能够解决社会问题及解决问题的程度相比较（凡是能够很好地解决社会问题者为成功的政策执行）。

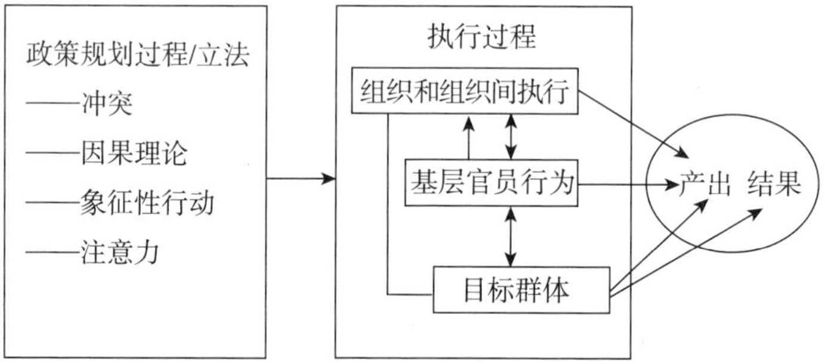

图2－1 温特的“规划过程－执行结果”模式

资料来源：李允杰，丘昌泰. 政策执行与评估［M］. 张毅，韩志明，译. 北京：北京大学出版社，2008：78.

第三代政策执行研究中温特提出的“规划过程－执行结果”整合型模式，也是从政策执行结果而非“目标－结果”来分析基层官员的执行行为。温特所提出的模式是有鉴于传统政策执行架构的多元途径，综合自上而下和自下而上的执行而建构出的一般性理论①。其主要从组织的执行行为、基层官员的行为和目标群体三个方面进行分析，试图探明政策执行的结果。政策执行的结果除了关注抽象的政策影响之外，还关注政策对目标群体产生的切实影响。

其次，从政策执行过程来看：①不同部门的政策执行行为。每一项教育政策都需要多个部门的参与。部门和部门之间可能是平行关系，也可能是垂直关系。比如县级部门和乡镇部门是垂直关系，而教育局、财政局、人事局和民政局则是平行单位。不同部门采取的执行方案会对政策执行结果产生影响，这是因为部门作为组织本身就有特定的利益诉求，同时也有自己的自主权。为了提高政策的影响力，不仅需要垂直整合的行政机构约束，还需要水平整合的合作部门支持，否则政策不可能达到预期的效果并解决问题。②基层官员行为。在布局调整政策执行过程中，基层教育管理者体现了一般基层官员的共有特性。一是政策资源稀少，资源提供速度比较慢；二是目标群体的需求日益膨胀；三是政策目标相当模糊甚至冲突；四是绩效导向的目标成绩不容易测量；五是不把目标群体视为重要参考群体。因此，政策要成功地执行，必须关注基层官员的政策执行行为，防止他们故意或者无意地给政策执行带来阻力。③目标群体。教育政策与很多其他公共政策相比有着自身的特征，其目的是改善目标群体所处的社会、经济等环境以保障学生受教育权益并提高教育质量。基于此，很多研究者提出，凡是能够让目标群体得到好处的政策，称为“服务导向”的政策，在执行过程中比较不容易受到阻碍。但是由于教育政策的目标群体均是力量弱小者，很容易被政策执行者忽视，因此，研究基层官员应该将目标群体纳入综合考察。

---

① 李允杰，丘昌泰．政策执行与评估［M］．张毅，韩志明，译．北京：北京大学出版社，2008：77.

三、社会秩序规则

哈耶克（F. A. Hayek）以“人不仅是一种追求目的的动物，而且在很大程度上也是一种遵循规则的动物”为前设，指出人的行动受着作为深层结构的社会行为规则的支配。进而，哈耶克对人之行为的解释或者对社会现象的认识的研究，不是简单地考察某些刻意的、具体的行动或事件的问题，而是深入阐释社会行为规则，这种规则独立于行动者的知识但却切实影响或支配行动者的行动[①]。

当哈耶克完成对“自然”与“人为”社会（秩序）规则二分法的批判、从“知”到“无知”的知识观转化及有限理性分析之后，进一步提出“社会秩序规则二元观”：内部规则和外部规则[②]。内部规则是指“在它们（即内部规则）所描述的客观情势中适用于无数未来事例和平等适用于所有人的普遍的正当行为规则，而不论个人在特定情形中遵循此规则所会导致的后果。这些规则经由使每个人或有组织的群体能够知道他们在追求他们目的时可以动用什么手段，进而能够防止不同人的行动发生冲突而界分出确获保障的个人领域。这些规则一般被认为是‘抽象’的和独立于个人目的的”[③]。外部规则是根据组织或治理者意志制定的规则，“只适用于特定之人或服务于统治者的目的的规则。尽管这些规则仍具有各种程度的一般性，而且也指向各种各样的特定事例，但是它们仍将在不知不觉中从一般意义上的规则转变为特定的命令。它们是运作一个组织或外部秩序所必要的工具”[④]。

---

① 弗里德利希·冯·哈耶克．法律、立法与自由（第一卷）［M］．邓正来，张守东，李静冰，译．北京：中国大百科全书出版社，2000：11.

② 哈耶克在描述内部规则和外部规则的同时还使用一些其他的表示方式，比如私法与公法、自生自发秩序与组织秩序；有时还用正当行为规则或一般行为规则来表达内部规则。

③ Hayek. New studies in philosophy, politics, economics and the history of ideas［M］. Chicago: University of Chicago Press, 1978: 76.

④ Hayek. New studies in philosophy, politics, economics and the history of ideas［M］. Chicago: University of Chicago Press, 1978: 76.

在哈耶克看来，内部规则可以实现外部规则所不能实现的结果，因为内部规则可以让行动个体更好地运用组织所不具有的信息或知识。为了使行动者能够应对该组织并不知道的各种情势，组织发布的命令最好是一般指示的形式而非具体命令。尽管哈耶克认为外部规则不能等同于具体命令，但是他也承认由于外部规则的存在必定“预先设定存在着一个发布此项命令的人”，而且也预设了这样一种状况，即个人在组织中的地位是由特定组织发布的命令决定的，而且个人所必须遵循的规则也取决于那个确定他的地位以及发布命令的组织对他所规定的特定目的，所以外部规则在意图上就不可能是普遍的或目标独立的，而是只能始终依附于组织所发布的相关具体命令。这类外部规则的作用也只能限于规定组织所指定的职能部门或具体行动者行动的具体内容，以及对这些具体命令未做规定的事项进行调整。更为重要的是，对这些外部规则的解释也必须依凭组织命令所规定的具体目的，因为该组织所发布的特定命令如果不分派具体任务和不确定具体目的，那么具有一定抽象程度的外部规则也就不足以告诉该组织的行动者什么是他必须做的事情。据此，哈耶克认为，组织秩序所服从的外部规则与以自生自发制度为基础的内部规则有两点不同：①外部规则以命令的方式把特定任务、目标或职能赋予组织的个人；②大多数外部规则只能经由依附具体命令而适用于那些仅承担了特定任务或职责的个人，或服务于组织之治理者的目的[①]。

对于内部规则，哈耶克阐释得非常深入，除了总结出内部规则的抽象性、否定性和目的独立性等特征之外，还进一步指出内部规则还分为“阐明的规则”和“未阐明的规则”。阐明的规则是形式化了的规范性质的规则，它们不但描述行为，而且还经由确立适当标准的方式支配行为；未阐明的规则是一种描述性质的规则，亦即并未用语言或文字予以表达的惯常行为模式。这两种规则之间又是什么关系呢？哈耶克这样分析：人的行动从来就不是只以对其已知的某种手段和相应结果之间的因果关系的明确认

① Hayek. New studies in philosophy, politics, economics and the history of ideas [M]. Chicago: University of Chicago Press, 1978: 77 -78.

识作为行动指导的，相反，在大多数情况下是受其知之甚少的那些社会行为规则指导的。“未阐明的规则”优于“阐明的规则”，而且“阐明的规则”也不能代替“未阐明的规则”。

基于以上讨论，哈耶克最终形成“社会秩序规则二元观”的一个重要结论，即外部秩序对应的外部规则尽管是人类社会所不可或缺的治理工具，但是它却不能因此而侵扰或代替内部秩序得以生成并得以维系的内部规则。现代社会复杂的程度远远超出了刻意安排的组织所能达致的任何程度，所以，那种依附于具体组织的命令只是有助于实现控制组织的人的特定目的，对内部规则毫无助益。在试图用外部规则替代内部规则的同时，又希望尽最大可能地运用所有成员分散知识的理性设计的做法是不可能的。

对于“政策”，哈耶克认为其作用是“保障一种抽象的整体秩序，这种整体秩序能够保证所有的成员都可以获得实现各不相同的并在很大程度上属于未知的特定目的的最佳机遇”①。从这个意义上讲，政策是一种抽象的规则。但是由于这种规则需要一个“发布命令”的人或者组织，因此政策的实现往往需要“政策性措施”。绝大多数措施都是有“旨向”的，不能做到“措施面前人人平等”②，而且措施多数也是通过行政命令或指令的形式体现。

哈耶克的“社会秩序规则二元观”对本研究的直接启示体现为：政策执行行动个体处于一种复杂的情境中，往往通过默会的方式以抽象的、否定性的、目的独立的内部规则来应对各种情形；而政策作为维护组织社会整体秩序的外部规则，大多数情况下借助行政指令或命令的方式去实现，表现出明显的旨向。在这种情况下，政策执行的行动就会出现规则冲突的“权宜之计”。从外部规则的系统视角看，通常所说的“上有政策，下有对策”现象就出现了。

---

① 弗里德利希·冯·哈耶克．法律、立法与自由（第一卷）［M］．邓正来，张守东，李静冰，译．北京：中国大百科全书出版社，2000：23.

② 弗里德利希·冯·哈耶克．法律、立法与自由（第一卷）［M］．邓正来，张守东，李静冰，译．北京：中国大百科全书出版社，2000：218.

第四节　研究方法

基层官员如何解释并传递政策，对政策效果又造成哪些影响，这些都是基层研究要处理的问题。当然，基层研究一样也需要讨论方法论的问题。

政策执行研究已经从第一代执行研究浪潮中演变到第二代、第三代的研究。其中，形式主义流派的研究采用政策过程的规范性观点来进行第二代和第三代行动研究，引入了组织和政治的观点。基层研究已经构成了这些基于行为的研究发展的重要策略，尤其有助于理解政策如何在"第一线"被"再制定"的分析重点。

基层研究方法的评估需要仔细权衡优势和局限性。主要的局限是观察者的偏见和案例研究方法潜在的限制。尽管观察者的偏见一直是案例方法论的风险，但是这种风险有可能通过从多个环境实施多个观察、利用多个数据源、借助理论系统化收集资料并分析资料的方式予以弱化。同时，运用三角验证的方法来进行交叉分析各种不同类型的数据是非常有效的①。第二个明显的缺陷是这种方法耗费大量的人力物力，很难适用于大规模的项目资料收集。贝特（Bate）在自己的书中有一句半开玩笑的建议："有志于组织研究的人当然要满足的第一规则是：与组织保持距离，因为田野调查耗费的时间太长。"②

这种方法的主要优势是允许研究者进入基层实践的现场，理解它特有方式的逻辑，并在最底层来探究政策经验。有的研究者称之为"深度挖掘"，认为通过它可以超越可见的政策结构来观察政策文本修辞和行政手段背后究竟发生了什么，并可对其做出解释，探究其带来的后果。值得强

① Denzin. Sociological methods：A sourcebook［M］. Chicago：Aldine Publishing Company，1970：418－428.

② Bate，S P. Whatever happened to organizational anthropology? A review of the field of organizational ethnography and anthropological studies［J］. Human Relations，1997（50）：1147－1175.

调的是，这种方法建立在方法论逻辑基础之上，目的是扩展对基层实践的理解，并最终理解在特定组织环境中政策是如何被建构的。米歇尔·布拉沃伊（Michael Burawoy）以此延伸了案例研究方法，其中“案例的重要性是它告诉了我们在它的世界中发生了什么”①。由此可见，应用案例研究方法进行评估有着更直接的利益关系体现。而且，应用这种方法来进行评估研究，可以让研究者提出更好的问题并区分被评估者思考的是什么，看到的是什么，并明确什么时候评估。作为应用研究，基层视角的研究有助于防止政策研究的物化和具体化，这可能会阻碍研究者理解在政策执行中究竟发生了什么，但是这种研究提供了一种视角，通过这种视角可以获得政策如何产生的全面信息并获取在日常生活中的“实际”意义。

基层研究常常使用大量的个案研究来探究复杂的过程和模式，这是不能通过实验或定量研究设计得到的②。一般来说，定性的案例研究方法提供了探究实践模式和建构客观情况的社会阐释，通常用于强调深度和复杂度的研究。它使用访谈和观察等质性工具来探究可能性，而不是检查已知的、量化变量之间的关系。但是这种定性的案例研究方法由于没有充分发展，因此不能完全确定结构要素、如何应用以及最重要的是什么。总体而言，定性的案例研究承认某些现象或问题的影响因素的存在并尝试进行深入探究，同时还注重寻找其他没有明显参与的可能因素。

一、研究视角

从已有的文献中可以看出，基层研究作为一种研究路径分析政策执行非常容易理解，它为组织研究和社会政治学研究提供了一种分析视角。尽管基层研究不是一个全新的研究方式，但是却没有一个确定的框架可以参

---

① Burawoy. Ethnography unbound: Power and resistance in the modern metropolis [M]. Berkeley: University of California Press, 1991: 281.

② Keiser, L R. State bureaucratic discretion and the administration of social welfare programs: The case of social security disability [J]. Journal of public administration research and theory, 1999 (9): 87-106.

考。因此，最佳的应用是确定一个具体的政策，深入探究该政策在基层的执行过程。

（一）基层研究的理论意义

基层研究有利于我们理解政策，并有助于理解同一项政策在不同地区执行效果的差异。因此，这种研究强调政策执行中模糊、不确定的情境，基层官员的自由裁量权和复杂的决策过程。这种研究的难度在于如何理解政策的效果，预期目的与非预期目的之间如何界定。

在政策执行的最小单位，基层研究提供了一种区分政策事实和政策效果之差异的研究视角。比如在很多政策报告中，政府喜欢使用一些数字来体现政策效果，如“撤并学校为46%，入学率达到99%”，而政策事实是什么，这些数字体现的政策效果背后的原因又是什么，都是基层研究需要关注的问题。

但是，通过预先规划的方式获得的统计资料并不能表明是否“合适”的群体被放到了“合适”的项目中，也不能表明他们在“培训”或者“教育”中学到的是否足够。以公立教育为例，理想的状态是学生能够分配在适合他们需要的班级和特别的项目中。但是一些研究者发现，在某些情况下对学生的分配并不合适或者被完全从有用的项目中排除①。如布局调整政策，尽管把学生统一起来管理可以“更好地处理留守儿童问题，更好地巩固入学率”，但是基本没有考虑学生个体的情感和成长需求。从某种程度上来说，学校合并、优质资源集中并没有如人们想象的那样直接提高教学质量，学生的学业成就没有提高的趋势，反而有下降的表现。不管是“外来的老师不能踏实教书”还是“几个坏学生带坏了整个班级”的原因，基层研究的一个优势就是研究者可以通过直接接触政策利益相关者来分析政策事实。

从这个意义上讲，基层研究有助于研究者理解现实情境中的政策执

---

① Weatherly，R A and Lipsky，M. Street-level bureaucrats and institutional innovation：Implementing special-education reform［J］. Harvard Educational Review，1977（47）：171－197.

行，并有利于理解为何同一政策在不同地区的执行效果存在差异。不过，这种研究很难区分“A”和“B”的执行到底有什么差异。有的研究者把这种差异归为执行者价值观念、决心或者“组织文化”。不过，如果以比较的视角进行基层研究，基层官员相同的价值、信念是否能够达到相同的政策结果？政策执行环境在其中又发挥了什么作用？很多政策执行的偏移到底是因为执行者缺乏信念还是缺少资源？这些问题都需要对政策执行者进行更加深入的调查，简单的访谈和观察是不够的。研究者最好能够注意基层官员、同事、组织和目标群体之间的互动，将政策执行置于一种关系网络中予以分析。

（二）基层研究的实践性意义

基层研究超越了第一代政策执行研究中“命令和控制”的假设，以实证的方式解释影响政策执行的因素。通过研究是什么、为什么和怎么样，可以提高基层管理在执行政策中的责任和效率。理查德·埃尔默指出，基层研究“让我们对抗世俗情境中基层官僚的职业倦怠，并思考新的政策如何影响为社会大多数民众服务的日常工作。政策制定者、分析者和管理者都倾向关注强调控制和可预测性的变量……（这）导致非常严重的错觉”①。所以，基层研究有助于理解一线的工作人员做了什么、工作性质是什么、如何解释政策以及采取措施。

尽管政策执行者有着预期的愿望，但是基层官员“不会只做他们想做的或者要求他们去做的。他们会做他们能做的”②。在一些政策执行研究中，有研究者指出基层官员的执行行为是由其能力决定的，这种能力反过来也取决于“专业技能、部门资源和客户获得优质培训和雇用的机会。在这种情况下，他们的实践受到部门奖励机制、服务于客户及公众的工作机

---

① Elmore，R F. Organizational models of social program implementation［J］. Public Policy，1978（26）：185－228.

② Brodkin，E Z. Inside the welfare contract：Discretion and accountability in state welfare administration［J］. Social Service Review，1997（71）：1－7.

制等多重影响”[①]。而且，个人经历对以规则和制度为基础的管理策略也可能产生非预期效果，在受制于基层实践逻辑的地方以“隐蔽的方式”行使自由裁量权。自由裁量权本身既不好也不坏，但是执行中的“百搭牌”有可能会在不同的组织环境中产生不同的结果。

基层研究的视角还试图寻找政策执行中的问责系统。在布局调整政策执行中，尽管基础教育权已经收归县级所有，但是县教育局仍授权各乡镇上报撤并学校名单并由教育局进行审核。其实审核通过率基本都是100%，写在工作总结中的便是诸如“撤并率68%，入学率99%”的数字，也许县教育局能做的就是通过数字来体现自己的工作能力。乡镇一级的自由裁量权其实受到很多的限制，比如年终考核中通过对撤并学校的数量衡量其工作绩效。这些限定，表面是县级教育局让乡镇对政策执行负责，但是中心却偏移到“记录数字”上而不关注这些学校撤并究竟是如何确定的。实际上，乡镇一级的基层管理已经做了他们能做的事情来完成任务。不管怎样，从政策评估的角度来看，“撤并率”、“寄宿制学校数量”、“教师职称水平”等方面的数量达标似乎已经算是“成功的执行”。

其实，政策执行的问责系统在实际应用中还有一个困境。某些类型的政策绩效，如“撤并率”，是很容易实现并评估的，但是它们不能体现具体的执行过程，甚至还会破坏政策执行。究竟哪个群体为政策执行负责，评估内容是什么，都要以具体的方式加以说明，尽可能让组织或者群体不只为控制范围之内的事情负责。

在布局调整政策执行中，很多管理者都会觉得在民族地区“集中起来上课可以让学生很快地熟悉汉语，语言关一过成绩自然就能上去”，这种愿望是可以理解的。但是，实际上很少有人知道如何真正提高学生成绩。如果不求助于政策目标之外的资源，解决一个问题的同时可能会引发更多的问题。基层研究所提供的这种视角有助于发现政策执行过程中的诸多维度，这些维度虽然不是直接关联但是对于理解政策的广泛影响是非常关键的。

---

① Brodkin, E Z. Inside the welfare contract: Discretion and accountability in state welfare administration [J]. Social Service Review, 1997 (71): 30 – 33.

二、案例选择

选择的案例可以通过聚焦一个特定的组织或一种可“透明观察”的情境来扩展理论。这种理论抽样方法与寻求一般性特征的研究不同。比如，在经济领域当中，为了达到可推广性和实证研究等标准，案例研究主要通过大规模和科学的取样来进行。笔者选择了农村中小学布局调整政策的执行作为研究情境，主要探究这个政策在县级及县级以下如何执行，涉及哪些具体参与的人员以及政策如何传递。当然，笔者也希望这种方法能够在其他政策执行研究中得以应用。

本研究主要探究农村中小学布局调整政策的执行。随着布局调整政策的实施，各地撤点并校之后虽然扩大了学校规模，提高了办学效益，但是仍然存在一些明显的缺憾。我国基础教育经历了两次布局调整，本研究重点关注现在仍然处于生命周期的若干相关政策，主要包括2001年颁布的《国务院关于基础教育改革与发展的决定》，以及2006年教育部针对农村地区出现不合理撤并学校情况而先后颁布的《关于切实解决农村边远山区交通不便地区中小学学生上学远问题有关事项的通知》和《关于实事求是地做好农村中小学布局调整工作的通知》。同时，在农村中小学布局调整政策执行过程中，各省、市和县级部门也分别制定了落实政策的相关文件，这些系列文件也作为本研究的关注重点。为了更好地了解国家层面的政策如何逐步具体化为具体政策措施，本研究需要选取若干地区作为个案以便于收集资料并深入分析。

个案的选择是一个复杂的过程，既要考虑个案的意义和代表性，又要兼顾调查的方便可行。有些个案可能极具代表性，但研究者难以进入现场，难以深入了解问题和事件的内幕。而且即便努力进入场景，也往往会以“陌生人”的身份扰乱原有的秩序，处于一种被怀疑、被监视的包围中，调研也难以顺利进行。本研究选择的个案是笔者已经比较熟悉的县域、学校，从而避免了被排斥现象的出现。2007年11月到2008年10月，笔者在调研“民族地区远程教育发展现状”的过程中，选择了云南省和青海省两个地区的学校，原因是有朋友熟悉这两个地区的教育管理者。调研过程中因为住在学校里，所以跟学生接触比较多，能够看到放学后自食其力地煮饭、洗衣服的学生，也能看到校园的角落里因为想家偷偷哭泣的学生，由此也引发了笔者对布局调整政策的关注。2009 年 3 月，笔者跟随一个课题组对上述两个地区的 17 所学校又进行了教育满意度的调查，其中一项内容就是关于布局调整后新建学校的调查，由此初步收集了布局调整后新建学校存在的问题。最幸运的是，笔者还参与了联合国教科文组织西班牙千年发展目标促进基金“中国文化与发展伙伴关系”项目中“中国少数民族基础教育政策研究”课题，而农村中小学布局调整政策则是该课题所研究的七大政策之首。这次覆盖 3 个省（青海省、云南省、贵州省）12 个县的调研比较充分地收集了学校撤并建的整个过程，尤其是找到了参与当时布局调整过程的负责人，当然有的地方布局调整工作还正在进行。通过案例特征的比较和对个案点的熟悉程度确认，本研究选择了云南省兰西市（县级市）和青海省开和县①作为最终的个案调研点。

由于多次的到来，这里的很多人都把笔者当成了朋友，连学校的学生似乎都开始对笔者“熟视无睹”。他们在与笔者交流时已经抛除了最初的陌生和戒备感，也通常会在访谈中聊到自己的家长里短。而笔者也不再处处小心谨慎，慢慢也消除了骚扰对方的不安心理，表达谢意的时候也从纪念性礼品换成了家用的米面油盐。作为一个研究者，笔者尽量从一个更加中立的立场来看待个案点的社会发展和教育状况，这种距离感也有利于笔者对相关问题的洞察和反思。

尽管以案例为基础的研究分析的有效性还存在某些问题（如可推广性），但可以通过案例比较来提高效度。在本研究中，笔者选择了南北两个不同的县级单位，重点了解县（市）政府和教育局、乡（镇）政府以及学校等不同层面、不同阶段的政策执行状况，并尝试以情境再现的叙述方式描述整个过程。为了更好地将过程中的事件详细展示，需要涵盖不同

---

① 为了保护研究对象的隐私，本书中县级及县级以下的地名以及相关学校名和人名均做了匿名处理。

层面的行为主体，具体包括县（市）教育局（民族宗教事务局）局长和相关工作人员、乡（镇）党委书记（乡长、镇长）和相关工作人员、学校校长、教师、家长以及学生。

三、资料收集方法

基层研究的目标是以它自身内在的逻辑引导实践，而不是以命令指挥和控制的逻辑，目的是努力开发具体情境中政策执行的特定形式。

在实现这个目标的过程中，基层研究主要运用访谈法和观察法。它吸收了人类学的视角，认为基层官员是“在自己的时间和空间”并以自己的“自然作息方式”开展工作，并注重观察收集在特定情境中基层官员和目标群体之间的互动资料。

1. 访谈

访谈是探究行为背后原因和观念的特别有效的方法。比如，分析基层官员如何理解上级行政管制，又如何采取特定措施规避这些约束。尽管在正式的文件汇报中基层官员都必须为自己的行为寻找一个依据，但是通常可选的都是表面化的依据，因此文件汇报中的内容其实不能体现政策执行过程中的决策及行为背后的真正原因。有技巧的访谈可以探究这个决策过程，并提供一个更加准确的理论来解释个体行为如何、什么时候、为什么被贴上“不服从”的标签从而影响了政策执行。

但是如何让被访谈者接受访谈并表达个体真实的情感却是一个充满挑战的问题，这个过程往往充满戏剧性。要解决好如何进入现场、如何与被访谈者接触、如何判断这些访谈资料的效度等问题，除了需要研究者具备一定的研究技能，还必须具备作为生活常态必备的日常交流技能。

本研究主要分析对8位县（市）教育局（民族宗教事务局）局长、13位县（市）教育局工作人员、8位乡（镇）党委书记（乡长、镇长）、14位中心小学（中学）校长、22位教师、15位家长和15名学生的访谈资料。

不过，单一的分析仍然是不完整的。把访谈和观察结合起来，可以提供一种研究方法来分析“他们说了什么”和“他们做了什么”之间的差异——这种差异给研究者提出了一种警示（red flag），同时也提供了发现问题的机会。例如在访谈中，被访谈者经常把自己描述成用“硬”或“软”的方式来“应用法则”。不过，据笔者的观察，有时他们的实践和他们的言论是不一致的。为什么会产生不一致？这就需要比较不同的组织、基层官员和目标群体。

2. 观察

与依靠访谈和调查资料的研究相比，观察有着直接的优势：它不依赖于对访谈者的重复访谈或者他们对事件的重新建构。正如米歇尔·布拉沃伊所描述的那样，观察的优势在于“不仅直接观察研究对象如何行动，而且还可以呈现自己是如何理解并体验这些行为的”。这使得研究者可以把基层官员所说的和所做的进行比较分析①。

本研究的观察地点集中在县（市）教育局（民族宗教事务局）、乡（镇）政府、学校和家庭。对教育管理部门的观察主要是了解他们的日常工作行为方式，通过参加其会议、跟随领导到基层视察的方式记录观察到的过程和细节。这种观察难度相对比较大，也往往被拒绝或者只能参加一些例会，这是一个需要时间和耐心的过程。对学校的观察主要是了解学校的基本设施和条件、教师的工作、学生的生活状态，笔者每次调查基本都是住在学校，因此非常便于收集资料。对家庭的观察主要是了解家庭经济情况、家庭成员的基本情况。为了更好地了解学生和家长，笔者曾在周末跟着几位同村的学生回家，也深刻感受了步行 2.5 小时山路的实际距离和心理距离。

3. 文献资料收集

本研究收集的文献主要包括国内关于基层官员政策执行、农村中小学布局调整政策的研究，国外关于政策执行发展、基层官员政策执行的研究。笔者通过查阅北京大学图书馆，北京大学教育学院、社会学系图书馆和资料

① Burawoy, M. Ethnography unbound: Power and resistance in the modern metropolis [M]. Berkeley: University of California Press, 1991: 1-2.

室以及国家图书馆，获取了很多中英文图书资料，同时还借助中国知网（CNKI）下载了相关主题的期刊文章和学位论文。关于英文文献，主要采用引文查找法，通过北京大学图书馆英文数据库中的学术期刊集成全文数据库（Academic Source Premier）和博硕士论文全文数据库（ProQuest Dissertations & Theses）分别获取了英文期刊和学位论文资料。除此之外，还通过 Google 学术搜索、Freebook（www.freebookspot.in）和 Gigapedia（www.gigapedia.org）等电子书网站获得了大量的英文图书电子版本资料。此外，还有个案县（市）关于布局调整的会议记录、规划方案等文件共 38 份。

四、资料分析

在本书的案例研究中汇集了大量的访谈资料和文本资料。这些资料体现出一种双重情境：首先，基层官员试图代表国家意志执行政策，同时，面对政策目标群体的需求差异，他们往往无法全面满足。基层官员在执行政策时面临着非正式程序和非正式规则的决策，比如当有些家长抗拒政策时，他们往往根据其特征采取威胁、劝导或者补偿等方式解决问题。而有的研究者对基层政府的政策执行持有强烈的不信任感，比如将政策执行力问题总结为“将在外，君命有所不受——抗令不行”、“你说你的，我干我的——有禁不止”、“推诿扯皮，乾坤大挪移——逃避执行”、“街亭失守，蒋干中计——错误执行”[①] 等执行偏差。但是，必须注意到的是，国家对民众的社会生活并没有处于完全失控的状态，而且国家意志在基层仍然得到了贯彻执行。基层官员并不总扮演着对抗政府、欺骗民意的角色。作为教育政策执行中的基层官员，似乎并没有很多的个体利益空间，而且还要在完成政策任务时“得罪”群众。对于自评为“生活在风箱中的老鼠”的教育基层官员而言，对政策的再制定似乎又有了很多无奈的成分。

因此，基层官员执行政策多处于一种不确定的情境，不存在直接的因果关系，其行动也多体现出一种“不言而明的隐秘”。为了在再现复杂而

① 徐珂．政府执行力［M］．北京：新华出版社，2007：73.

微妙的事实之后更好地进行深入的分析，本研究试图通过“过程 - 事件”的策略，从探究基层官员的政策执行行为过程出发，进而探究他们是如何再制定政策的。这种分析方法需要对多个群体进行调查，以多维视角描述故事，以尽可能地还原真实的过程。因此，资料分析建立在资料描述的基础之上，“描述的任务是再现，分析的任务是解释”①。

布迪厄（Pierre Bourdieu）说过，“社会学家和历史学家的职责在于对社会的运作进行科学分析”，并“不可避免地要发掘隐秘，特别是统治者不愿看到被揭露的隐秘”②。当已有的研究理论难以解释实际的问题和现象之时，需要研究者更换一种视角进行探究。为了解问题的“微妙性”并“连根拔起”，需要观察人们的社会行动，特别是由他们的行动所构成的事件与过程③。

之所以采用过程 - 事件分析策略，是因为基层官员的政策执行过程具有两个特征：第一，不确定性，因素和因素之间、事物与环境之间并不存在一成不变的关系；第二，静态结构中的不可见性④。尽管基层组织的日常事务似乎平淡无奇，但是其背后蕴藏着复杂的规则和制度。过程 - 事件分析策略的最基本之点，是力图将所要研究的对象由静态的结构转向由若干事件所构成的动态过程。过程可以作为一个相对独立的解释源泉或解释变项。从根本意义上来说，它超越了因果关系的传统视野⑤。有学者认为，现在社会学正面临着解释逻辑的转变：从单元到情境，从性质到联系，从因果到事件。社会学中对于社会互动过程的强调体现了这样一种关怀：赋予社会现象以能动的特性，从而克服静态结构分析的死板与僵硬。过程 -

---

① Gay, P. Style in history [M]. New York: McGraw-Hill, 1976: 59.

② Bourdieu, P. The social space and the genesis of groups [J]. Theory and Society, 1985 (6): 723 - 724.

③ Bourdieu, P. Academic discourse: Linguistic misunderstanding and professorial power [J]. Polity, 1996 (7): 34.

④ 孙立平. “过程 - 事件分析”与当代中国农村国家农民关系的实践形态 [M] //谢立中. 结构 - 制度分析，还是过程 - 事件分析？[M]. 北京：社会科学文献出版社，2010：139.

⑤ 孙立平. “过程 - 事件分析”与当代中国农村国家农民关系的实践形态 [M] //谢立中. 结构 - 制度分析，还是过程 - 事件分析？[M]. 北京：社会科学文献出版社，2010：140.

事件分析所追求的正是一种对事物过程连贯性与流畅性的描述和解释①。

对于所选取的两个不同地区，本研究主要描述其布局调整政策执行过程。尽管这两个地区布局调整过程中的事件不尽相同，但是都反映了当前政策执行过程中基层官员、管理部门和目标群体之间复杂而微妙的互动关系，或者说反映了基层官员面对多重压力情境下的政策再制定现象。

本研究借助过程－事件的分析策略完成案例研究的资料分析。案例研究在一些方面有着自身不可避免的缺陷，比如样本的代表性、访谈资料的效度、观察资料的信度等。而且案例研究对研究者的研究经验和敏感性有着极高的要求。过程－事件的分析策略能够帮助研究者尽可能地接近现实，了解事件发生的过程、出现的问题及其对现在的影响。本研究就是从农村中小学布局调整政策执行给当地的教育系统带来的变化入手，对基层官员政策执行中遇到的困境以及政策再制定的形式进行梳理，充分利用各种调查资料深入、细致地把握基层官员政策再制定的影响因素和实际过程。

第五节　分析框架

研究必须分清逻辑起点和研究起点。本研究的逻辑起点是社会行动者的行动，研究起点是由个体行动与社会环境互动构成的事实。需要注意的是，研究必须分析三个层面的问题：第一是普遍性和选择性，也就是对社会行动产生直接影响的是否是规范性标准（政策）。如果在行动中选择了普遍性，意味着无论任何情境都会遵循同样的标准；选择性则意味着行动者会因人而异地改变行动标准。第二是扩散性和专业性，具体是指社会行动主体和客体之间的权利义务关系是否清晰明确。第三则是情感性和中立性，基此判断行动互动双方是否掺杂情感因素。

① 孙立平．“过程－事件分析”与当代中国农村国家农民关系的实践形态［M］//谢立中．结构－制度分析，还是过程－事件分析？［M］．北京：社会科学文献出版社，2010：141.

综合以上两个起点和三个问题，本研究以农村中小学布局调整政策在县级层面的执行作为分析单位，为了更好地了解不同层级基层官员在政策执行过程中的决策和行为，研究中还嵌入乡镇层面的教育政策执行分析单位。通过对各级教育政策执行中执行群体的访谈、观察和问卷调查，力图展示布局调整政策执行的过程。进而借助哈耶克对外部规则和内部规则的阐释，探究政策执行过程中基层官员再制定行为产生的原因。

一、研究分析思路

政策执行是一个非常复杂、冗长的链条。执行的行政部门、政策资源以及政策规范都充满了不确定性，这也为政策执行研究提供了诸多切入点。本研究选择了基层官员的视角，关注政策执行的最后一根链条，尤其是行动演进的政策执行实际产生的政策结果。其中，对政策目标群体的研究纳入到对基层官员行为分析的框架之内，以目标群体和基层官员的互动反映政策执行的某个维度。因此，本研究首先需要讨论政策对于目标群体意味着什么以及带来了哪些影响。布局调整之后的教育现状可以从学校的概况、学生的校园生活、教师及课堂、家长，以及原有校产的处理得以管窥。在了解政策结果事实的基础上进一步探究基层官员为什么会出现政策“再制定行为”，也就是基层官员面临怎样的决策困境。在对调研资料的分析之后，行政规制、政策标准、政策资源、目标群体需求和绩效评估等因素被逐步提炼出来，基层官员面临在这一系列规制、需求及现实条件的制约下进行决策和行为选择的困境。那么，需要进一步跟进讨论的是：在这些困境之中，基层官员又做出了哪些政策执行行为？基于访谈、观察及文本资料分析，基层官员的政策执行行为主要体现在对政策价值、政策目标、政策标准、政策任务及政策目标群体的处理等五个方面。

从社会行动理论与结构理论的角度来讲，过分强调建立客观的政策执行制度是很容易忽视执行者的主观意志、动机和实际情况的。社会行动论者认为组织参与者的行动只有以主观意义的词汇才能体会，因为行动者是有意图的人，行动自然富有意义。因此，当研究政策执行的时候，要注意组织、相关行动者的行为是如何形成、维持并改变的互动过程。这种分析思路建立在社会结构理论和社会行动理论基础之上。帕森斯（Talcott Parsons）就是从社会行动理论入手来建构社会结构理论，他认为结构是由"行动者在一情景中彼此的互动而组成"①，而且将"地位－角色"作为最基本的分析单位；通过行动者之间的角色互动，形成了相对稳定的社会结构。吉登斯（Anthony Giddens）的理论更是主张将社会－行动二元论重新构建为结构－行动二重性，认为"结构是潜在于社会系统不断再造过程中的规则和资源"②。结构对于行动，如同语言规则对于说话行为的差异，而规则属于行动者的知识和理解部分，它构成行动的内在因素，为行动者提供相关的方法和技术，但行动者却策略性地加以运用。在这个过程中，资源作为行动的外在条件，具体包括权威性资源和配置性资源。实际上，当行动者可以运用资源时，也就被赋予了权力，可以改变他人行为的权力，从而行动者就具备了改变社会结构的能力。因此，本研究对于政策执行过程的分析，也是将政策执行者视为能动的个体行动者，在政策提供的规则和资源中决策并行动。

同时，本研究还借助哈耶克关于社会秩序规则二元观理论，将政策视为组织规则的体现形式，关注政策执行行为个体在外部规则和内部规则指导的冲突中如何进行政策再制定行为。根据哈耶克的分析，当外部规则以指令或命令的方式与内部规则产生碰撞时，行为个体便会面临决策困境而产生权宜之计的行动。从调查的初步分析来看，当基层官员面临决策困境的时候更有可能出现政策"再制定"的个体行为。

① 塔尔科特·帕森斯. 社会行动的结构［M］. 张明德，夏翼南，彭刚，译. 南京：译林出版社，2003：9.

② Giddens, A. The constitution of society：Outline of the theory of structuration［M］. Oxford：Policy Press, 1984：377.

二、分析框架

图 2－2 展示了根据上述分析思路形成的本研究的分析框架：

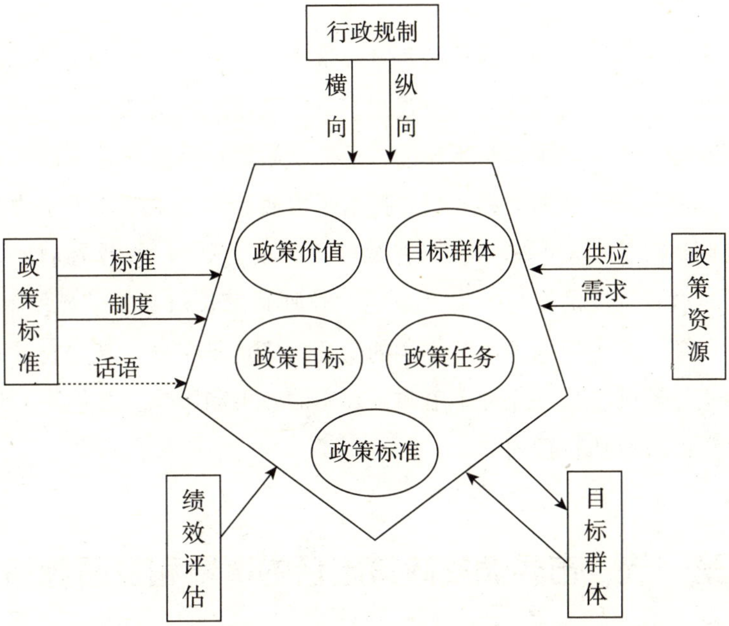

图 2－2　基层官员政策再制定行为的分析框架

注：政策执行中话语对基层官员的行为和决策的影响是潜在的或非正式的，故图中用虚线标示。

第三章　农村中小学布局调整政策执行

农村中小学布局调整政策是对学校地理位置分布、学校规模和服务人口的调整。要深入研究政策执行过程，分析政策执行的效果，从政策目标出发判断是否达到了预期是不够的，还需从政策目标群体寻求政策真实的影响，以避免统计性的资料和信息掩盖了事实。本章主要梳理了农村中小学布局调整政策的发展脉络，以客观描述的视角展现了布局调整后学校、课堂乃至教育状况的变化，以及学生、教师和家长对政策的感受和评价，并详细再现了两个不同地区的小学的变迁。这是研究分析基层官员政策执行的事实性基础，只有充分了解政策真实的效果和影响，才能更好地分析基层官员的政策执行行为。

第一节　布局调整政策出台的背景和发展脉络

20 世纪 80 年代初期，农村中小学布局就开展了局部调整。1986 年《中华人民共和国义务教育法》第 15 条规定："县级以上地方人民政府根据本行政区域内居住的适龄儿童、少年的数量和分布状况等因素，按照国家有关规定，制定、调整学校设置规划。新建居民区需要设置学校的，应当与居民区的建设同步进行。"此后，我国进行了第一次较大规模的农村中小学布局调整，各级地方政府以农村初、高中为重点，撤并了一批规模过小的"麻雀校"，初步整合了当时的农村教育资源①。

进入 21 世纪，随着"两基"攻坚和"普九"工作的深入推进，农村

① 庞丽娟. 当前我国农村中小学布局调整的问题、原因与对策［J］. 教育发展研究，2006（2B）.

义务教育的改革与发展日益成为我国各项工作的重中之重，农村中小学布局调整问题再次受到高度关注。

2001 年 5 月 29 日，《国务院关于基础教育改革与发展的决定》第 13 条明确提出："因地制宜调整农村义务教育学校布局。按照小学就近入学、初中相对集中、优化教育资源配置的原则，合理规划和调整学校布局。农村小学和教学点要在方便学生就近入学的前提下适当合并，在交通不便的地区仍需保留必要的教学点，防止因布局调整造成学生辍学。学校布局调整要与危房改造、规范学制、城镇化发展、移民搬迁等统筹规划。调整后的校舍等资产要保证用于发展教育事业。在有需要又有条件的地方，可举办寄宿制学校。"不过，这段政策文本对于为什么要进行布局调整语焉不详。

同年，国务院召开的全国基础教育工作会议也将农村中小学布局调整列为发展农村义务教育当前要重点抓好的六项工作之一。自 2001 年起，各地政府纷纷制定本地区的农村中小学布局调整规划，第二次农村中小学布局调整工作在全国范围内广泛展开。

与布局调整政策密切相关的还有教育管理责任主体的明确。2002 年 4 月 14 日，《国务院办公厅关于完善农村义务教育管理体制的通知》指出，"农村义务教育实行'在国务院领导下，由地方政府负责、分级管理、以县为主'的体制。县级人民政府对农村义务教育负有主要责任，省、地（市）、乡等地方各级人民政府承担相应责任，中央政府给予必要的支持"。这就重新明确了农村义务教育的管理责任主体为县级人民政府。通知还规定了责任主体的具体责任，具体包括：制定本地区农村义务教育发展规划，逐步调整农村中小学布局，核定学校的教职工编制，负责农村中小学校长、教职工的管理，确保按时足额统一发放教职工工资，统筹安排农村中小学公用经费，组织实施农村中小学危房改造和校舍建设以及监督管理等各项工作。而乡镇人民政府"不设专门的教育管理机构，乡（镇）有关教育工作由乡（镇）长直接负责，乡（镇）可在核定的行政编制内确定一至二名助理或干事协助乡（镇）长管理具体教育事务，并接受县级教育行政部门指导"，"教育教学业务管理由乡

（镇）中心学校校长负责”。校长选拔、教师聘任也由县级政府统一管理。

为了保证布局调整专项资金分配和项目管理工作顺利进行，2003 年 6 月 11 日，财政部也专门印发了《中小学布局调整专项资金管理办法》，其中对专项资金的使用范围做了严格的规定：“布局调整专项资金的补助范围是地方各级政府教育部门主办的普通中学（包括初级中学、高级中学和完全中学）和小学，重点支持农村地区中小学。”“布局调整专项资金主要用于支持标准化、具有示范效应的中小学校的改扩建和教学用图书、仪器设备的购置，不得用于偿还债务或挪作他用。”除中央专项资金外，《办法》同时鼓励并要求“在使用和管理好中央专项资金的同时，各地要根据布局调整的需要，加大资金投入”，以保证布局调整工作顺利进行。《办法》对布局调整资金的管理和使用主体也做了明确规定：“有关省份财政部门参照中央控制数分配办法并结合本省实际情况，将中央专项资金和省级补助资金预算控制数一同下达到县（市）”，“资金集中在地（市）、县（市）级管理，实行集中支付，不得下拨至乡镇及项目学校”。同时，《办法》还对布局调整资金使用要求和项目学校的选择进行了说明：“项目资金要集中投入，投入一所，完成一所”，“项目学校必须具有较强的辐射能力和示范作用。人口稀少且居住分散的地区，可考虑建寄宿制学校。撤并规模小、办学条件差的学校和教学点，扩大办学规模，提高项目学校的规模”，“项目学校的选择应考虑充分利用现有教育资源，以改扩建为主，提高资金使用效益”。

《国务院办公厅关于完善农村义务教育管理体制的通知》和《中小学布局调整专项资金管理办法》这两项政策分别从管理体制、经费保证方面进一步推动了农村中小学布局调整工作，之后各地政府也都大规模地加快了布局调整的步伐。

自 2001 年农村中小学布局调整开展以来，部分地区尤其是一些经济较为发达的农村地区，通过因地制宜、实事求是地合理调整中小学布局，集中力量改善了一批乡镇中心学校的办学条件，使合并后的中心学校实现了一定的规模效益，当地的教师队伍质量与教育教学水平也得以提高。但是，在全国农村中小学布局调整初见成效的同时，部分地区在调整农村中小学布局的过程中凸显出许多新的问题，集中体现为：一些地方政府不能科学、合理、因地制宜地执行调整政策，盲目地撤并和减缩当地农村中小学校。如一些地方政府在这次布局调整中明确提出“全省现有小学13372所，今年必须调整到9000所以内，需要撤除4300多所”，“到2005年，全市基本完成中小学布局调整学校1344所，学校数量要减少三分之一以上”及“我市坚决撤并‘规模小、生源少的学校’”等硬性要求与口号，大规模地撤减农村中小学校似乎成了一些地方政府追求的调整目标。同时，在大量撤并农村中小学时，有的地方还片面追求办学的集中和学校规模的扩大，纷纷提出如“每个乡镇建一所初中，每所初中服务人口为3—5万人”，“初中要达到18个班，校均900人的规模”，“各乡镇要努力集中建设一所市一级规范化初中和小学”等目标①，不切实际地要求各村的初中、小学完全集中到乡镇中心学校，而缺乏对当地的人口密度、地理交通、农民经济负担等实际情况的充分考虑，也忽略了许多中心学校在财政、教育、师资及配套设施等方面根本无法满足大规模集中办学的需求的事实。此外，部分地区在这次中小学布局调整中还出现了脱离当地实际，盲目、急速、加速撤减农村中小学校的突出问题。如2001年江苏省提出，全省“十五”期间布局调整的目标是减少10000所小学和初中，并强调这一任务要集中在“十五”前三年完成②；2003年，江西省宣称一年内完成了全省农村学校布局调整，使“农村中小学校减少了近5000所，调减率为19%，超过了10%的调整任务，实现了‘三年任务，一年完成’的目标”③。

针对此类问题，2006年6月7日教育部办公厅颁发了《关于切实解决农村边远山区交通不便地区中小学学生上学远问题有关事项的通知》，提

① 庞丽娟．当前我国农村中小学布局调整的问题、原因与对策［J］．教育发展研究，2006（2B）．

② 蔡英侠，孙为立．江苏省调整中小学布局［N］．扬子晚报，2003－07－03．

③ 徐光明．江西一年完成农村学校布局调整，学校调减19%，教师精简10.3%［N］．中国教育报，2003－12－24．

出在布局调整工作中“各地教育行政部门要按照科学发展观的要求，高度重视农村边远山区、交通不便地区中小学生上学远问题”。针对很多地方大量撤并学校建设寄宿制学校的现象，《通知》指出“要实事求是，因地制宜，坚持寄宿制学校建设和低年级学生就近入学并举的原则，采取有效措施，切实予以解决。要坚持以人为本，以学生为本，以方便和满足学生和家长的需求为出发点，合理规划，统筹安排学校的布局和建设”，并要求各地教育行政部门“切实担负起责任，为每一个孩子提供就近入学的便利”。在此基础上，《通知》还强调了布局调整的原则：“原则上低年级学生应就近入学。对于低学龄儿童上学道路偏远、交通不便的，要保留、改建一批小学或教学点。对于学龄儿童少，学生居住相对分散的，要采取合校分班、走教送教和普及推广教学光盘等方法，为低年级学生创造学习条件。”而对于寄宿制学校的建设，则要求“以初中为主”，“小学高年级学生确需住校的应征得当地学生家长同意后也可以寄宿”。对于已经建成的寄宿制学校，《通知》指出“要加快对现有条件较差的寄宿制学校的改造工作，使确需寄宿的学生能进入具备基本条件的寄宿制学校学习。尤其要强化寄宿制学校的管理，确保低学龄学生在校的安全、生活和学习，努力为学生健康成长提供一个良好的环境”。

时隔两日，教育部就布局调整政策中出现的问题又发出《关于实事求是地做好农村中小学布局调整工作的通知》。这项通知开篇简要提到布局调整工作成绩之后，重点也指出其中的问题，如有的地方“工作中存在简单化和‘一刀切’情况，脱离当地实际撤销了一些交通不便地区的小学和教学点”、“盲目追求调整的速度”、“寄宿制学校建设滞后”等，使得这些地区出现“新的上学难”、“学校大班额现象严重，教学质量和师生安全难以保证”、“学生食宿条件较差，生活费用超出当地群众的承受能力，增加了农民负担”等问题，甚至造成“原有教育资源的浪费和流失”。此外，《通知》对各地布局调整工作也提出了原则性的指导意见，如再次重申“农村小学和教学点的调整要在保证学生就近入学的前提下进行，在交通不便的地区仍须保留必要的小学和教学点，防止因过度调整造成学生失学、辍学和上学难问题”，“县级教育行政部门要合理确定小学生的就学路程，并做出明确规定；对确因布局调整造成学生入学难、群众反映强烈，而寄宿制学校建设不能满足需求的，要采取切实措施予以解决”，并再次强调了“先建设、后撤并”的原则，警告式地提醒各地各级政府“避免出现由于布局调整造成学校班额过大、教育教学资源和条件全面紧张的问题”，更不能“以布局调整为名减少教育投入”。

尽管先后发出的两份文件均未指出如何解决问题，但是针对同一问题如此频繁地出台文件并提出指导性意见和重申要求，可见农村中小学布局调整过程中出现的新问题已经不再是个别现象[①]。

从有关布局调整和寄宿制学校建设的政策文本来看，“小学就近入学、初中相对集中、优化教育资源配置”似乎并没有给各级教育行政部门制定任务，那为何各地关于布局调整和寄宿制学校建设的报告文件中又几乎都在强调“撤并率”，甚至有的地方撤并的重点是“规模小、效益差”的学校[②]，同时将布局调整工作作为各级政府的政绩考核内容[③④⑤]？当政策执行出现普遍性问题，引起教育部等教育管理部门高度重视并三令五申要求禁止出现“上学远”、“大班额”、“寄宿制学校条件差”、“学生经济负担加重”等问题之后，各地布局调整为何仍然一如既往地坚持学校撤并和寄宿制学校的建立？他们是如何理解政策的，在执行政策过程中又是如何决策和作为的？

---

① 关于农村学校布局调整问题的回答［N/OL］．［2009－09－12］．http：//www. moe. edu. cn/edoas/website18/level3. jsp？tablename＝1894&infoid＝25018.

② 内蒙古自治区中小学布局调整专题汇报［N/OL］．［2009－09－12］．http：//www. moe. edu. cn/edoas/website18/level3. jsp？tablename＝2437&infoid＝35647.

③ 内蒙古自治区中小学布局调整专题汇报［N/OL］．［2009－09－12］．http：//www. moe. edu. cn/edoas/website18/level3. jsp？tablename＝2437&infoid＝35647.

④ 宁夏以学校布局调整促教育健康均衡发展［N/OL］．［2009－10－03］．http：//www. moe. edu. cn/edoas/website18/level3. jsp？tablename＝2343&infoid＝1248144622323449.

⑤ 邯郸市“深化布局调整，助推农村义务教育加速均衡”［N/OL］．［2009－10－03］．http：//www. moe. edu. cn/edoas/website18/level3. jsp？tablename ＝ 1257413715261250&infoid ＝ 1257689049682316.

第二节　布局调整后的教育现状

一、布局调整后的学校概貌

在经历了两次学校合并后，云南省兰西市东文乡中心小学规模扩大了1.5倍。这所小学地处海拔800多米的山上，从山脚到学校乘车大概需要25分钟，汽车行经的盘山路蜿蜒曲折，对于初来者着实是一种心理考验。当接我们的老师下车去搬路上的一根长长的竹竿的时候，我并不知道这就是学校的大门了。如果单单从自然风貌来说，这是一个非常漂亮的地方，三面都是陡坡，北面的坡度大概有75度，长满了各种各样的树。站在校园向北眺望，是层峦叠嶂的山峰和云雾。如果这里有迎客松生长，就与黄山风景非常相近了。

与大门相对的就是新教学楼，六层的教学楼在整个校园里格外醒目。新教学楼旁边是老教学楼，呈L形，共三层。长的一侧全部是教室。短的一侧分有不同的功能区：一层设有图书阅览室。阅览室地上堆满了各种新旧不一的图书、杂志和报纸，只有一排靠墙书架，上面高高低低地摆放着一些书刊。第一次参观的时候教务主任主动解释说："这是各地捐赠的图书资料，由教育局统一发放，但是因为没有人手，只能暂时先这样放着，等过段时间周末再组织老师来整理。"据学生说，这是他们最喜欢的地方，因为可以看到很多的课外读物，还有小说，但是每周只有周三下午开放，每个学生只能借一本。二层是多媒体教室和教师办公室。多媒体教室有十台电脑，晚上老师们会到这里来上网查些资料，但大部分时间用于聊天、玩小游戏。教师办公室摆着两排书桌，书桌上摆满了教材、点名册、试卷、作业本等。办公室一角放有一部电话，需要插卡使用。另外一角放着几个水壶。三层是校长、副校长和财务办公室。校长办公室算是最奢华的一间了，有两张单人沙发、一张茶几、一张真正的写字台和一组文件柜。

校长说原来的教学楼就三层，容纳学生已经绰绰有余了，尽管现在建了六层的教学楼，但是因为学生数量增加了很多，每个班里至少都有 50 名学生。

学生宿舍楼也是六层，比新教学楼晚一年建成。出于节约空间，就没有设计卫生间和水房。每个宿舍四张上下床，住八个人，一般都是一个村子里的住在一起，并没有按年级或者班级安排。如果有姐妹或兄弟都在这所学校读书，可以优先考虑安排在一起。由于住宿的学生比较多，宿舍里八个床位一般都住十人以上，低年级的学生两个人一张床。即便如此，床位还是不够，于是学校又在宿舍楼旁边搭建了三间简易平房，主要让低年级学生住。一间平房大概住 30 个人。

学校的主路都是一米五宽的水泥路，老师们介绍说是 2009 年铺设的。这个地方的土壤是红色的，黏性特别大，由于气候多雨，以前没有水泥路的时候老师们都要穿雨靴才能走路，不然鞋都会被粘掉。学生则往往不穿鞋。水泥路旁边的空地上都长满了杂草，乍看上去好像草坪。学校没有操场，学生课余的时间主要在空地上玩耍。

宿舍楼后面是食堂，每天供应中午和晚上两顿饭。学校请了附近村里的两个人帮忙做饭，负责给学生蒸米饭和炒一个青菜。小学生每月都有 50 元补助，每次发放补助时由班主任发给学生，然后当场收回统一交到食堂。所以学生的午饭和晚饭不用花钱买菜，但是饭要自己买，或者带米交到食堂也可以。

食堂后面是教师生活区，一行 12 间小平房，每间有 10 平方米左右。未婚青年教师分男女两人一间，已婚教师可以分到一间平房。

在青海省开和县各个学校调查的时候，几乎所有的校长都不太满意调整后的学校。一位校长说，开和县经济非常薄弱，布局调整后续经费一直无法保障，因此布局调整中首先建设教学楼，其他设施延后追加。即便是先建设教学楼，木昆、太山等寄宿制学校的班额平均都达到了 60 人。宿舍更加紧张，即便是采用“通铺”（床和床之间没有空隙的排列方式）仍然不能保证每个学生住一张床。即便是保留下来的开和县最好的学校——开和县民族中学，其校舍规模也已经不能满足学生的需求：由于布局调整后学生人数从原来的800名增加到1300名，而食堂面积仍然是200平方米，每次就餐都非常拥挤，每餐也都有学生的饭菜被挤得撒在地上；锅炉房24小时烧水也难以保证学生都有热水喝；没有地方洗澡；操场面积只有篮球场那么大。而新建的木昆寄宿制学校和太山寄宿制学校学生的住宿条件非常艰苦，学生宿舍床位紧缺，有的床位要睡两三个学生；太山寄宿制学校学生食堂还没有建设，提供学生饮食的厨房是搭建在校园一角的蓝色救灾帐篷。几乎所有的学校都没有取暖设施、没有开水房，实验仪器等器材几乎为零。无论是新建的学校还是合并的学校，课堂、宿舍、食堂、卫生间、开水房都表现出“拥挤”的特征。

二、学生的校园生活

布局调整后一部分学生由于上学路途远而选择寄宿。那么他们如何生活呢？第一次走进东文乡中心小学的时候，远远看到一群小学生正在学校的一个角落里忙活，烟熏火燎的。走近才知道他们在合伙做饭，蒸饭的人把米放到盛有水的不锈钢锅里，架到一个用土和石头围成的“灶膛”上用火煮；炒菜的人把青菜用手掰断后也放到一个小锅里翻炒，除了盐，我没看见其他的作料。有人负责提水，有人负责拾柴，有人负责烧火，他们默契熟练地完成这些活动。我走近时，开始他们都不说话，各自忙活手头的活。我主动和他们聊天，不到10分钟，他们就跟我非常熟识了。他们抢着告诉我谁做的米饭最好吃，谁做的米饭经常糊；米是从家里带的，菜是从山坡上采的，他们从小就知道什么野菜能吃；周一、周二可以吃家里带来的菜，从周三开始就要自己炒菜了，周五因为要回家，中午就不做菜了；五天一次的集市他们最喜欢了，可以买最喜欢吃的糌粑和米粉……他们一般七八个人一起合作，因为煮饭的锅小，而且人多了煮饭慢。

吃过午饭，大部分学生都去宿舍睡觉。由于班主任老师会去巡视，即便睡不着也不能说话，但大多时候都能睡着。到了晚上，由于蚊子多，学生们大多睡不好。有一天晚上我们看到一个小男孩坐在校园角落的地上，低着头不停地用手浑身抓挠。原来是被蚊子叮咬之后发炎，用手直接抓疼，但不抓又痒。老师告诉我这里的蚊子比较厉害，一般农户家里都会烧柴制造烟雾驱蚊，但学校宿舍就没办法了。

笔者到东文小学是2009年6月份，当我看到学生宿舍楼的时候完全没有想到这座六层楼是2009年5月份投入使用的，因为外面污损太严重了。六层高的宿舍楼，没有一个卫生间，学校唯一的一个公共厕所从宿舍楼门口走过去大概要两分钟，晚上很多学生因为怕黑、怕冷或太着急就在楼道里解决了；也没有水房，基本每个人都有一个水桶，从下面水龙头接水提到宿舍以备第二天洗脸刷牙，有学生经常把水倒在走廊或者从楼上直接泼水。

老师们告诉我，寄宿的学生大部分都有家长接送的。东文小学有300多名学生，周五下午的时候我一直在学校里待着，但只见过四位家长骑摩托车、一位家长开面包车在学校门口等待。这里是山区，自行车几乎没有。

当然，也有走读学生。在东文小学，最近的就是镇上的学生，一共16人。然后就是附近村子的学生。东文是山区，而中心镇是海拔比较高、地势较为平坦的一个区域。我曾跟着一个附近村子的学生往返学校。从这个村子到学校是一个长长的陡坡。回家的时候是下坡，几乎是一溜小跑地下来，因为坡度太陡根本控制不住自己的速度。回来的时候就是一件极其困难的事情了。有一位家长说，从他家里到学校大概也就4里路，但是非常不好走。我也曾去试了一次，差不多走了半个小时。因为基本没有路，一条羊肠小道中间被两次拦断，需要爬过大概1.5米的障碍才能继续行进。问学生们累不累，他们说已经习惯了。只不过路两旁都是树丛，晚上比较害怕，要点火把。冬天早上出来的时候也要带火把。不过，最后他们一致说，这些都不算什么，最怕下雨了，因为下雨下坡就容易滑倒，上坡的时候还爬不上来。

小学生对学校的热爱是溢于言表的。他们会争先恐后地表达自己喜欢学校，因为在学校可以学到很多以前不知道的东西，喜欢老师什么都懂，喜欢和同学们一起玩……尽管最后他们也会补上一句：当然学校离家里近就更好了，走路还是有点累的。他们看到我们这些从大城市来的人，会充满好奇，会追着问很多问题，比如动物园、天安门。学校作为一个与外面世界沟通的场所，对于小学生来说无疑是个充满神秘、快乐的地方。但是初中的学生就让人觉得意外了。例如，尽管东文乡中心中学禁止穿奇装异服，但是大多数学生都穿得非常社会化，而且头发还是各种颜色的。大概是因为寄宿，有超过75%的初中生都有自己的手机，每个星期的话费平均超过20元，这对于人均年收入不到1000元的东文乡来说，应该算是个不小的支出。他们上课不听课，随便丢弃课本，老师解释说，由于不交书本费、学费了，他们便不知道珍惜。而问他们自己，则会用“反正也考不上”、“考上也没用”之类的话打发提问的人。他们似乎知道老师很怕他们辍学，因此也就动不动以“消失”来对付老师的批评和表示对学校的不满。于是中学校园里，经常上演的是老师找学生的场景。

三、教师

布局调整中要求“集中优质资源办学”，其中优质资源就包括教师。那么，布局调整后教师有什么变化呢?

在开和县民族中学接受问卷调查的56名教师中，教师的学历主要为大专和本科，90%以上毕业于青海省本地学校。其中4人获得学士学位，2人参加过进修和培训。关于对布局调整的态度，有46名教师选择了“不支持布局调整”。布局调整前就在民族中学的李老师认为，“班额增加太快，我一时还真不适应，很累，改作业也多，上课维持课堂纪律也累……从其他学校过来的学生大部分都跟不上，还要辅导他们”。从原来村小调入的张老师说，“本来吧，我们这些从村小出来的，按说都很高兴。原来在村寨里，什么都没有，还要包班上课。但是既然把我们调入这个学校，起码住的地方应该解决吧，还有我们的编制”。

开和县布局调整过程中资金主要用来建设学生教学楼和购置学习设备，教师住房一直还未提上日程，这使得本来就紧张的教师住房状况更加不容乐观。县城附近的老师大部分在外租房住，而乡镇学校和农村学校的教师，有些四五个人甚至六七个人住一间宿舍，还有些教师骑自行车上下班。而且，教师没有额外的补贴。开和县寄宿制学校的老师非常辛苦，他们既要当授课老师，又要当生活老师，通常每天早晨6点不到起床，有些老师忙到晚上10点多才能休息，但老师们的工资福利待遇却不高。当被问到"如何面对当前的工作压力和生活待遇"时，太山寄宿制学校一位老师沉默了一下，回答说："都习惯了，已经不去想了。"

另外，老师们提到的编制也是一个尚未解决的问题。开和县现在实施的"两基"攻坚县教师编制是2003年核定的。随着"两基"攻坚计划完成、布局调整后学校撤并导致学生人数猛增，原来的编制已不能满足现实所需。比如双语教师，开和县5万藏族人口，只有68名双语教师，而按比例计算应该有700多名才基本满足需求。英语教师也非常紧缺，新课改之后从小学三年级开始要学习英语，按最低要求还缺54名英语教师。同时，2006年招聘的特岗教师仍然大部分没有转正，导致2009年特岗教师招聘计划迟迟无法落实，引进教师的工作也无法开展。

被撤并学校的老师，其实大部分也都是公办教师。不过教师分流的过程中，需要对他们进行考核，根据考核的结果确定工资待遇和具体流向。结果，有一些老师待遇降低了，也有一些老师分到了教师超编的学校，这样的老师就面临"身份"的问题，特别是分到乡中心小学的老师更是一个问题。据此，开和县的做法是给这些老师以"支教"的身份，而编制则分到其他缺编的学校里。下面是笔者关于保田小学撤并后教师境遇的访谈综述。

保田小学撤并后教师的境遇

合并后的木昆小学存在教师超编问题，分流存在很大压力。县政府为了降低教师对撤并的阻力，事先向保田小学校长承诺，教师一起并到木昆中心小学。但是撤并后并没有这么做。原校长带着无奈的口吻说道："(教师一起并到木昆小学的承诺）没有实现，就是空头支票嘛。"从地处偏远的保田小学到地处乡镇中心的木昆小学，这对老师们来说是一个诱惑。这个承诺最后没有实现，也许是政府利用了这个"胡萝卜"，也许是政府本身有意兑现这个承诺但是在后期实施时遇到了困难。最终对保田小学老师而言是“竹篮打水一场空”，因此老师们多有怨言，但在既成事实的情况下老师们也只能听从政府的安排。

从保田小学并到木昆小学的有八位老师，其他老师则被分配到其他乡镇小学。到木昆小学工作的老师身份是不明确的，他们虽然在这里教书，但身份并不属于这里。他们只能以“支教”的身份在此教书。后来其中的五位老师也被分散到其他乡镇的各个学校里去了，只剩下原保田小学校长、书记和另外一位老师继续以“支教”的身份留在木昆小学。

以“支教”身份在一个并不属于自己的学校里工作，更多时候是一个“局外人”，虽然工作并不少做。“支教”老师虽然在现单位上课，但他们的编制是其他乡镇的。这意味着他们不能享受与其他在编老师同等的权益。这些“支教”老师的考核存在“两边都挂不上”的问题，也就是说他们的工作做得再优秀，因为编制不在现单位，年底考核也得不到承认。“我们在最后的考核只能要个合格，我们不能要一个‘优’，也没有‘优’。”对他们来说，正常考核必须回到编制所在的单位，而对他们编制所在单位来说，他们并不在那里工作，因此他们成了两边都管不着或不愿管的教师。幸运的是，补助和补贴与其他老师一样能够得到保障。但是，原书记说自己班主任的津贴迟迟不能发放，而其他在编老师都顺利发放了。

从与保田小学原校长和原书记的谈话中，我们看到了他们的无奈和落寞。原校长在中专毕业后来保田小学教书，其间在青海师范大学进修两年，对于学校被裁撤，他表示教学质量上不去是原因之一。原书记是专科毕业，毕业后就到保田小学，在那里工作了近二十年。面对学校被撤带给自身和其他老师的影响，他们毫无发言权。同一个办公室的老师对他们也表示了同情，希望他们的待遇能得到公正对待。

云南省兰西市东文乡中心小学的教师生存状态似乎也没有更好一点。比如赖老师是2007年走上工作岗位的新教师，当时是怀揣着对山区教育的梦想来到这所学校的，但不到两个月这个美丽的梦想就被摧毁了。全校只有她一个英语老师，从三年级就开设英语课，八个班，每个班最少都是五十多人。一天八节课下来，连话都不想说了。学校没有食堂，五天一次的集市能买一些新鲜的蔬菜。课后还要忙着洗衣做饭……

提到自己坚持的理由时，她笑着说，是本能吧，教师的本能，还是希望尽力去帮助那些孩子，而且也是真心喜欢学生。但是确实比较辛苦。有一次晚上两点多被学生叫醒，说一个女孩一直哼哼唧唧吵得其他学生睡不着。过去一看，发现是肚子疼，高烧至39.4℃。医疗室就只有银翘片等简单的感冒药，退烧药用完好几天了，因为没人去城里所以一直都没有买。把女孩抱到镇上的卫生所，大夫说好像不是简单的感冒，建议赶紧送到县城。那天晚上下了雨，城里的车也联系不上，没有办法只好让一位男老师骑摩托车下山去。那条路是盘山路，白天坐车上来就要20分钟，他们下山也就用了20分钟。到了县医院，医生检查后说是急性阑尾炎。现在想起来真是后怕，不仅是学生病情，还有当时湿滑的路况。

不过，赖老师说，“女老师算是好的了，男老师更辛苦。学校的很多体力劳动都是他们来做，也要自己做饭，有社会青年来学校闹事也是他们出面解决，还有要参加镇上的工作分配，每个人都包村包户，协助镇长、村主任做好工作”。

老师们也有自己的苦衷，班里的学生太多，一堂课单是维持课堂纪律已经让人非常疲惫，所以他们上课就力图把教学计划完成，只要学生不做出格的事情（如跑到讲台上捣乱），他们就要继续讲课。而且讲课就是讲给那些愿意听课的少数学生。至于学习效果，老师们也没有做过多的评价。我在听初三化学课的时候，由于是复习课，老师拿了刚刚考过的试卷讲解。其中一道题是“在实验时，不小心将浓硫酸泼到皮肤上，应该如何处理”，这是一道选择题，他叫了第一排中间成绩比较好的三位同学，都没有答对。

问到现在学校的教学质量，老师们似乎都逃避这个问题：“现在不允许公布成绩，也不允许排名，所以也不知道我们学校到底怎么样。”“从我个人体会而言，我觉得应该是提高了，现在条件好了……不过也不好说，现在的课上起来比较费劲儿，学生好像没有以前的学生学习努力了。怎么说也不听，就是喜欢玩。”这种模糊的感觉似乎透露出这样一个信息，即尽管不知道学校的具体排名，但是从学生的学习动机和学习表现来看，都比以往要差些。而且还有一个值得注意的现象，东文小学所有的老师都把自己的小孩送到城里读书。

四、课堂

老师们说，学生的成绩是一年不如一年了。学生大多倒是很开心，说既喜欢在家里也喜欢在学校，因为在学校有很多同学可以一起玩，还能学很多东西。那么，能学到很多东西的课堂是怎样的呢？

上课的时候，低年级还能听到朗朗的读书声、老师讲课的声音，四年级以上的班级可就不太像课堂了。最小的班级也有五十多个人，学生在课堂上经常试图做一些课外的事情，如低声说话、走动或者捣乱一下，为了完成教学计划，老师往往无暇顾及这些现象。于是，愿意听课的学生只能努力从嘈杂的声音中辨别出哪一个是老师的。整个课堂基本没有真正的师生互动，老师所提的问题也大多为“是不是啊”、“对不对啊”等类似强调语气的句子。下面是笔者所做的一堂课的上课记录。

上课铃响了。同学们三三两两地走进教室。后排的学生继续说话，书本也没有。有的学生不停地回头观望我，窃笑。我问他们上什么课，答曰英语。我问英语书呢？他们笑，不语。

5′：老师走进教室，开始掏出眼镜不慌不忙地擦了一阵子。

6′：老师从讲台走到了教室最后，还在擦眼镜。突然看到了我……“同学们，今天我们来讲一下上次考的试卷。把试卷都拿出来。”有三个同学趴到桌子上。

老师从第一题开始讲。讲授过程中其实是直接念出答案，或者提问一些根本不需要回答的问题。窗外下着很大的雨，窗子很多玻璃都坏了，没有窗帘，坐在那里冷风阵阵。第一排最右边的学生不听课，歪戴着帽子，回头看我。有的学生这个时候拿出课本，没有试卷。

11′：老师问：“office 是什么？”许久，有学生答：“咖啡。”老师：“coffee 才是咖啡，office 是什么？”没有学生回答。老师说：“office 是办公室啊！”

13′：老师问：“have a cold 是什么意思？”老师的目光基本停留在第一排中间四个学生身上，后面的学生似乎都处于他视野范围之外。

16′：教室前面的插座上谁的万能充电器在充手机电池。可能是学生的。

18′：老师问：“wife 是什么？”没有学生回答。老师笑道：“这个应该记得很清楚，是太太。”有男同学大声重复：“太太！太太！”

22′：教室前面贴着 5 张头像，不像是名人，也不像学生。昨天听课的时候也见到，不知是什么意思。——注：课后去观察，原来是眼保健操图。后排学生一直在小声说话，趴在桌子上睡觉的同学增加到四个。他们是不是很累？睡眠不好吗？

26′：老师在讲阅读理解。突然走下讲台，说“有个问题要请教一下江老师”，拿着试卷问我“shieves”是什么意思。我回答说：“是贼的复数吧？”老师恍然大悟的样子，不知道是真的不知道还是故意考我。走回去，说：“一个无贼的世界。”我说：“可能是天下无贼吧。”这位老师接口说：“这是一个电影，《天下无贼》，大家看过没有啊？”果然，这篇阅读理解是讲的冯小刚、刘德华、刘若英等人在《天下无贼》中的角色。

50′：课后。这位老师告诉我，我听课的这个班，其实是最乱的一个班，如果不是我坐在后面，每节课都要十几次地维持纪律。我问为什么，他说这个班基础最差，最难管，很特别。

东文乡中心中学的石校长是这所学校工龄最长的老师。他的感叹道：“现在的教学越改越不知道怎么教。以前都是根据经验，现在经验已经落后了，但是又不知道先进的教学理念是什么。一轮一轮的新课改他们也不明白。以前还可以公布成绩，让每一个学生都能知道自己的水平，现在不准公布了，似乎学生对成绩也漠不关心。以前学校之间排名，自己还能知道所在学校的水平，现在也不知道，也不需要知道了，最终考核跟这些也都没有关系了。新来的老师待不了两三年就走了，他们上课就上课，下课就下课，完成任务就行。”

传道、授业、解惑是教师的职责，但在上述的课堂上，那位老师似乎“目中无人”，他知道学生其实是听不懂的，所以也只好把完成教学任务放在第一位，并以“学生基础差”为由不断强化自己的这种教学行为。从课堂的表现来看，学生和老师虽同住在学校，朝夕相处，但并没有如当地教育局局长所总结的那样“增进师生之间的感情，让教育在快乐中进行”。

五、家长

在布局调整过程中，家长似乎是一个被疏离的群体。根据家长的反映，学校调整并没有提前征求过家长的同意，而是被通知。有的村子还要走签字同意的流程，有的这个流程也被省略了。

开和县城郊区的一位家长，家里种了大棚蔬菜，为了方便照顾秧苗、采摘、送货，每天吃住都在大棚里。但是因为不放心子女在学校寄宿，坚持每天接送。每天一大早起来做饭，开始骑自行车，但是比较慢，耽误干活，后来就买了电动车接送。下午五点去接，不管地里多忙。这位家长说村子里大部分情况都跟自己一样，每天早上、傍晚成批的人要进城。有的家庭条件稍微好一点，就在学校周边租房子住，照顾子女饮食起居。他们在谈话中不断地感叹：“为了子女上学，真是什么都得放下。”

笔者到过一个初中三年级男生的家里。只有奶奶一个人在家，63 岁，爷爷两年前去世了，孩子的父母在广州打工。当我提到她孙子的时候，老人禁不住哭了。说儿子儿媳都不在，她没把孙子照顾好。每个星期孙子回来的时候都是病着的。孩子睡觉的时候蹬被子，晚上又凉，反复感冒。家里还有十几亩田地，都在山上，因为种不过来，大部分都荒废了，现在还种了四亩的稻子，收成也不好，但是能给孙子每周带米。每周给孙子五元钱，但经常过不了两天就又回来取，有时候是丢了，有时候是被偷了，具体情况奶奶也不清楚。她还是希望学校就在门口，这样孙子吃饭睡觉她就可以照顾了。

据初中学校老师讲，初中毕业后出去打工的人都是很上进的，留在村子里的年轻人，打麻将、吸毒成风。高中越来越难考了，每年参加考试的人大概有150多个，最近五年最多录取了三个，大多时候一个也考不上。完成义务教育之后，这些十五六岁的学生就成了社会青年了。“不务正业”都不适合描述他们，比如大多喜欢摩托车，没有钱也要想方设法去买，常常就是在家里绝食逼迫父母拿钱，或者是通过贩毒、赌博来筹钱。有时候还到学校来打架，偷东西。

家长们也很困惑，为什么学校越建越好，但就是教不出好学生呢？开和县太山村的村支书说：“以前每年都有考上高中、考上大学的，找了工作，有的在开和县，有的在市里，还有的去了北京呢。现在，村里有八年连个高中生都没出过了。以前父母省吃俭用交学费，买书买本子，现在啥都不要了，寄宿还给钱，可（教育）就是不行了。”

六、原有学校资产处理

国家颁布的布局调整文件中指出，“调整后的校舍等资产要保证用于发展教育事业”。地方颁布的布局调整规划文件中也明确了调整后校园资产的处理方式，比如开和县规定“学校布局调整后，闲置的教育资源优先用于学前教育的发展”，“坚持布局调整后图书、仪器、课桌凳等动产一律并入相关学校，校舍等不动产优先发展学前教育或余产变现”。村小的建设投资，大部分是由村民集资或得到乡镇政府扶持，在长期的发展过程中，村民认为这是属于大家的，而不是个人的。乡镇政府似乎也并没有明确对村小的集中处理方法。大部分小学被撤并之后，并没有成立幼儿园，其中主要是缺乏经费、师资等原因。原来学校中的桌椅板凳大部分都分给了村民，因为新学校都统一购买了新的桌椅。原来的学校，有的被租赁给了豆腐厂，有的用来饲养家禽，还有的出售后建成了石料加工厂。总体来说，调整后的校舍均没有用于教育事业。

开和县还有六所希望小学，都是个人、企业投资建立的。布局调整过程中，这六所希望小学都被撤掉了。当然，开和县布局调整文件中做了这样的说明：“希望小学的动产部分，要并入新的学校；不动产部分，要按照《教育部关于加强基础教育办学管理若干问题的通知》（教基〔2002〕

1 号）等有关文件和要求，在保证公有教育资源不流失的前提下，由县级教育行政部门和县级希望工程实施机构共同提出置换、处置方案，经县级以上人民政府批准，报上一级教育行政部门备案。”但实际上，希望小学和其他村小一样，基本处于闲置状态。

云南省的情况也非常类似。被撤并的巴库小学，还有一个没有大门的门框、左右各有约一半的墙茬子，围墙已经没有了，隐约能看到“库小”的字样。几只鸡闲庭信步地在校园里散步，草长到膝盖深，只有一条羊肠小路通向几间破旧的房子，里面还养了附近居民的几头猪。教室前后的黑板还在，后面的黑板彩色粉笔的痕迹已经很模糊了，只有油漆刷的评比栏还依旧清晰。这里有八间教室，迎接我们的都是黑猪觅食的哼哼声，听不到朗朗的读书声。

第三节　农村中小学布局调整过程原型一：巴库小学

云南省兰西市的教育起源当属元代以后逐渐兴起的傣族奘房教育。由于历史原因，长期封建土司统治和落后的领土经济造成人们在思想观念上与其他地区存在巨大差异。在明朝政府设立长官司后的数百年时间里，除为便于与内地公文往来在土司衙门里设有“教读”一职外，儒学不兴，科甲未开。直到清朝末年，一些汉族聚居的山区才出现了私塾，成为兰西市近代教育的发端。而在私塾教育刚刚萌芽之际，美、英等国传教士乘鸦片战争后我国国体虚弱深入到木城坡一带傈僳族地区传经布道，并创制傈僳族文字，开办教会学校。1915 年后，当地行政委员会开始在本属推行国民教育，先后有一些私塾改为国民学校，但规模甚小。到 1923 年，全境只有七所国民学校，其中包括唯一一所高小国民校和 1920 年创办的女子国民学校；在校学生仅 200 余人，教员 11 人。这些兰西市最早的新学校全部分布在山区和傣族聚居的坝区，直到 1932 年当地土司创办“公立两级小学”时，才实现公立学校教育零的突破。

其中的东文乡位于平均海拔 1200 多米的山上，是我国境内景颇族最为聚集的地方。景颇族是“直过民族”，即从原始社会末期直接过渡到社会主义社会。这是一个具有传奇色彩的民族，原来主要生活在山上，以狩猎为生，后来逐渐往山下迁徙寻找家园，并在这一过程中创造了景颇族的优秀历史和文化。东文乡至今仍然保留着景颇族特有的传统文化，如饮食、服饰、婚嫁丧礼等风俗习惯。因为是山区，同一个寨子的农户也都散落在高低不平的山坡上，村寨之间的距离都很远，交流也不是很多，长期以来是一个相对封闭的小社会。由于语言沟通问题，东文乡人口流动性不强，只有那些上过学的人因为普通话相对流利才敢出去或者才能出去。出去的人回来描述的县城生活让更多的人逐渐也产生了走出大山的愿望。因此，学校可以说是东文乡人们努力接近外面世界的依靠。然而，就像他们断断续续修了十几年的山路一样，这个过程困难重重。当这些困难遭遇学校撤点并校时，村民的无助、彷徨似乎失控为愤怒、恐慌。

东文乡原来有一所中学和一所中心小学，中心小学管辖六所半寄宿制小学，各小学下面还分管一些村寨的教学点，其中也包括“一师一校”点。从 2002 年开始，教学点就开始不停地被撤掉，至 2006 年，所有的教学点都被撤掉了，中心小学所管辖的六所学校也撤并为四所。巴库小学是被撤学校中的一所。经过调查，笔者初步了解了巴库小学的被撤过程，也了解到这个过程中的冲突和矛盾。

一、充分的民意测评——教育局刘局长

初见教育局刘局长是在教育局门口。由于受到强烈紫外线的照射，这个地区的人都有着黑黝黝的皮肤，刘局长也是。一米八多的身高，戴着大大的黑色墨镜，白色对襟衬衫，敞口黑布鞋，铁塔似的站在那里。刘局长是汉族人，普通话、方言、景颇语、傣语都很流利。他喜欢跟第一次见面的人讲述自己的“传奇”经历：

小时候家里住在山上，家里穷。读小学的时候因为上学远寄宿，每周回家翻三个山头，从放学走到天黑，边哭边走。年龄大的孩子骗我说走得

慢了就被鬼追上了，所以也不敢掉队。……后来年龄大一点，周末也不回家了，就跟傣族、景颇族的孩子一起玩，慢慢就学会了他们的话。……中学时候进入兰西市中学，当时给我留下最刻骨铭心的记忆的是一位女老师。这位女老师大概是高干子弟，刚分配到兰西市中学，教英语。穿的衣服干干净净，还香香的。有一次，我到办公室交英语作业，还没走到跟前，这位女老师大声说："你站在那里，你不要过来，你身上臭！"这句话深深地伤害了我，一直到现在无法忘记。所以，后来只要是英语课我就捣乱，要么发出怪声，要么在教室里走来走去……现在想想，无非是想引起她的注意。……后来，考上了师范，学会了弹吉他，一些女生经常对我暗送秋波，其实我不想那么早恋爱，不过是想得到她们的粮票，这样我就能吃饱了。……毕业之后分配到东文一所小学，并逐渐从一名教师升为校长，后来调入东文中学担任校长，再后来就到雨平中学担任校长，把雨平中学真正建设成为一个花园式学校。我从心底里喜欢那些孩子们，但我无法忘怀当时那位女老师给我的伤害，除了英语，所有的科目我都教过。……后来还到市职业中学担任过三年校长，把那个濒临倒闭的学校建设成为生机勃勃的学校。由于这些成绩，2001 年我被调入教育局担任副局长，2007 年担任局长一直到现在。……我相信知识改变命运，对此深信不疑。

刘局长是由副局长升任的。他直接告诉我们："可以说，兰西市所有的学校，没有哪一所学校我没去过……村寨我也跑了很多，其实边疆地区的干部是很不好当的……任何一所学校的撤并，都是经过了充分的民意调查，只要有超过三分之一的人不同意，我们就保留这所学校。"然后，他让助理拿出厚厚的民意测评表，示意我们群众填写的全是"同意"。

对于农村中小学布局调整工作，虽然早在 2001 年兰西市就接到了州教育局转发的省教育厅关于学习《国务院关于基础教育改革与发展的决定》的通知。但是，对于这项内容，省教育厅没有做任何明确批示，当时的兰西市教育局局长也不知道如何进行调整才能达到"小学就近入学、初中相对集中"，因此除了学习相关文件之外，没有以文本的形式确定布局调整部署工作。但是，当时的局长也听说其他一些地方如内蒙古已经开始了布局调整的工作，大力撤并教学点建立寄宿制学校，所以在当时的相关会议上讲道："虽然上头还没明确指示该怎么做，但是我们要提前做好准备，如果等上级文件下来，我们的工作就比较被动。……一些寨子里的教学点，尤其是'一师一校'点，即便没有这个政策，我们也可以考虑慢慢撤掉一些，主要针对那些学生数量少、教师少、危房等级高的教学点。"因此，从2002年开始，兰西市已经开始逐渐撤并一些教学点，从开始的几个到后来的十几个，到2005年，全乡的教学点大部分都撤并到完小。而这些工作在每年的工作汇报中并没有具体体现。

2005年12月召开全州教育工作总结大会时，州教育局局长提到其他州的布局调整工作："和2002年相比，这个地区普通小学从1892所减少到1023所，教学点从1620个减少到58个，成绩显著，得到了省上的表扬和奖励。作为同级单位，我们也不能落后。"会上，州教育局要求各县（市）制定农村中小学布局调整规划，最好做出三年规划或者五年规划。刘局长这时已经是兰西市教育局副局长。他认为，州教育局局长的意思就是让大家放开手脚去做。

当时，兰西市教育局局长、三个副局长和办公室主任也开了一个碰头会议，局长认为自己"此前决定撤并教学点还是正确的……不过工作力度还要进一步加大，最好达到数量上的规模，不然汇报工作的时候也说不清楚。因此有必要在年终工作总结会议上把这个事情提出来讨论一下"。于是，兰西市教育局于2005年12月27日召开了2005年兰西市教育工作总结大会，把全市所有中小学的校长召集在一起，总结了2005年取得的成就，在部署2006年工作的时候除强调学校安全外，提出了一项新的任务，那就是中小学布局调整工作，要求"在全市范围内进行以集中办学为方向，以提高办学效益为目标的中小学布局调整。在对全省现有中小学布局的现状和客观原因进行全面分析的基础上，根据宜并则并、宜增则增的原则对现有学校规模和数量进行适当调整；综合考虑当地人口状况、地理环境、交通条件和学生年龄特点以及身心发展规律等各方面的因素；坚持学生就近入学，重点调整山区村小和教学点，逐步扩大完小规模"。会上，教育局局长同样给各位校长讲了州领导强调并表扬的布局调整工作的开展情况。

会后，几个校长找到了副局长刘局长。刘局长是从山村教师、教导主任、校长、副局长这样一步一步走过来的，和由州直接任命的局长相比，校长们认为直接和刘局长交流更方便一些。一位校长说："我们回去之后是不是要考虑该撤掉哪些学校，我们能确定吗?""这事情挺不好办的，突然把一所学校撤掉，那里的校长老师能同意吗?家长工作恐怕更不好做了!""并到哪所学校哪所学校工作也不好做啊，没有那么多教室和宿舍能盛得下那么多娃娃吗?"刘局长告诉他们："局长的意思已经很明白了，大家回去之后要认真研究一下，到底怎么做，也要跟乡政府汇报，共同商定，然后再报给我们。"

这次会议之后，不到一周，兰西市教育局接到了东文乡政府和中心小学的《关于东文乡小学布局调整的请示》材料。东文乡是山区，无论是经济、文化还是教育，在兰西市都是相对落后的。刘局长还记得当时局长的决定："反正已经是垫底的了，再差也差不到哪里去，不如让他们先试试。"2006 年 3 月中旬，东文乡中心小学赵校长和乡党委排书记接到上级批示："可以撤并巴库小学、东民小学。但要做好群众工作以及妥善处理撤并之后的安置工作。"

二、为了大局——中心小学赵校长

东文乡中心小学赵校长，1962 年生，傣族，当时刚担任中心小学校长一年，说话声音洪亮。他从代课教师做起，转正后曾在三所小学工作过，先后担任过教师、教导主任、校长。2005 年调任东文乡中心小学担任校长。上任后第一件事是向乡政府要了一辆面包车；第二件事是建了新的学生宿舍楼；第三件事是建立了学校全体教师例会制度，周一上午传达会议精神，周五进行工作总结。

赵校长认为自己是东文乡中心小学历任校长中成绩最为显著的一个："历史上很多遗留的问题都是我在任的时候解决的，比如学生住宿、教师管理制度、双语教育制度改革等。”可是现在，赵校长被调至兰西市雨平镇中心中学担任普通教师，他在2009年民意测评中没有达到85分的优秀成绩，因此不能继续连任而调离原职。他很诧异为什么他做了那么多大事而没有得到老师们的好评。不过，老师们的反映是：“赵校长是个活动能力很强的人，刚来就要以学校名义要车，其实车都是他一个人用。”“赵校长对人不够尊重，老爱骂人，说什么‘这里的庙小不够你待着，你趁早走人’。”“他说自己是傣族，其实是假的，是为了爬得更快，他其实一句傣话都不会讲。”

在谈到当年为什么撤掉巴库小学时，赵校长说：“为了大局，必须这样做。”他列举了三项理由：

理由一：巴库小学一共110多名学生，寄宿学生就有80多名，小学五个年级五个班，加上一个学前班一共六个班，但是只有八名教师，师资严重不足。但是因为学校条件差，而且路没有修好，很多老师都不愿去那里教书。常年就是那八位老师，年龄老化，有几位马上就退休了，后续的教师队伍跟不上。这些年国家要求进行新课改，他们也跟不上要求，让他们去改，也都无动于衷。

理由二：危房太多。学生宿舍大部分是D级危房，教室加固后勉强达到C级危房标准；教师宿舍全部是D级危房，早就该拆了。我算了一笔账，如果要把这些危房加固改造到B级以上，至少要160万元。如果把他们合并过来，就相当于为国家节省了160万元。

理由三：巴库小学和中心小学距离只有5公里，而且巴库小学大部分学生也都寄宿。既然都是寄宿，近一点和远一点的学校也没有太大差异。与其在一个教学设备紧缺、师资队伍老化的学校学习，还不如在一个更好的学校学习。我想家长也会理解这一点的。

不过，赵校长考虑，如果只撤并巴库小学，那里的校长和老师肯定不会善罢甘休。巴库小学李校长的性格他是相对比较了解的，表面上不爱说话，实际上脾气倔得很。于是赵校长又考虑可以把情况类似的东民小学撤并到另外一所小学。这样，两个学校就都没有什么话可说了。这样，中心小学管辖的学校从原来的六所变为四所。

不过，赵校长还不能决定这件事情，必须先向乡政府汇报。虽然2001年5月国务院颁布的《关于基础教育改革与发展的决定》明确提出农村义务教育实行“以县为主”的管理体制，但是在东文乡，学校和乡政府还是密不可分的。每周一的乡政府例会学校校长都要列席，而且每个学校都承包一个村寨，负责这个村寨所有的事务，如会议精神传达、禁毒防艾、最低生活保障发放、养老保险收取等等，村寨干部选举时，相应学校的校长和老师都要来主持选举大会并统票唱票。因此，学校实际上还是乡政府的一个从属单位。所以，所有学校的重大决定，都要通过乡政府讨论。

2002年11月，赵校长带着巴库小学、东民小学的资料以及关于撤并学校的计划，去东文乡政府找到乡党委排书记。

三、解决问题的大好机会——东文乡排书记

东文乡党委排书记，景颇族，1969年生，被称为景颇族的佼佼者。他13岁上小学，中学毕业后，因为他既会说景颇语，同时汉语阅读和写作还都很流畅，开始在寨子里担任村干部。景颇族因为人口数量少，干部数量更少，很快他就从寨子调到乡政府工作，从办公室工作人员到办公室主任，到副乡长、乡长，再做了乡党委书记。排书记认为自己能有这样的发展主要是因为他接受了教育，因此深信“教育可以改变个人命运”，对教育很是关注，也是一个激进主义者。例如他反对在学校里开展双语教育，认为双语教育纯粹耽误学生个人的发展，要让学生走出寨子，走出大山，就要“说好汉语，学好汉语，提高考试成绩”。

关于巴库小学的危房改造问题，是很让乡政府头疼的事情。虽然学校管理权收归了县级政府，但是乡政府除失去了财权之外，其他的任务一样也没少。巴库小学危房率高达88%，从上任乡党委书记就开始申请危房改造经费，市教育局、财政局也早就将其列入了危房改造立项项目，但是经费迟迟没有发放。因为巴库小学、东民小学等学校危房比例高，每次州教育局来检查的时候都会就此提出批评。

这次巴库小学的撤并，是中心小学的赵校长提出的建议。听完赵校长的汇报和初步计划后，排书记又让人找了一些关于布局调整的文件看了一遍。排书记认为这正好是解决问题的大好机会，表示同意赵校长的提议："既然要花那么多经费才能达到要求，而且经费又不能保证，不如合并。"很快，排书记就召开了一个会议，乡党委副书记、乡长、办公室主任和赵校长参加了会议。会议有几项任务："第一，组成一个领导小组，由乡党委书记牵头，校长负责，到各个小学、教学点视察，确定要撤掉哪些学校；第二，通过调查总结材料，提交给兰西市教育局，阐明撤并学校的理由，请市教育局派人来考察并批示；第三，办公室主任开始起草方案，安排撤并学校师生的安置工作，尤其是学生班级宿舍分配、教师安置、撤掉的两所小学教学资产处理等事宜；第四，做好群众工作，召开乡人大会议商讨策略。"

就此，东文乡巴库小学撤并计划开始实施。这个实施过程，参与的主体是乡党委、乡人大和中心小学的校长及部分老师。那么，巴库小学有没有参与这个过程呢？

四、根本不把我们放在眼里——巴库小学李校长

李校长担任巴库小学校长快九年了。初中毕业16岁做了代课教师，一代就是18年，教过语文、数学、思想品德、体育、美术，用他自己的话说，没有哪一门课没代过。在村寨教学点工作的时候还"包班"，就是带一个年级所有的科目。后来国家取消代课教师，但是乡里每年就给那么一两个转正指标，一些年轻代课教师实在不愿等待，有的回家种田，有的出去打工，李校长是通过在兰西市工作的一个亲戚的帮忙，才有机会分到一个名额转正。巴库小学被撤并时，他离退休年龄也就只有三年的时间了。

国家撤点并校的政策李校长也知道，2005年一年之内，乡里所有的教学点基本都撤了，原来的"一村一校，一师一校"基本都合并到寄宿制学校。巴库小学是半寄宿学校，原来大概每年有60多名学生，后来附近有7个村寨的教学点都被撤掉，学生都集中到巴库来读书，人数增加到

110 多名，其中寄宿的学生有 80 多名。学校的教室和宿舍都非常简陋，是前些年村民们集资建的土木结构，连土坯砖都是村民自己搭窑烧的。食堂更简陋，还是茅草结构。由于处于地震频繁地带，虽然没有破坏性地震，但是年代久远这些校舍都被划归为 D 级危房，按规定是要拆除的。但是因为资金不到位，县里的专款一直没有发放。为此李校长不知道跟乡里说了多少次，但都没有什么结果。自从学生数量增加之后，学生吃饭、上课、睡觉都很不方便，尤其是住宿，要两个学生一个床位才可以。而班额的增大让老师们也更加辛苦。

这次把巴库小学撤掉，李校长说："确实事先不知道，只是之前被中心小学赵校长问过这个问题。"不过李校长认为巴库小学所辖的学区范围已经很大了，而且也是寄宿学校，不应该被另外一所规模差不多的学校合并。赵校长问了他意见之后便没有了下文，李校长认为应该不会有什么变化。直到 2006 年 9 月 2 日，他才接到乡政府通知，说第二天赵校长过来宣布一个文件。当时李校长并没有把这件事情放在心上，因为每年开学中心小学校长都会过来读一些文件，传达一些上级指示。9 月 3 日早上他很早来到学校，过了一会儿看到赵校长的车开进学校。"当时赵校长直接就说，巴库小学要被撤并，待会等老师们来了开个简单的小会通知一下。"李校长当时的反应是："以为赵校长在开玩笑，但是看着又不像，就问这是什么时候的事，怎么提前没通知我们，赵校长说，这个领导也考虑过了，提前通知的话工作就不好做了。中心小学都已经准备好接收我们巴库小学了。"李校长很气愤，跟赵校长理论了很久，赵校长反正就是一句话："这是上头的决定，我也没办法。"同时，赵校长再三叮嘱："待会老师们来了，你不要这么多意见，免得工作不好做。上头怪罪下来可就不好了。把你安排在邦强小学，离你们家呢也很近，已经是很照顾你了。"

巴库小学的老师都是老教师了，最年轻的也有 39 岁，大都是不爱惹事的老实人。赵校长在通知的时候，大部分老师都没什么意见，估计是看到李校长都没说话，他们说话更没有作用了。这种沉默变成了李校长的一种压力，一边是管着自己的赵校长，一边是共事了多年的老师，李校长确实不知道如何是好，索性就不说话。但是李校长其实心里清楚，这肯定是赵校长的主意，以政府的名义来传达，其实只是为了自己谋取政绩更快地发展。而乡政府也是觉得把学校集中起来方便管理，自然就会同意。虽然巴库小学辐射社区范围不是最小的，但是因为赵校长跟自己向来“不搭调”，他早就料到有这么一天了，但是没想到这么快。

那天中午吃饭的时候，李校长也没说话。但是家长来了之后指名要校长出来，李校长没有办法，出来跟家长们说：“大家别说了，我也是今天才知道，我还有三年就退休了，怎么可能愿意撤掉学校呢?”“那是谁决定的?”家长们问道，现场乱成一片。李校长只能说：“上头决定的，我也不知道……”

赵校长已经走了，家长们的愤怒只能指向李校长，李校长也感觉满肚子委屈。学校就是村寨里传承文明的纽带，村寨也都以拥有一所学校为荣，当年建校的时候，大小村寨还因为学校地点产生过冲突。这几年村小、教学点基本全部撤点了，村民们本来就积攒了很多的怨气和不满。当最近的寄宿学校又被撤掉之后，所有的压抑和艰辛似乎终于爆发为愤怒。而这种愤怒又不知道何以发泄时，眼前的李校长似乎就变成了眼中钉。李校长做了一辈子的教师，哪里遇到过被一群怒气冲天的家长包围的情况，又没有理由解释，满腹的委屈从原来的沉默终于爆发为咆哮：“你们别吵了，我去找赵校长!”

五、突然的变故——巴库小学杨田广老师

2006 年，巴库小学被撤，杨田广老师去了毛讲小学；2008 年，他从毛讲小学调入东文乡中心小学。杨老师是一个看似沉闷的人，第一次访谈基本没有多少信息，第二次就告诉了我们一个大概的情况，第三次访谈才打开了话匣子。他告诉我们：“我永远忘不了 2006 年 9 月 3 日那一天，那是巴库小学开学的第一天。”

虽然雨季已经过了，但还是下着密集的细雨。杨田广老师早早来到学校，刚进学校大门，就看到一辆面包车停在教室前面，好像是中心小学赵校长的车。东文乡有一所中心小学，各个村寨的教学点、村小、完小都隶

属于中心小学，也就是中心小学的校长管着所有下面学校的校长。杨老师当时心想，“这么大的雨，赵校长怎么会过来呢?”走进办公室，发现中心小学的赵校长、教导主任孙主任，巴库小学的李校长都在。杨老师走进去，孙主任给他打了个招呼，其他两个人没作声，李校长是一根接一根地抽烟。大概过了半个钟头，其他六位老师陆陆续续都到了。孙主任见大家都到齐了，跟赵校长小声说了一下。赵校长就说：

今天开个临时的紧急会，主要是告诉大家，我们巴库小学要撤掉，学生都要到中心小学去上学……老师呢，我们也开会研究了一下，分别去其他两个完小和中心小学……杨田广去毛讲小学……

杨田广老师很吃惊。他已经在这个学校教书 21 年了，从担任代课教师起就一直在这个学校，从来没有离开过。这所学校加上校长一共八位老师，年龄都不小了，有一位老师今年就要退休。他很想问为什么，但是看到李校长都没有说话，又把到嘴边的话咽了回去。

“怎么突然要撤掉这所学校呢?”终于有个老师忍不住问。赵校长说：“这是上头的决定。”办公室又恢复了沉默。许久，李校长说：“待会上课，都通知一下学生吧。”

上课铃响了，杨老师走进教室，他没有走上讲台，跟自己带的三年级学生说：“从明天开始，大家要到中心小学上课。今天的课就不上了。把所有的书都带回家，回去跟父母说一下，收拾一下书本啊衣服什么的，明天让父母送到中心小学去。”学生们开始似乎很高兴，今天不用上课了。有的男生飞一般地跑了出去，有的女同学问：“杨老师，明天你还会给我们上课吗?”杨老师说：“不会了，以后有新的老师给你们上课，而且以后这个学校就不用来了。”学生们像往常放学一样陆陆续续回家了，只是带走了自己全部的东西。可能他们还不知道，接下来等待他们的会是什么，他们不知道寄宿是什么样，也不知道周末回家至少走三个小时的路程又会是怎么样。

上午，整个学校都没有什么动静。老师们把教室里的桌椅板凳整理好，也把办公室自己的东西都打好包准备带回家。李校长说，都要走了，中午就一起吃个饭吧。唯一的一位女老师回家带来了菜和米饭，还有米酒。大家都很沉默，喝酒的时候只是相互碰一下，连行酒令都免了。吃了饭后，大家都没有要走的意思，似乎都默默地等待着什么。

下午一点多的时候，有个人在外面大声嚷道："凭什么要撤学校？凭什么要撤学校？"终于一个家长来闹了，站在教室前面，穿着满是黄泥巴的鞋子，好像刚刚从田里回来。另外一些寄宿学生的家长也陆续赶到了，怒气冲冲地说："我们家娃娃怎么办，本来来这里上学走那么远我们就很担心了，现在连这里的学校都不让读了，你们想干什么啊？"家长们越来越多，教室前面巴掌大的地方几乎挤满了人。"学校没有了，娃娃去哪读书啊？""你们老师是不是想走啊，故意把学校撤了？""走那么远的路去中心小学，万一出了事怎么办啊？"家长们纷纷埋怨，但都坚定地认为撤掉学校是这些老师决定的。村民的矛头逐渐统一起来："让校长出来，让校长说说。"老师们都默默地站在那里。

六、一个走空的学校——巴库小学被撤掉了

直到 2006 年 9 月开学之初，巴库小学师生和学生家长才知道这所学校名义上已经不存在了。李校长带着一些家长去见赵校长，赵校长带着他们去见排书记。排书记对李校长说："你马上就要退休了，千万不要在这个问题上犯错误。"对于同去的家长，排书记让赵校长带着去了一个餐馆，景颇族本是豪放不羁的性格，喝酒之后事情会比较容易处理。赵校长说："东文小学这边老师都是专科毕业，而且教学楼、宿舍楼都很安全，为了娃娃的未来着想，还是应该让他们来镇上读书。"一顿饭过后，家长们似乎都有点嘴软，也就不说什么话了。不过，没吃饭的家长还是很反对，把原来学校的桌椅板凳都搬回家，不让中心小学拿走。布局调整工作一时陷入了僵局。

因为乡政府事务繁忙，而且对教育也不方便直接插手，因此具体事务都由东文乡中心小学来落实。"巴库小学现有老师八名，中心小学安排三名，毛讲小学安排两名，邦强小学安排三名。原来各个年级的学生转过来

还跟着原年级，班额超过 70 人的分编为两个班。宿舍床位不够，高年级学生可带低年级学生一起住，另外在现有宿舍背面加盖三间平房。”安排过程中，教务主任孙老师提出是否要去村里做民意调查，赵校长说：“如果先去做调查，这个工作根本无法开展。撤掉这两所学校是任务，必须按时完成。任何人不准提前通知巴库小学以及学生家长。”不过，在给县教育局提交的撤并学校工作计划中，其中有一条清楚地写着：“已经充分做了学生家长和村民的工作，开展了民意调查，赞同率达到85%。对于尚不同意的家长，还需进一步做思想动员工作。”

所有的实施方案确定之后，赵校长吩咐学校的所有男老师，每个人包一个村寨去做工作，带上米酒，先把村干部的工作做通，再让村干部带着到各家各户去。中心校现任孙校长告诉我们：“其实也没有都做工作，把一些主要家庭工作做通了就行……比如在寨子里有影响力的，或者文化程度比较高的，只要有一部分人同意，其他的老百姓自然都会同意……对于有些特别固执的家长，如果家庭比较贫困，就停发他们的最低生活补助，如果是对子女的教育期望很高，就想办法把他们的孩子送到市里去……找关系嘛，领导支持，什么事情都好办一些。”最关键的是，由于老师都不在了，家长们看着反抗也没有用，只好在民意测评上签字同意。只有学前班学生家长，因为小孩实在太小，有几个一直抗着。后来实在没有办法，就把那位女老师留下继续带学前班。这样，巴库小学最后只留下一个学前班和一名快要退休的老老师。2008 年，这位女老师退休了，学前班也被合并到中心小学。

直到 2009 年 12 月，云南省才正式出台了《云南省中小学区域布局调整指导意见》（政办发〔2009〕241 号），具体目标是：“以集中办学为方向，合理收缩教学点，全部撤销现有‘一师一校’点；原则上撤并 300 人以下的村小和教学点。每个乡镇集中办好 1 所寄宿制中心完小和若干村完小，校均规模逐步达到 300 人以上……原则上确保 3 年完成中小学区域布局调整各项任务。小学和初中撤并工作，2009 年末完成工作总量的 10%，到 2010 年末完成工作总量的 50%，到 2011 年末完成工作总量的 80%，2012 年内全部完成。”而截至 2009 年底，兰西市作为拥有 5 镇 6 乡总人口为34万人的县级市，还有13所小学，其中5所都在市政府所在地。

第四节　农村中小学布局调整过程原型二：保田小学

青海省位于我国西北地区，地处青藏高原东北部，是个多民族聚居的省份，有汉、藏、回、土、撒拉、蒙古等34个民族。青海省从2000年开始开展中小学布局调整工作，据统计，全省中小学从2000年的3877所调整到2007年的3222所，减少了655所；在校学生由2000年的72.94万人增加到2009年的85.59万人，净增12.65万人。其间，青海省政府2008年出台《关于全省农村牧区中小学布局调整工作指导意见》后，中小学布局调整工作有了极大的变化。2009年的青海省教育事业统计报表显示，中小学总数已由2007年的3222所，调整为2496所，减少726所（高中15所，初中31所，小学680所）。其中2009年比2008年减少551所（高中12所，初中30所，小学509所）。2008年和2009年是青海省中小学布局调整力度最大的两年，比前七年调整的学校总数还多71所。同时，省政府还制定了后续的任务，要求全省9个未“普九”的县，现有的179所小学到2010年调整到100所以内，“十二五”期间调整到80所以内，60%左右的小学生集中在县城就读，校均规模达到1200人左右；乡镇中学校均规模达到300人以上。调整撤并9个县的12所初中，9个县所有的21所初中调整为10所，初中生全部集中到县城就读，校均规模达到1800—2400人①②。

从青海省专门制定的《关于全省农村牧区中小学布局调整工作指导意见》中可以看出，青海省政府等管理部门认为布局调整政策应该“扩大校均规模，改善办学条件，合理配置教育资源”及“方便管理”，以实现

① 青海省人民政府办公厅转发省教育厅等部门《关于全省农村牧区中小学布局调整工作指导意见》的通知［Z］. 2008.

② 陈俊. 中小学布局调整十年，学校减千所，学生增十万［EB/OL］.［2010－02－27］. http：//www. xinhuanet. com/chinanews/2010－02/24/content_19084675. htm.

“促进城乡教育均衡发展、以教育公平促进社会公平、实现区域内经济社会协调发展的大局”[①]。《意见》中明确了布局调整的必要性、指导思想、基本依据、总体目标，以及需要妥善解决的相应问题。对布局调整工作提出了“三个阶段七个步骤”的要求，并要求各州（地、市）、县（区）政府成立相应工作机构“认真组织实施”，具体布局调整规划最后由省级布局调整工作小组予以审批。

开和县位于青海省东部，是一个以回族为主体的多民族聚居的回族自治县，1986年被国务院确定为国定贫困县，2001年被国务院确定为国家扶贫开发工作重点县。县辖17个乡镇2个管委会369个行政村。全县总人口24.58万人，其中农业人口21.79万人，有回、藏、汉、撒拉等12个民族，其中回族占52.5%，藏族占21.3%，汉族占21.2%，撒拉族占5.0%[②]。

开和县地形复杂，境内群山突兀，沟壑纵横，尤其是东部和南部山大沟深，交通不便，村与村之间的平均距离为5.7公里，乡与乡之间的平均距离为11.9公里。“点多、线长、面广”是开和县学校布局的特点，“一排土房子，几排泥凳子，一群泥娃子”，曾是开和县农村学校最直接、最真实的素描。到2008年底，开和县有各级各类学校284所。中学一共10所，其中完全中学5所，职业技术学校1所，初级中学4所；九年一贯制学校12所；普通小学246所，其中完小114所，初小132所；此外，还有一贯制小学部12所，特殊学校1所，教学点3个。其中14所学校分布在大山深处，学校规模小，复式班数量多，校舍不足，设备简陋。中小学生为46241名，其中，小学生为28584名，初中生为13581名，高中生为2971名，中职生为1105名；特校生为67名。学龄儿童入学率达到99.9%，初中阶段入学率达到99.8%，残疾儿童入学率达到86.1%；小学辍学率为0.5%，初中辍学率为0.9%；全县非文盲率达98.9%[③]。

---

① 青海省人民政府办公厅转发省教育厅等部门《关于全省农村牧区中小学布局调整工作指导意见》的通知［Z］．2008.

②③ 开和回族自治县教育局关于开和县教育发展基本情况的汇报材料［Z］．2009.

一、别人能，我们也能——教育局金局长

2009年初，开和县教育局接到市教育主管部门的传真文件，要求按照“以撤并初小、扩充完小、合理设置初中（九年一贯制）、分片发展高中、集中创办职中、分散办好学前教育”思路开展布局调整工作，要“成立专门的工作小组负责该项工作”并“将布局调整工作计入年度绩效考核”。

同时接到这个文件的还有县政府。2009年5月，负责教育工作的副县长召集教育局局长、基础教育科科长和一些校长开了一个动员会。据教育局局长回忆，当时的会议内容重点是两点：第一是鼓励多办寄宿制学校，因为“寄宿的学生多了，学校就能多拿到钱，改善教育条件”；第二是要尽可能地完成任务，不然“向上级汇报时没法交代”。会议最后决定由县教育局主要负责这项工作的落实。

教育局局长姓金，1964年生，他从16岁开始一直工作在教育岗位上，曾经在一所村小教书15年，在一所中学教书8年，先后均担任了校长职务，2003年被调到县教育局负责基础教育师资建设，之后逐渐升为副局长、局长。对于会议上副县长提到的两点内容，其实金局长没有完全理解：“如果办寄宿制，那就意味着要撤掉一些学校，可是撤哪些学校呢？撤掉多少才算完成任务呢？”他和教育局其他一些主管领导商讨后也没有拿出一个明确的方案。

2009年7月，金局长参加市里组织的一个教育考察团，到青海省布局调整试点的海东地区参观学习。这次参观学习给他的触动比较大，因为他看到“海东所有的学校几乎都是新的，新的大楼，新的操场，连大门都很气派，条件太好了……本来觉得这个事情挺难做的，但是看到这样的学校，我觉得一定要做，而且一定要早做……在这样的环境中读书，学生的成绩肯定会提高的，学生能不喜欢吗？家长能不喜欢吗？”其中，让金局长印象最为深刻的是海东地区撤点并校的数量：“两年之内把原有的372所中小学调整为105所，现在还在调整中。力度很大，可见人家的决心也大。别人能做的，我们为什么不能做？”

考察之后，金局长认为，“改造前的海东地区基础教育的情况和开和县似乎非常相近，但是现在差了十万八千里。看来这个政策一定要好好抓一抓……我们要下定决心，无论遇到多大的困难，都要努力克服”。2009年11月，开和县制定了布局调整规划方案，其中总结当时学校布局存在的主要问题是①：

目前农村牧区中小学仍然处于布点多、规模小、成本高、效益低的状况。问题突出表现在三个方面：一是学校规模总体偏小，小学校均规模97人，初中（含九年一贯制）校均规模440人，高中校均规模593人；二是小规模学校比例高，在校学生不足50人的小学和教学点136所（个），占小学（点）数的53%，有225所小学校均规模不足200人，全县“一师一校”点有87个；三是地区间师生比严重失衡，边远山区存在教师数量不足、结构性缺编，教育投入分散、条件得不到有效改善，管理成本和办学成本过高、教学质量难以保证，人民群众对教育的满意度不高的问题。

在此基础上，开和县制定的布局调整的思路和原则是②：

坚持撤并初小、办好完小、扩大寄宿、集中初中、发展高中、突出职中、多渠道办好学前教育的总体思路，促进教育公平均衡协调发展。

（一）……

（二）紧紧围绕群科新区建设，着眼新区总体规划和今后发展的趋势，近期在新区新建1所职业中学、1所完全小学、1所九年一贯制学校、1所特殊教育学校、2所幼儿园（1所为私立幼儿园）、1个青少年活动中心、1所新区中学。

（三）计划乡镇总人口在5000人以下的改扩建1所寄宿制学校，5000—10000人的乡镇根据实际需要改扩建2—3所寄宿制学校，万人以上的乡镇改扩建3—5所寄宿制学校，适当保留学生规模较大、走读方便的非寄宿制学校。

（四）防止因布局调整不合理而造成新的教育资源浪费和学生上学难

①② 开和县政府、开和县教育局关于调整我县农村中小学布局规划方案的通知［Z］. 2009.

及适龄少年流失的问题，对学生在150名左右、校舍条件较好的部分村级小学，原则上暂予保留，等所在地的中心学校在寄宿规模扩建后，再撤并入中心学校，不搞“一刀切”。根据特殊乡镇的实际，在回族聚集地区设立回族女子小学，藏族聚集区设立藏汉双语学校，或保留个别教学点。

（五）坚持布局调整后图书、仪器、课桌凳等动产一律并入相关学校，校舍等不动产优先发展学前教育或余产变现。

最终，开和县中小学布局调整的目标设为“将全县现有276所各级各类学校调整减少为128所，撤并148所学校”，并指出“我县布局调整的重点在小学，难点也在小学。根据全县小学教育现状，规划将乡镇政府所在地的中心学校办成全寄宿制小学，并考虑一些现有的校舍条件，合理设置寄宿制学校和完全小学”。

在访谈过程中，金局长对自己当时的工作还是非常肯定的，他谈道：“我们这里虽然已经不是原来的贫困县，现在很多人都出去打工，手里也有钱了，‘拉面经济’被很多电视台和报纸报道过，但是，没有出去的大多数人仍旧是贫困县的生活水平。孩子们上不好的学校还不如不上……一定要把有限的经费集中起来办好学校”。问到家长的态度，局长回答说：“他们同意啊，谁不想让自己的孩子上好学呢？……我们每一所学校的去留，都是征得了所有村民的同意的。这些都是有会议记录的，当时我们是一个村子一个村子地去征求意见的。”

但是关于撤并学校的具体数量的规划，教育局大多数人并不知道是如何确定的。金局长自己也不是特别清楚，因为他大概说了三条理由：“可能是人事处根据未来人口增加速度确定的……可能是根据当时各个乡镇的统计数字确定的……可能是根据一个乡应该保留的学校数量确定的。”每个理由前面都加了一个词——“可能”。

二、我们不能拖后腿——乡党委马书记

那么，乡镇又是如何理解县里传达的文本，如何执行布局调整政策

的呢？

木昆乡党委是2009年12月中旬接到县教育局发的传真文件。之后，乡党委马书记召集中心小学校长以及乡政府相关工作人员召开了会议。对于教育局发来的传真，马书记认为这就是“要求各地撤点并校”，但是“至于撤哪些学校，还真是一个难题”。由于不确定到底撤什么样的学校，会议期间，马书记还给县教育局金局长打过电话，咨询“是否有个统一的标准”，局长回复说“根据各乡镇情况，因地制宜”。这让马书记也很为难。他说：“木昆乡有7所小学、1所中学，还有3个教学点。中学肯定要保留的，教学点肯定都要撤，7所小学该如何处理呢？根据文件要求，好像最多只能保留2所学校。”后来他想，“还是要调查一下才能决定”。于是他让乡中心小学牛校长负责这个调查工作。

至于保留2所学校的原因，马书记一直强调“是按照县里的文件来确定的，个人不便发表意见”。但实际上，马书记对于乡里的教育问题一直比较苦恼。由于农村基础教育管理以县为主，尤其是经费更是由县统一安排，乡镇是没有教育管理权的。但是，很多具体的事务却还是由乡镇来承担，比如“控辍保学”、“学校安全”等。提到乡里教育的事情，马书记似乎满腹牢骚：“本来我的任务应该是抓乡里的发展，可是动不动就要跑到各家各户去做老百姓的工作，各个村子离得又远，很多时候我回来都夜里12点了。你看我们乡不大，但是事情一件都不少，上面那么多部门，都是我们来对付。”没有资源保障的任务分配，乡镇一直没有特别高的积极性：“既然县里规定是5000—10000人保留2—3所学校，我们乡7000人左右，保留2所应该符合规定吧。”

对于保留2所学校，马书记其实是持赞同意见的。木昆乡人口虽然只有7000人左右，但是面积却不小，各村到镇上交通大多不便，离镇上最近的村子也有3.5公里。因为交通不便，师资一直是个问题。很多新教师都不愿到村小去，而村小的教师也在想方设法地出来，所以村小的教师流动性特别强，除了家就在附近的教师，外地的能坚持三年就属于“老教师”了，大部分在半年、一年之内就通过各种关系调动到乡镇或县城。所以，马书记认为，“通过撤点并校，很好地解决了村小教师不足、乡小教师过剩的问题”。对于撤并过程中可能或者已经出现的问题，马书记非常坦诚地说：“我也知道，学校合并之后，娃娃们要寄宿，或者上学的路远了，这都是大问题。我不是一个只顾给自己贴金的人，我就是生在这里长在这里的人，我能不关心他们吗？……我个人觉得，我们乡因为经济条件不好，学校也办得一般……很多人都出去打工了，把娃娃留下，学习怎么能搞上去，没人管啊……我觉得，我们不能给集体拖后腿，撤掉那些小学校，办个大学校，让娃娃们都住到学校来统一管理，我觉得应该还算一个不错的法子。”

三、像打仗一样——中心小学牛校长

接到马书记分配的任务的中心小学牛校长也满腹感叹，他说：“书记说是让我去做调查，实际上是让我去通知各个学校做好心理准备。学校工作还好做，关键是家长们反对比较强烈。一次我到一个村小去的时候，村民们好像提前知道了，拿着板凳站在村口不让我进，我本来想跟他们说一说，结果他们还真用板凳砸我。我就赶紧跑回来。可是工作不能不做啊，还得回去跟他们说说。工作难做啊，跟游击战一样的工作啊！”

作为分管乡教育工作的中心校校长，认为在这个过程中很是辛苦。一方面要完成书记的任务，一方面要做好群众工作。尤其是当地的村民性格一般都比较耿直，也喜欢借助武力解决问题。这样让他的工作变得更难。“以往的政策，要么免费，要么发钱，都是好政策。这次的政策是要把学校撤掉，这无论如何都很难跟家长交代啊！”牛校长提起这个经历很是感叹，或者，作为校长的他，也没有真正明白布局调整政策的意义和目的。

尽管如此，牛校长还是很赞同学校合并：“第一，如果把 7 所学校合并为 2 所的话，管理就很方便了。原来学校离得太远，任何 2 所学校之间都超过 1 个小时的路程。第二，没有老师愿意下去，很多村子都是包班的，一个老师负责一个班的所有科目，这样能教好学生吗？第三，现在越来越多人出去打工，小孩放在家里没人管，有的托付给亲戚，有的是爷爷奶奶照看，不如把他们放到寄宿学校里统一管理，也让家长省心了。”基于第一点原因，牛校长认为如果村小还保留1所，那就留离镇上最近的那个村里的学校。

调查工作开展两周后，以中心小学校长为组长的工作小组向乡党委汇报工作，重点汇报了各学校听说可能要被撤掉后的反应剧烈程度，同时综合各学校规模和办学条件，初步决定合并全乡7所小学和3个教学点，集中到木昆和太山2所寄宿制小学，其中木昆小学是在原有中心学校基础上扩建，而太山小学则是完全新建①。从新学期开始，所有村里的学生都集中到这2所学校上学。被撤掉的学校中，就包括保田小学。

四、撤就撤吧，有什么办法——保田小学哈校长

按照撤并学校的标准——优先合并规模小、办学条件不足、师资短缺的学校，有180名学生的保田小学就不应该被撤并。保田是个比较大的村子，附近还有很多小村子。由于经济和师资原因，附近的几个村子都把学生送到保田来，辐射半径大概有5公里。但是保田村距离乡镇远，交通极其不便。20世纪90年代初，这里有12名老师，全部都是代课教师或民办教师。但是后来清退了所有的代课教师，当时还是一名普通教师的哈校长通过关系分到一个转正名额，只有他一个人留了下来。从此之后，保田小学的课几乎没有正常过。从外面调来的老师并没有打算长期待在这里，哈校长如果说几句，这些老师都带着很大的情绪，上课也不认真。有的老师来了不到三个月就走了，整个教学计划无法维持，只能让其他老师顶替。后来实行教师考试聘任制度，能考进来都是刚毕业的本科、大专学生，本地的一个也考不上，越是这样就越没有希望。外地考来的学生也是想方设法地考公务员，或者参加进城考试，特岗计划招聘进来的满两年基本都走了。因此，对于大部分村小的撤并，大部分年轻教师非常支持，因为他们多数住在镇上，如果学校合并了，就可以理所当然地到镇上工作。

这么多年下来，只有哈校长一人从来没有动过。如果保田小学还继续

① 2009年开和县木昆乡关于中小学布局规划调整文件［Z］. 2009.

办下去，还有三年哈校长就退休了。他心底里其实不愿意看到保田小学被撤掉，但是又想也许到了新学校，师资的问题可能就不是一个问题了："原来的学校是村子里的人集资建的，为的就是让娃娃们上学方便，现在说撤了就撤了，连商量的余地都没有。你说反对他们吧，老师们都走了，我自己也管不了那么多学生，只能这样了……说句实话，我们这里虽然穷，但是孩子们争气；虽然老师不稳定，但是学生学习真的一直不错。他们自己还相互帮忙，尤其是老师有事不上课的时候，学生就自己组织做作业。我觉得中心校想把我们撤掉，可能也有这个原因，好像一直把我们当竞争对手一样。但是，我不跟他们一般见识，我为孩子们着想，去了中心校，老师稳定了，他们学习也稳定了，肯定会有出息的。"

为了学生未来考虑，也为了保田能出一个有出息的人，哈校长同意了这样的安排。

五、无力的反抗——忙碌的家长

并不像金局长说的那样，很多家长其实并不知道学校为什么被撤掉。有些在外地打工的家长，也从外地赶回来，尤其是在新学期开学的第一天，乡中心小学所有的桌椅板凳被各个村子赶来的家长搬走，一些家长坐在校园里的地上抗议。牛校长把所有的老师都动员起来去跟家长做工作，但也无济于事。牛校长第一时间向马书记报告了这件事，马书记正在外面开会，接着又给金局长汇报了此事。金局长和教育局很多工作人员前来直接跟家长做思想工作。没有桌椅板凳，学生们都趴在窗户上看校园里对峙的情节。就这样开学第一天过去了。

到了晚上，家长们很多都留下，坐在操场继续对峙。校长让食堂烧了热水，做了饭，但是家长也不领情。第二天，有些家长因为家里有事，陆续回去了。再后来，三三两两的家长继续来学校抗议，但是对学校教学影响不大。学校开始组织上课，但是仍然没有桌椅板凳。持续了一周后，有些家长们开始担心，"这样拖下去会影响孩子的学习，其他的学生都开始上课了，我家的孩子还没去上学"。出于这种顾虑，留下来坚持对峙的家长越来越少。马书记安排牛校长去采购了很多羊肉，让食堂的师傅分开称好，每个家长发了5斤，并一个一个地做思想工作。终于，家长们逐渐都坚持不住了，有的要看地里庄稼的长势，有的惦记自己家里小店的生意，从外地赶回来的家长还要回去照顾生意，抗议的队伍越来越小。其中，有一个从北京赶回来的家长，因为一直扬言要上访，最后被邀请到办公室谈话。他的儿子和女儿都在保田读书，最后被安排到县民族小学读书。这样，最后一个"钉子户"也解决了。木昆乡7所小学、3个教学点终于合并为2所寄宿制学校。

可是戏剧性的是，一个学期之后，被撤并到木昆乡中心小学的一些学生，又被调整到另外一所寄宿制学校——太山小学。据老师们说，"这些学生基础太差，跟不上学习进度，来了之后整个学校的评价成绩立即下滑。木昆乡最好的学校就是中心小学，如果这个学校的质量都抓不住，可能校长他们就很难交代了"。

第五节　本章小结

20世纪90年代中后期，部分农村中小学确实遇到了生存危机，学校生源减少所导致的教育资源浪费与教育经费短缺同时并存，而城镇化发展与农民对教育的需求提高也对农村中小学产生了外部的压力。

农村学龄期儿童数量减少，主要是由于20世纪70年代开始的计划生育政策造成90年代中后期人口出生率下降，从而导致农村入学儿童总量急剧下降。同时，进城务工人员数量不断增加，农村生源也随着父母进入城镇，农村中小学入学人数更加减少。《2005年全国教育事业发展统计报告》显示，2003—2005年间，全国小学生入学人数减少了1300万人，仅2005年全国小学在校生人数就比2004年减少了381万人。入学人数的减少使得农村中小学规模萎缩，获得的教育拨款亦随之减少。一些学校在生源减少、经费短缺、教育质量低下的状态下被自然撤并或兼并也一直在发生。国家出台布局调整政策的具体原因不得而知，但终极目的似乎是"优化资源配置，提高教育质量”。

教育政策中目标群体为教师、家长和学生，他们的力量一般都比较弱小，基层官员很容易就能控制他们。在这样一种情况下，基层官员也会根据地区具体情况采取相应的措施执行政策，但往往最重要的是解决实际问题而不完全是完成“政策目标”。因此，需要从基层官员的行动层面进行政策执行分析。

从云南省东文乡和青海省木昆乡的学校撤并过程来看，基层官员在执行政策时具有三个特征：第一，他们对行动不断进行反思性监控。基层官员会通过多种方式了解并考量行动的后果，以便于解决可能出现的问题。两个个案中的县级教育管理者在采取行动之前，通过学习、参观的方式形成策略意识，不同地区通过“相似性吸引”导致一系列雷同现象的出现，如追求撤并学校的数量、学校的规模或教学条件现代化水平等。这些与政策目标有所偏移的失范性行为并没有引起教育系统的动荡，主要有赖于县级教育管理者与乡镇、学校管理者形成了“相互依赖和协作”的工作模式，对可能与之发生冲突的家长和教师进行了分类处理。第二，行动的合理化。基层官员对自身的活动始终保持合理化理解，从而具备了处理问题的资格和能力。面对政策目标群体，基层官员将一切具体化行动都归为国家的意志和指示，从而让工作惯例和方式具备不可抵抗的合理化权威，同时也赋予了自身控制和改变社会事实的权力。第三，行动的动机激发过程模糊。动机是激发行动的需要，而教育领域政策执行中的基层官员并没有明确而统一的动机。整个行动是一个系列过程，而且基层官员对教育、政策、工作及成就的理解形成了自身的知识，但是这种知识又不完满，不可避免地导致行动的非目的影响。

政策执行是动态的过程，基层官员作为具有双重特征的群体，需要将抽象的政策逐步转化为具体的规则，由此政策执行行为也表现为日常的工作，而且他们也需要将这种常规工作进行结构化。基层官员的决策和行动决定了政策最终的执行措施和影响，最终也改变了农村中小学的格局。作为社会结构一部分的教育系统，也是在基层官员运用规则和资源的过程中重新建构。

在具体调查过程中，笔者通过资料收集和分析也发现，基层官员在政策执行中面对模糊的政策、工作程序、知识经验与可用资源多重束缚下陷入矛盾和困惑，在这种情况下他们往往会根据自己对政策的理解和实际情况运用自由裁量权，减少工作烦琐程度，降低工作难度。同时，他们也受到上级行政管理部门政策偏好与权力规制的间接和直接的约束，且会基于对资源支持状况和目标群体支持程度的判断采取行动。从李普斯基的理论角度来解释，似乎应该增加物和人的资源才能够满足执行成本的需求，但其实还有一个客观意义的社会心理因素，这就是基层官员对待目标群体和教育问题的态度和观念。因此，研究基层官员的行为，重点在于分析在政策过程中影响其行为的因素。

为了系统地分析这些因素，本研究需要一个解释框架。借助这个框架，首先可以关注基层官员政策执行行为，关注不同类型的群体在不同环境、不同地区和不同政策领域中的个体行动，以便更加准确地衡量他们行动的范围。其次，这个框架可以解释差异。需要强调的是，本研究并不把基层官员的行为做“规范”和“失范”的划分，当然也不准备对所谓的失范行为提供控制策略，因此不会从社会结构或教育系统的立场去裁剪个人行动。不过，从目前的基层官员研究理论来看，其关注的领域并不是特别宽泛。这种研究策略仅仅关注行动个体本身，很容易让基层官员背负所有政策失败的指责。本书将在第四章重点讨论这个解释框架，尝试从时空向度上分析基层官员在行动中受到的规制和约束，并尝试进行概念化的表达。

第四章　基层官员政策执行中的决策困境

基层官员与政策目标群体直接打交道，这是他们工作的一部分，而且在制定具体政策执行方案时他们也会参与其中，确定究竟提供什么服务以及如何提供，最主要的是，在遇到问题的时候他们需要判断采取什么方式解决。作为一线的实践者，基层官员把抽象的政策文本转化成日常的具体工作，并根据具体情节进行适当调整。这就赋予了他们很大的自主权、控制权，同时对组织、对政策目标群体也会带来极大的影响。政府的工作程序可能给政策执行施加了很多限制，但同时也赋予了决策和交互的空间。而且，一些复杂的政策执行需要基层官员具有丰富的、详细的经验。因此，很多关于基层官员的研究都会关注实际的执行行为，尤其是基层官员如何对政策进行再制定。

不过基层官员作为决策者的权力地位是存在争议的。比如，李普斯基指出，“把一个人当作救济对象、一个少年犯或者一个好学生，这影响其他人与这个人之间的关系，同样也影响这个人的‘自我评价’”①。本研究不讨论基层官员是否“应当”对政策进行再制定，而是把它作为一种社会事实加以探究。本章的主要内容就是分析基层官员政策执行中的决策困境。

基层官员在执行政策的过程中，既要受到国家政策、上级行政管理部门的规制，同时又要考虑政策目标群体的需求，制定政策执行具体措施。基层官员最重要的角色是解释政策文本、实现政府政策的意图并为政策目标群体提供不同的服务。但是，政府组织的需求不一定总是和目标群体的需求一致。这就是基层官员在执行政策的过程中必须面临的困境。

---

① Lipsky, M. Street-level bureaucracy: Dilemmas of the individual in public services [M]. New York: Russel Sage Foundation, 1980: 9.

基层官员对自己工作的环境是这样描述的："上面压，下面告，中间没钱又没人，小鬼还经常闹一闹。"比如，作为教育负责人，基层官员有义务让每一个孩子接受义务教育并提供适当的、高质量的教育，但是国家颁布了布局调整的政策，在人员、经费都紧缺的情况下开展工作非常困难，有些学生在学校撤并之后由于上学路途远，或者语言、文化等原因不能适应学校生活。作为责任主体，基层官员必须制定相应的措施来防止或应对这些问题，这就是他们作为协调者的角色在日常工作中必须处理的困境。这种困境可以理解为不同原则、目的和需求之间的张力和冲突，基层官员必须处理这些问题并找到实际的解决方案①②。并且这些困境可以通过语言加以描述以消除"行动和期望之间的差距"③。

第一节　行政规制

很多研究者认为，应该通过行政规制限制基层官员在政策执行过程中的自由裁量权，建议通过控制行政部门的目标任务有效地解决这个问题。而李普斯基对此是持怀疑态度的，因为基层官员很容易调整自己的行为来规避责任④。布雷姆（Brehm）和盖茨（Gates）也发现政治官员和管理者对基层官员的行为没有太多影响⑤。温特有关丹麦强制执行农业环境政策中负责督查人员的实证研究也发现，行政管理部门的规制只能限定基层官

① Edward, G C, Barrett, A, and Peake, J. The legislative impact of divided government [J]. American Journal of Political Science, 1997, 41 (4): 545 - 563.

② Billig, M. Arguing and thinking: A rhetorical approach to social psychology [M]. Cambridge: Cambridge University Press, 1996: 2 - 3.

③ Scott, J C. Political clientelism: A bibliographical essay [M] // Steffan W. Schmidt. Friends, followers, and factions: A reader in political clientelism. Berkeley: University of California Press, 1977: 483 - 505.

④ Lipsky, M. Street-level bureaucracy: Dilemmas of the individual in public services [M]. New York: Russel Sage Foundation, 1980: Ⅶ.

⑤ Brehm, J, and Gates, S Working, shirking, and sabotage: Bureaucratic response to a democratic public [M]. Ann Arbor: University of Michigan Press, 1999: 105.

员外显的行为（如检查的频次），对于不太明显或者不太透明的行为（如督察对目标群体的监管方式）是难以控制的①。总之，政策执行中“行政规制和自由裁量”的张力是非常宽泛的。

不过，莫（Moe）、伍德（Wood）和沃特曼（Waterman）在环境政策执行方面的研究发现，基层官员会根据新政治领导人的偏好和政治信号来调整自己的行为②③。凯泽（Keiser）在研究伤残津贴资格认定的政策执行中也发现，官僚机构可以根据政治原则进行调整。不过，由于这些研究使用了高度综合的官僚绩效资料以在机构层面检测官僚行为，他们顶多提供了基层官员行为政治控制的间接证据④。此外，和温特的研究相比，他们仍然使用了相对容易观察的行为。可以说，温特发现了更加有力的、间接的政治控制。

这些结论对于本研究有着一定的借鉴意义。从布局调整政策执行过程来看，基层官员所受的行政规制主要来自两个层面，一个是垂直系统的行政规制，另一个是水平层面的行政制约。

一、纵向的行政规制

无论哪一层级的基层官员，都不可避免地受到上级部门在管理上的控制。

我国基础教育的行政管理体制也在不断发生着变化。新中国成立之际，1949 年 10 月颁布的《中国人民政治协商会议共同纲领》中，所有的

① Winter, S. Information asymmetry and political control of street-level bureaucrats: Danish agro - environmental regulation [R]. Paper prepared for the Annual Meeting of the American Association of Policy Analysis and Management held in Seattle, November 2 - 4, 2000.

② Moe, M. Environmental administration in denmark [N/OL]. [2010 - 11 - 09]. http://www.mst.dk/books/moe/7.htm.

③ Wood, B D, Waterman, R. Bureaucratic dynamics: The role of bureaucracy in democracy [M]. Boulder, Colo: Westview Press, 1994: 98 - 102.

④ Keiser, L R. State bureaucratic discretion and the administration of social welfare programs: The case of social security disability [J]. Journal of Public Administration Research and Theory, 1999 (9): 87 - 106.

基础教育事业由国家统一管理，权力高度集中。1958 年，根据中央集权和地方分权的原则，《关于教育事业管理权力下放问题的规定》明确了地方政府对基础教育的领导管理权，赋予地方政府教育经费筹措、教育经费使用、教材编写、学校设置方面的一定自主权；“文革”时期，这种管理体制遭到破坏。1978 年，教育部重新颁发《全日制小学暂行工作条例》和《全日制中学暂行工作条例》，其中规定：全日制小学由县教育行政部门统一领导和管理；社队办的小学，可以在县的统一领导下，由社队管理。这样，又基本恢复了中央统一领导、地方分级管理的体制。在这一时期，公立学校一统天下，办学体制单一化。由于教育资源严重紧缺，给政府带来很大压力。1983 年，中共中央、国务院发出《关于加强和改革农村学校教育若干问题的通知》，要求农村办学实行“两条腿走路”的方针，鼓励农民“集资办学和私人办学”，公立学校一统天下的格局被打破。当时全国各地都设置了重点学校，在教育资源的分配上，有限的教育资源更多地向重点学校倾斜。

1985 年，中共中央颁布《关于教育体制改革的决定》。《决定》是我国教育改革与发展的纲领性文件，从此拉开了全面改革教育体制的序幕，对我国基础教育的改革与发展产生了深远影响。《决定》认为，要从根本上改变教育落后的状况，“必须从教育体制入手，有系统地进行改革”。《决定》确立了基础教育由地方负责、分级管理的原则，明确“基础教育管理权属于地方。除大政方针和宏观规划由中央决定外，具体政策、制度、计划的制定和实施，以及对学校的领导、管理和检查，责任和权力都交给地方”。明确了中央对基础教育只进行宏观规划和指导，将基础教育的管理权下放给地方的“地方负责、分级管理”的基础教育管理新体制，在这种体制下，具体政策、制度、计划的制定和实施以及对学校的领导、管理和检查都是地方的权力和责任。1986 年颁布的《中华人民共和国义务教育法》规定“义务教育事业，在国务院领导下，实行地方负责，分级管理”，第一次以法律形式明确了基础教育行政管理体系，对中央和地方的管理权限做了明确划分。

为适应党的十四大“建立社会主义市场经济新体制”这一改革目标，

1993 年，中共中央、国务院颁布了《中国教育改革和发展纲要》。《纲要》指出："深化中等以下教育体制改革，继续完善分级办学、分级管理的体制。"提出了 20 世纪 90 年代和 21 世纪初基础教育行政体制改革的目标。之后，教育行政管理体制改革全面推进，分级办学、分级管理的基础教育管理体制继续得到完善，逐步打破了过去由国家包揽办学、过度集权的体制。地方政府的权责不断加大，增强了地方办好基础教育的责任感，充分调动了地方兴办基础教育的积极性，这使"普九"工作在政府投入不足的情况下仍得以较快地推进。解决政府缺位问题是这个阶段基础教育管理体制改革的重要任务，最终是在"地方负责、分级管理"体制的基础上进一步提出了"以县为主"的管理体制。1993 年《纲要》和 1994 年《关于〈中国教育改革和发展纲要〉的实施意见》进一步明确了各级政府的责任，尤其突出了县级政府的责任，要求"政府要切实转变职能，改善对学校的宏观管理"，"属于学校的权限，坚决下放给学校"。2001 年 5 月 29 日，国务院颁布《关于基础教育改革与发展的决定》，明确提出"要进一步完善农村义务教育管理体制，实行在国务院领导下，由地方政府负责、分级管理、以县为主的体制"。在基础教育管理体制改革上，这一决定对农村基础教育给予了特别关注，将原来基础教育由地方负责、分级管理（"省、地、县、乡"四级管理）的体制，改革为由地方负责、分级管理（"省、地、县"三级管理）、以县为主的体制。至此，我国基础教育管理体制已经基本发展成熟。

为了更加明确农村义务教育的责任主体，2002 年出台的《国务院办公厅关于完善农村义务教育管理体制的通知》明确规定：

1. 农村义务教育实行"在国务院领导下，由地方政府负责、分级管理、以县为主"的体制。县级人民政府对农村义务教育负有主要责任，省、地（市）、乡等地方各级人民政府承担相应责任，中央政府给予必要的支持。

……

13. ……乡（镇）人民政府不设专门的教育管理机构，乡（镇）有关教育工作由乡（镇）长直接负责，乡（镇）可在核定的行政编制内确定一至二名助理或干事协助乡（镇）长管理具体教育事务，并接受县级教育行政部门指导。教育教学业务管理由乡（镇）中心学校校长负责。

中小学布局调整政策执行过程中，为了保证布局调整的力度和规范，使用的是项目管理方式。这种项目运作制进一步明确了布局调整过程中的行政级别。为了保证布局调整专项资金分配和项目管理工作顺利推进，2003年6月11日，财政部也专门下发了《关于印发〈中小学布局调整专项资金管理办法〉的通知》，其中对专项资金的使用情况做了严格的规定：

第五条　布局调整专项资金在每年全国人民代表大会结束后，由财政部采用因素法等科学合理的方法确定预算控制数，并下达到有关省份。

有关省份财政部门参照中央控制数分配办法并结合本省实际情况，将中央专项资金和省级补助资金预算控制数一同下达到县（市）。

县（市）财政部门和教育部门根据本办法规定和省级财政部门下达的预算控制数，结合本地实际，确定备选项目并由备选项目学校填报《中小学布局调整专项资金项目申请表》，逐级审核上报省级财政部门。

省级财政部门商教育部门筛选确定备选项目后，由省级财政部门将本省备选项目情况上报财政部，并填报《中小学布局调整专项资金备选项目情况表》。《中小学布局调整专项资金项目申请表》由省级财政部门留存备查。

财政部对各地所报备选项目进行审核确认，并根据项目情况相应调整预算控制数后，正式下达本年度中小学布局调整中央专项资金预算。

……

第十二条　布局调整专项资金实行专户管理，封闭运行。专户由地（市）、县（市）级财政部门设立。资金集中在地（市）、县（市）级管理，实行集中支付，不得下拨至乡镇及项目学校，确保专款专用，提高资金使用效益。

中央专项资金和省级补助资金以及其他用于项目学校建设和改造的专项资金，必须全部纳入专户管理。

各省、自治区、直辖市、计划单列市（以下统称省）财政厅（局）

要根据下达的项目学校预算，及时将专项资金下拨到地（市）、县（市）财政部门。

项目学校属地（市）本级的，专项资金由地（市）财政部门集中管理，并办理拨款事宜；项目学校属县（市）及县（市）级以下的，专项资金由县（市）财政部门集中管理，并办理拨款事宜。

在财政管理方面，布局调整专项资金是直接入账到地（市）、县（市）一级的专户。省级财政和教育部门主要负责审查各县（市）上报的布局调整方案及专项资金项目申报表。

在这个过程中，各级财政部门对专项资金进行监督检查，督促资金专款专用。在经费使用中，如果某些项目经费需要调整或终止，需要经过相关程序逐级审核上报后由省级财政部门审定，并报财政部备案。

第十三条　各级财政部门要切实加强对专项资金使用的监督检查，建立项目实施进度监测和信息反馈制度。有关省、地（市）、县（市）要对项目实施进展进行监测，次年1月底前要向财政部上报上年项目实施的总体情况（具体表式附后）。

第十四条　各地要严格执行财政部审定下达的项目预算，不得自行调整。确需调整的，由项目学校重新填写《中小学布局调整专项资金项目申请表》，并附调整原因说明，按照原项目申请程序逐级审核上报省级财政部门，经省级财政部门审定后方可调整，并按调整后的项目预算执行。项目预算调整后需追加预算的，由各地自行解决，中央不再另行安排专项资金；需调减预算的，调减资金由地（市）、县（市）财政部门按照本办法第二条和第三条规定的范围，继续安排用于当地中小学校建设。项目预算调整情况及调整原因，由省级财政部门报财政部备案。

项目预算执行中因故需中止的，要逐级上报省级财政部门审定后中止。原项目资金由当地财政部门按照本办法第二条和第三条规定的范围，继续安排用于当地中小学校建设。新选定项目视为调整项目，按本条前款项目调整程序逐级审核上报，经省级财政部门审定后执行。省级财政部门要将项目中止原因及新审定项目情况报财政部备案。

第十五条　对布局调整专项资金管理建立奖惩制度和项目管理责任追究制度。对严格按照规定管理使用资金，项目建设组织实施得力，成效显著的省、地（市）、县（市），财政部在下一年安排资金时，给予奖励。对因工作不力、管理不严造成国有资产流失以及出现挤占、挪用、滞留专项资金等责任事故行为，要按照有关规定，追究有关责任人的责任；同时视情节轻重，缓拨、减拨、停拨及追回中央布局调整专项资金。

从我国教育行政管理体制来看，基层官员处于自上而下的管理系统的最底层。在农村中小学布局调整政策系统中，国务院制定各种纲领性政策，是最高管理部门；教育部推出的一系列政策、财政部制定的经费使用方案，无不是根据国务院的相关政策文件。到了省级教育管理部门，则需要同时兼顾中央部委的多项规定和要求，而后传递到地（市）级教育管理部门。这些部门的政策、意见和要求则最终落到教育管理的最后一个级别——县。

因此，从行政管理的视角来看，布局调整的行政级别可以划分为如图4－1所示。

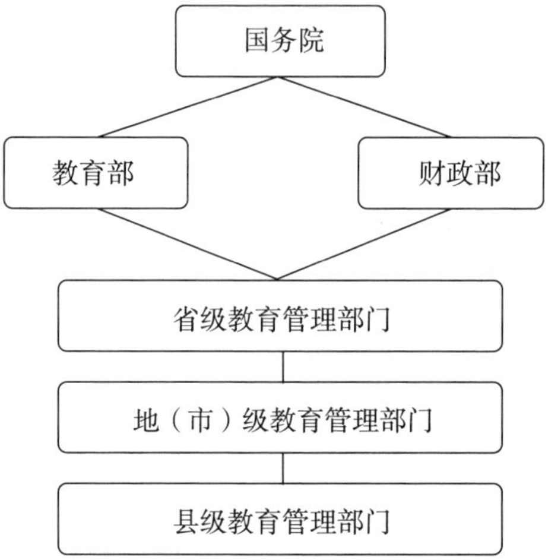

图4－1　布局调整过程中的行政管理层级

权大于法，这是很多基层官员在工作中的具体体会。唐斯（Downs）提出组织控制的“控制递减”规律，一般来说，直接上下级的约束与规制最为严格，组织规模越大，上级领导者对下级行为的控制力越弱①。县（市）教育局作为乡镇义务教育的直接负责部门，基本直接听命于地（市）或省级的管理。行政规制虽然对基层官员有着强烈的权力限制，但是各个行政级别却有着“潜在的规则”——不允许越级。也就是说，一个层级的管理者只能向上一层级管理部门汇报，而上一层级的管理部门也只接受下一层级的申诉。对于基层官员而言，则主要威慑于上一级行政管理部门的约束，通常表现为“天高皇帝远”、“县官不如现管”的心理和现象。同时，由于直接上下级可以通过会议、谈话等多种形式进行直接交互，上级的政策偏好也多会通过“讲话”、“会议”的形式传递给基层官员，且这种“无字天书”往往约束力更强，但更加难以把握。

通过问卷调查得到的群体特征与访谈内容表达的观点也非常一致（见表4－1）。

表4－1　行政规制的影响程度

自变量 （行政规制主体）	因变量 （基层官员被管制程度）	影响程度平均值 （方差）
国务院、教育部	按影响程度填写， 影响非常明显为5， 影响非常不明显为1	3.2（1.1）
上级领导		4.3（0.8）

布局调整政策的经费是直接来自国家财政部，省级、地（市）级财政部门既可追加教育经费也可不追加。对于农村义务教育，资金缺乏一直是困扰教育主管部门的大问题。现在既然有了这样的一个获得国家资源的时机，省级教育和财政部门对各地（市）、县（市）的布局调整的经费预算基本是“大开绿灯”。

兰西市教育局刘局长（布局调整时任副局长）：省里对我们的布局调整工作非常关心，多次强调要加大力度。一次去州里开会，会上领导指示这个政策非常好，就像三伏天送来了大雪糕。你吃得慢就化得多，不吃就

① 安东尼·唐斯. 官僚制内部［M］. 郭小聪，等，译. 北京：中国人民大学出版社，2006：152.

全化了。我们第一次上报的布局调整项目方案就被打回来了，当时报的经费数量大概是 1000 万元。领导批评我们局长没有气魄，放不开手脚。我记得开会的时候是这样说的，上报的数量，肯定不会都给的，肯定要压一点。如果我们自己就报得少，审核之后就更少了。后来增加到 3000 万元。准备把所有的中学都集中到乡镇或者县里，小学每个乡镇不超过 3 所。当然，后来小学又增加了 1 所，这样每个乡镇保留 4 所小学，离县城比较远的保留 1 所中学，近的就直接到县城来读书。

又如开和县主管行政领导对撤并学校的数量和寄宿学生的数量比较重视，认为布局调整其实是集中力量创办“好学校”，同时数量是体现绩效成绩最直接的指标。这种政治偏好对教育行政管理人员造成的直接影响体现为追求学校撤并的数量和新建学校的规模。如开和县教育局局长略带点自豪的语气拿着文件说：“到 2012 年，开和县将要撤并 189 所完全小学、初级小学，占现有完小、初小总数的 72%。”在问到布局调整过程中出现的问题时，局长则认为他自己的工作是“认真贯彻领导的讲话精神，都是按照领导的要求去做，至于具体的工作，都是由各乡镇具体落实的”，对于自己是如何开展工作，似乎是避而不谈，认为自己既没有权力决定如何去做，也没有机会真正去做。

在行政规制上，农村中小学布局调整政策经历了从行政“程序控制”到资源“实质控制”的变化。布局调整政策执行之初，问题并没有特别明显，政策执行的具体工作更多地授权给基层组织。当问题比较凸显的时候，如各地因为片面追求撤并学校的数量和学校规模导致了不良教育后果，授权就变得复杂起来，因为政府部门、群众都希望基层官员采取合理的政策措施，避免被自我利益驱使的基层官员在政策执行中出现过度偏差。

二、横向的部门制约

一项教育政策的执行通常需要各个部门的配合才能得以进行。从布局调整政策制定的角度来看，国务院颁布的《关于基础教育改革与发展的决定》对布局调整做了方向性规划之后，财政部配合出台《中小学布局调整专项资金管理办法》从经费上予以支持，当布局调整在执行过程中出现片面追求学校规模、撤并数量以及新建寄宿制学校之后，教育部连续出台了两个文件——《教育部办公厅关于切实解决农村边远山区交通不便地区中小学学生上学远问题有关事项的通知》和《教育部关于实事求是地做好农村中小学布局调整工作的通知》，对各地布局调整工作进行规范。从政策制定层面而言，各个部门之间协调配合，为推动政策发展从不同角度予以支持或限制。

布局调整政策到了县级层面，也要涉及诸多部门。这一点可以从青海省开和县成立的布局调整工作领导小组的成员名单中看出。

组　长：赵××　县委书记
副组长：李××　县人大常委会主任
　　　　赵××　县委副书记、县政府县长
　　　　刘××　县政协主席
　　　　徐××　县委副书记
成　员：郑××　县委常委、县政府常务副县长
　　　　安××　县委常委、县纪委书记
　　　　孙××　县人大常委会副主任
　　　　陈××　县政府副县长
　　　　滕××　县政府副县长
　　　　金××　县政协副主席、教育局局长

领导小组下设办公室于县教育局，教育局局长兼任办公室主任。同时下设校舍工程建设和教育布局结构调整两个工作组。

1. 校舍工程建设工作组成员

组　长：赵××　县委副书记、县政府县长
副组长：安××　县委常委、县纪委书记
　　　　孙××　县人大常委会副主任
　　　　陈××　县政府副县长
成　员：曹××　县发改委主任

张××　县财政局局长

杜××　县纪委副书记、监察局局长

李××　县城建局局长

张××　县国土局局长

张××　县环保局局长

沈××　县卫生局局长

于××　县安监局局长

李××　县交通局局长

薛××　县地震局局长

舒××　县电力局局长

王××　县教育局副局长

张××　县城市执法局局长

韩××　县自来水公司经理

杨××　县供热中心主任

主要工作职责：在领导小组的领导下，负责学校工程建设。

2. 教育布局结构调整工作组成员

组　长：徐××　县委副书记

副组长：滕××　县政府副县长

刘××　县政协副主席、教育局局长

成　员：曹××　县发改委主任

张××　县财政局局长

李××　县城建局局长

张××　县国土局局长

李××　县交通局局长

何××　县政府办公室副主任

王××　县教育局副局长

马××　××乡乡党委书记

展××　××镇镇党委书记

朱××　××镇镇党委书记

刘××　××乡乡党委书记

郝××　××镇镇党委书记

肖××　××镇镇党委书记

易××　××乡乡党委书记

鲁××　××乡乡党委书记

何××　××镇镇党委书记

张××　××镇镇党委书记

王××　县城市社区管委会主任

主要工作职责：在领导小组的领导下，负责教育布局结构调整工作的调研、规划和实施。

从这些参与的成员来看，教育政策的执行要在县委的领导下进行，同时县委有权要求其他部门参与到教育政策执行当中来。这就意味着布局调整政策不仅是教育主管部门单独决策，还需与其他部门配合与协调。由于我国政府体制中广泛存在“政策部门化，部门利益化”的现象，各个部门首先考虑的是自身利益或工作量，教育主管部门和这些部门之间还会存在竞争和制约。

这么多的部门参与，使得教育政策执行变得更加复杂。这也许就是教育局长们所说的“常有小鬼来捣乱”。以开和县巴燕初级中学的调整过程为例。巴燕初级中学是在原来开和一中的基础上调整形成的。一中是完全中学，也是开和县历年升学率最高的一所学校。按照教育局局长的想法，“最好的学校最好不要动，学校规模也不要大动，这所学校动坏了，那就没有老本了”。值得一提的是，开和县从2008年开始对开和县城进行城市规划，准备把县城中心往西北方向移，因为西北方向有国道，交通便利，也便于物质运输、经济发展。但是，由于人们已经习惯了老城区的生活，不愿去改变自己的生活。而且迁往新区要重新购房，虽然政府已经大大压低了开发商的楼价，但是对于普通居民来说仍是一个很高的价位。因此，虽然新区已经基本开发完毕，但是搬迁工作迟迟没有进行。在教育布局结构调整小组成立的时候，参与会议的城建局局长建议将一所学校迁往城市规划新区，以教育拉动城市建设。为了保证拉动的效果，提出最好迁开和一中。当教育局局长听到这种提议后，当即就拒绝了这种方案。当时他说："教育要求稳，不应该拿一所最好的学校开刀。新建的城区各个方面还没有完全建好，就把学校迁过去，很多条件肯定也跟不上，老师们没地方住，来回跑很耽误事，而且学校风气也不好树，你想，老师都不能保证，哪能保证教学。"参加会议的其他部门领导也纷纷赞同这个观点。这次会议上，县长并没有明确表态，只是说这个事情要从长计议，好好考虑考虑。

会后，城建局局长找了县长。城市规划建设是现任县长到任后一手抓起来的。据老百姓说，拆迁的时候县长坐在车上，看到哪个地方需要拆除，就用手一指，后面跟着的铲车立即行动将相应建筑铲除。县长姓赵，因此当地人称其为"赵一指"。当时城建局局长的工作主要归县长管理，必须征求县长的意见。县长的意见是，迁开和一中这个意见可以采纳，但是要注意工作方式。有了县长的肯定，城建局局长立即活动起来。他先是找到县财政局，询问了新建学校经费申请和使用的细则问题，然后到国土局通过快捷的方式办理了新建学校使用的土地证，随后又取得了县委办公室的支持，让县委办公室联系开发商竞标开和一中现在的地址。在第二次中小学布局调整会议上，迁开和一中的方案通过提前"串联"的方式获得了半数以上的赞成票。教育局局长没有想到仅仅过了 16 天，局势竟发生了如此转变。没有办法，他也只能同意开和一中的搬迁。

此外，对于开和一中建筑商的竞标过程，也一直是县委办公室主导，中间也发生了曲折的故事，而县教育局一直被排除在过程之外。

由此可见，由于政策执行到基层之后的分工，县级各个部门都有参与其中的机会，各部门在考虑如何执行政策的时候主要考虑本部门的任务和利益，努力扩大本部门的权力范围和利益空间。而本来应该协作互助的部门往往会产生冲突或制约。

产生这种现象的原因可能有两个。首先，从行政管理组织之间的关系来看，各个部门之间利益相互独立——"我的是我的，你的是我的就更好了"，缺乏统筹协调，条块化严重，很难谋取一个共同的目标；其次，从行政管理组织内部来看，由于教育主管部门本身对政策执行存在摇摆性和不确定性，当政治程序呈现出不可抗拒的“合理性”的时候，他们很容易放弃自己原来的计划。

基层官员的政策执行过程充满了复杂的相互影响的因素：

第一，基层官员工作处于高度不确定的情境。他们每天都要面对不同的服务对象，需要处理复杂甚至难以预测的问题。普罗塔斯认为，这些群体对于基层官员有着双重意义。首先，基层官员把这些群体看作没有太多选择的服务对象；其次，基层官员也必须通过服务这些群体完成工作。基层官员与目标群体之间的关系是复杂的，甚至是不确定的①。

第二，基层官员需要达到的通常是模糊的甚至相互冲突的目标。目标的模糊性通常来自政策制定者缺乏对政策问题的共识，不同的行政管理部门、管理者对同样问题的理解是不同的，倾向的措施行为也不尽相同。由于处于行政级别金字塔的底层，基层官员必须处理这些不确定的问题。在教育领域，政策目标和任务的模糊性是非常普遍的，因为每个人心中都有自己的教育观念。有时基层官员更倾向于通过上一级行政管理部门获取直接的信息。

第三，基层官员开展工作时通常不能获取足够的政策资源。有限的政策资源从两个方面影响基层官员。首先，由于资源有限，他们不能让所有的人得到相同的服务或资源，基层官员似乎也乐意选择他们偏好的群体，这样会显示出作为基层官员的权力。其次，如果缺乏政策造成服务质量低下，基层官员要承担一定的过失责任。当然，政策资源不仅是资金，也包括人力、信息和时间。通常，基层官员也就选择他们能做的事情而不是他们愿意做或者被要求做的事情②③④。

---

① Hasenfeld, Y, Brock, T. Implementation of social policy revisited [J]. Administration and Society, 1991 (22): 451 -479.

② Lipsky, M. Standing the study of public policy implementation on its head [M] // W. D. Burnham and M. W. Weinberg. American politics and public policy. Cambridge, MA: MIT Press, 1978: 277 -279.

③ Lipsky, M. Street-level bureaucracy: The dilemmas of individuals in public services [M]. Cambridge, MA: MIT Press, 1980: 104 -105.

④ Zald, M N, Garner, R A. Social movement organizations: Growth, decay, and change [M] // Mayer N. Zald and John D. McCarthy. Social movements in an organizational society. New Brunswick, N. J.: Transaction Books, 1987: 121 -141.

第二节　政策标准

政策标准意味着需要根据规则和现有资源对目标群体进行统一处理。政策标准一般体现着政策制定者和行政管理部门的偏好，体现为规则和法规的形式。而基层官员在政策执行的过程中又面对目标群体的偏好。这两种偏好之间的冲突导致基层官员陷入困境①。

政策标准的来源有如下几种。

一、政策文本

政策文本也称公共政策话语。既然不同层级之间的行政部门不会直接交互，那么上级管理部门如何保证信息完整、准确地传递到基层管理部门呢？这就要依靠政策文本。政策文本作为基层官员的行动框架，会从时间、频率、程度、范围等多个方面形成直接的或潜在的规制。基层官员通常称这些文件为“红头文件”，明确其强烈的规制力量。政策文本是基层官员政策执行最直接的参考和依据。

但是文本本身具有抽象表达的特征，因此不同的基层官员在解读政策文本的时候，会受到个体知识、经验、目的和价值判断的影响。在政策执行阶段，基层官员又要将抽象的政策文本转化为具体的行动，在真实、复杂、多样的情境中将政策“再脉络化”。同时，基层官员还要面临上级主管部门对政策文本的再阐释。这就产生了政策文本意义的累积，结果导致基层官员忽略了政策文本本身的意义。

首先，文本的模糊性给基层官员的政策执行造成不确定性。如《国务院关于基础教育改革与发展的决定》第 13 条指出：“因地制宜调整农村义

① Lipsky, M. Street-level bureaucracy: Dilemmas of the individual in public services [M]. New York: Russel Sage Foundation, 1980: 112 - 116.

务教育学校布局。按照小学就近入学、初中相对集中、优化教育资源配置的原则，合理规划和调整学校布局。农村小学和教学点要在方便学生就近入学的前提下适当合并，在交通不便的地区仍需保留必要的教学点……在有需要又有条件的地方，可举办寄宿制学校。”从政策文本的描述来看，并没有提供如何进行布局调整的具体指导。文本当中所有的形容词，几乎都是修饰性用途。文本描述中的“就近入学”没有固定距离或者时间，“相对集中”没有明确学校规模，“适当合并”也没有规定数量。尤其是在指导究竟如何撤并学校的阐释中的“方便”、“适当”，在保留学校时用到的“不便”、“必要”等词语，均提供了一定的解读空间。但是，文本本身要表达的主题很明确：第一，学校要适当合并；第二，不能造成学生辍学；第三，可举办寄宿制学校。这种政策文本，一方面要求要有行动，同时对行动的描述极其模糊，这给政策执行带来了很大程度的不确定性，使得基层官员无法确定究竟该如何制定布局调整的规划方案。在这种情况下，基层官员往往会根据自己的理解和现实状况制定相应的措施和方案执行政策，并以国家和政府的名义赋予自己的行动以合理性。

青海省开和县教育局局长在第三次被问到“根据什么标准撤并大多数学校”的问题时，他这样阐释了自己的理由：

说实话，那个什么文件啊，我就扫看过一遍，还是在开会的时候。因地制宜，你说什么叫因地制宜？你要问我标准，说实话，没什么统一标准，有统一标准还叫因地制宜吗？国家既然出了这个文件，那就是说可以撤点并校，也可以说现在的学校有问题。有问题你能不解决吗？国家出了文件，其他地方都落实了，你不落实，行吗？早就卷铺盖回家了。

由此可见，文本的模糊性首先表现为难以理解，其次表现为没有明确的行为标准可以参照。从政策执行的角度来看，虽然政策文本赋予了基层官员一定的行政自由裁量权，但是在目的、范围、标准、时间等都不确定时，政策执行就会难以顺利进行。如何在“模糊”的标准中进行“因地制宜”，对于基层官员是极大的挑战。

提到布局调整政策，开和县教育局局长几乎能够把相关的条款都背诵出来。但他反问道："你觉得'因地制宜'该如何做？""制定政策的人是一麻袋红薯，看着是一袋，实际上都是一个一个的红薯。我敢肯定他们的意见在当时肯定不统一，因此用'因地制宜'这样的词。到了我们下边就难办了。"我尝试问道："撤并学校的标准是如何制定的？有没有统一为上学路程、上学时间或者人口范围。"局长立即反驳说："那不就是一刀切了吗？我们没有。我们都是一个学校一个学校地跑，根据每个学校的实际情况来确定是保留还是撤并。"我问："如何根据学校的具体情况呢？"局长略带自豪地说："我们是充分征求广大师生、家长的意见，投票来决定。"

而乡镇的负责人则很务实。中心小学校长告诉我，他"就没看过文件，都是跟局长或者书记电话或会议交流。文件是对全国，全国 960 万平方公里，拿到我们这里能用吗？"

在基层官员不明确如何根据政策文本采取行动的时候，各个地方基层官员一般会采取观望状态。因此，在国务院 2001 年颁布《关于基础教育改革与发展的决定》之后，一些地区（尤其是农村、偏远地区）并没有立即采取大规模的学校调整。云南省兰西市从 2001 年到 2005 年底，一共撤并了 12 个教学点，而且这 12 个教学点都是由于村寨人口规模小、学龄期儿童数量过少撤掉的，其中，学生数最多的一个教学点只有 8 名学生、1 位教师。2006 年，教育部办公厅颁发了《关于切实解决农村边远山区交通不便地区中小学学生上学远问题有关事项的通知》，针对某些地区农村中小学布局调整过程中出现的学生失学、辍学和上学难等新问题，对各地布局调整要求"实事求是，因地制宜"，并要求各地教育行政部门"慎重对待撤点学校"。继而，教育部又发布了《关于实事求是地做好农村中小学布局调整工作的通知》，总结了有些学校布局调整后出现的学生辍学、大班额授课、寄宿条件差及教育资源流失等问题，再次重申布局调整一定要"以人为本"，"充分论证，统筹安排，稳妥实施"，要本着"先建设、后撤并"的原则实施布局调整。这两个文件本是为了调控布局调整过程中出现的问题，但对于很多基层官员而言是传递了另外一种信号。兰西市教育局局长这样说：

看到这个文件，我才知道我们落后了。赶紧让下面的人去看看人家是怎么做的……人家都在搞撤点并校，教育条件越好的地方撤得越多。你看江苏，一年就撤掉几万所学校，江西一年也撤掉了五千多所。学生都集中在好学校上课，校园又大又漂亮，宿舍干干净净，多卫生，管理也方便，教学质量也容易提高。我们有的学生还挤在土坯房里上课，老师也找不来，来了的两年又走了。这样下去什么时候才能出成绩呢。我在任期间一定要为大家做点事情……

由此可见，对于国家层面制定的政策文本，基层官员可以做出多方面的理解。他们一般会采取利于自身行动的方式解读政策，使得教育政策在执行过程中一方面显示出对国家政策的遵从，同时又为政策执行行为创造了自由裁量的空间。

作为指导基层官员政策执行行为的规范，政策文本多表现为"指令"、"禁令"，如"对于学龄儿童少，学生居住相对分散的，要采取合校分班、走教送教和普及推广教学光盘等方法"，"防止在中小学布局调整过程中出现新的学生失学、辍学和上学难问题"。这些"指令"、"禁令"有着明显的规制作用，基层官员即便不知道如何去做，也要寻找途径根据指令实施行动，不过在这个过程中，基层官员一般很难准确地把握政策文本的意图和价值，同时，也容易产生有意或无意的误解。

二、制度

制度普遍而广泛地存在于社会生活的各个方面，从不同学科和维度有着不同的观察和思考角度，传统的理论和研究给予制度以不同的界说。

社会学的研究一般从人类社会理解制度。如塔尔科特·帕森斯认为"制度可以叫做复杂的制度化的角色整合，这种整合在所谈及的社会系统中具有战略性结构的意义"①。而政治学家认为制度是"在有关价值的框

① D. P. 约翰逊. 社会学理论［M］. 南开大学社会学系，译. 北京：国际文化出版公司，1988：521－522.

架中由有组织的社会交互作用组成的人类行为的固化模式”[①]。法学家则注重从“规则”和“制度”之间的关系中理解制度，如麦考密克（Neil MacComick）提出制度“存在于规范或规则的背景中，并为规范或规则而存在，这些规范或规则各自对人在社会背景中的行为赋予意义，使之合法、加以管理甚至认可”，同时“制度是用规则或通过规则表述的，任何规则的出现、发展或进化的过程都可能是制度的出现、发展或进化的过程。这主要取决于有关的机构将规则的发展和进化加以概念化的方式”[②]。影响范围最为深远的要数经济学对制度的研究，制度经济学和新制度经济学都把制度看作一种规则及规则构成的秩序，道格拉斯·C.诺思（Douglass C. North）认为“制度是社会的游戏规则，更规范地说，它们是决定人们相互关系而人为设定的一些制约”[③]，“是一系列被制定出来的规则、守法程序和行为的道德伦理规范，它旨在约束追求主体福利或效用最大化利益的个人行为”[④]。行为约束是多样的，有些规则对全体社会都有约束力，有些规则是为利益主体在不同环境下设定的；有的规则容易变更，有的规则则在较长时间内不易变更[⑤]。至此，可以认为各个学科对制度的研究重点虽然不尽相同，但是也有共识之处。本书更多采用经济学对制度的研究结论，将制度视为产生于一定社会历史条件下规范人的社会行为的正式和非正式的规则体系。

正式规则所组成的制度一般具有导向性、强制性和规范性等特征，如农村中小学布局调整政策对于农村地区教育系统的影响。这种规则能够得到最大限度的认可，以不可抗力指导和规范人们的行为，以便于维护或者

---

① 杰克·普拉诺. 政治学分析辞典［M］. 胡杰，译. 北京：中国社会科学出版社，1986：77.

② 麦考密克，魏因贝格尔. 制度法论［M］. 周叶谦，译. 北京：中国政法大学出版社，1994：19－20.

③ 道格拉斯·C.诺斯. 经济史中的结构与变迁［M］. 陈郁，罗华平，译. 上海：三联书店上海分店，1991：3.

④ 道格拉斯·C.诺斯. 经济史中的结构与变迁［M］. 陈郁，罗华平，译. 上海：三联书店上海分店，1991：67.

⑤ 道格拉斯·C.诺斯. 经济史中的结构与变迁［M］. 陈郁，罗华平，译. 上海：三联书店上海分店，1991：180，196.

调整某种社会关系和利益结构。但同时也有非正式规则的存在，如制度话语，其不一定有统一的内容和形式的正式文本，却同样具有行政权威性。此外，还有约定俗成的制度信仰，如道德规范、社会风俗等，对个体行动者同样造成“未阐明规则”的规制和约束。

教育行政管理机构是政策的执行主体，其行为必然受到制度的规制。规制行为所依据的法律法规既可能来源于宪法或其他立法者制定的法律，也可能来源于行政机构依据授权原则制定的具体行政规章。当县（市）作为教育分级管理的主要责任主体的时候，制度上对其职能进行了约束：“对本地农村义务教育负有主要责任，要抓好中小学的规划、布局调整、建设和管理，指导学校的教育教学工作；调整财政支持结构，加大对义务教育的投入，统一发放教职工工资，保证学校工作的正常运转；加强教师队伍建设，负责中小学校长和教师的管理；进一步动员和组织社会各方面支持教育发展。”由此可见，县级教育管理部门对本地农村义务教育的布局规划、财政投入、教师工作、校长教师管理等负有主要责任。那么，这种制度约束中，最容易外显的则是教育经费数量、办学条件和教师待遇。

县级层面的基层官员在执行政策时，不但要考虑政策本身的意图，还要权衡与之相关的各种要素。如布局调整的主要任务是对学校布局进行规划调整，而调整过程中的校产校址、师资、教学条件、教师待遇都要一并考虑。或者说，通过某项政策的执行附加解决相应的其他问题，“以最小的投入获取最大的收益”往往成为基层官员政策再制定的行为准则。

三、话语

除了政策文本、政治或行政制度对政策标准进行明确的界定之外，在布局调整政策执行过程中，还有一些非正式的政策标准，那就是各级领导人的会议讲话或者谈话。在政策执行过程中，这些讲话、谈话往往对基层官员执行政策所遵循的标准产生最直接的影响。

如巴库小学所在州的教育局局长在年度总结大会上谈到其他地区的布局调整获得表彰的案例时说：“和 2002 年相比，这个地区普通小学从 1892

所减少到1023所，教学点从1620个减少到58个，成绩显著，得到了省上的表扬和奖励。作为同级单位，我们也不能落后。”同时，“省上”对相关地区的布局调整政策执行给予“表扬和奖励”，也是以非正式方式对追求学校撤并率的正式认可。

讲话作为政策标准对指导基层官员的政策执行有着直接、强烈的效力。开和县教育局工作人员关于自己工作过程的相关表述也印证了这一观点：“很多文件下来，我们负责接收，现在都是用传真多一些，不重要的发邮件或者办公系统，有时候也通过QQ传。我们把这些文件整理给局长，局长也去上面开会，回来后给我们传达一下精神，分配任务。说实话，那些文件我都没怎么仔细看过，有时候开会的时候翻一翻，主要还是局长定怎么办。该通知乡镇、学校的就通知，该去检查工作就去检查。”一部电话、一部传真机、一部打印机、一台电脑、一组文件柜，这就是基层教育管理部门的必要工具。而作为确定最终撤并学校名单的中心学校校长，就更没阅读过政策文本了。在访谈过的12位校长、19位副校长中，所有的人都称这项政策为“撤点并校”，而对“布局调整”有27位校长需要“再解释一下”才能明白，工作中“主要听上面安排，有问题可以电话沟通，不过很少。实在遇到问题了就让上面派人来解决”。

在布局调整政策执行过程中，基层官员需要遵循一定的政策标准。在这个过程中，政策文本、政治制度都对他们的行为产生一定的约束和指导作用，除此之外，还有重要的领导讲话和会议精神作为非正式标准的正式权力得以应用。在这些政策标准中，基层官员试图努力寻找“具体化”的标准描述，具体化最直观的表现又是“数字”，于是“数字”就成为具体化的首要要求。

第三节　政策资源的供需

政策执行需要政策资源的支持。政策资源作为社会资源的一个组成部分，具有社会资源的一般特性。但是，几乎所有的基层官员都抱怨自己政策资源匮乏①。

如果政策资源的需求和供应是平衡的，则不会出现困境。不过，在大多数基层官员的具体工作中，政策执行对资源的需求往往会超出资源的供应。那么，是否追加资源，就成为基层官员的一种决策困境。有研究者将追加资源的政策执行称为“孵化”，而不追加资源的政策执行称为“生产”。在调查中，笔者发现有的学校撤除的原因不是因为学生数额不足，而是因为危房比例高、维修经费迟迟未到；有的学校是因为教师紧缺，无法在短时间内得到补充……由此可见，在困境中的基层官员，多数不会也不能追加政策资源，只是做了“自己能做的事情”。

一、经费

经费是基层官员认为困扰地方教育发展的一个最重要因素。我国农村教育经费主要来源于国家财政拨款和社会集资。国家拨款一般是根据不同地区的情况按生均经费来拨付。社会集资渠道比较多样化，比如社会捐赠、村民集资、个人投资等，但是额度和数量都比较有限。尤其是农村税费改革之后，乡镇、县市收取的教育费附加税收入为零。因此，农村基础教育经费主要依赖于国家的财政拨款。但是，仅靠拨款往往又难以维系学校的日常运行，如教师工资经常以白条的形式无法兑现。尤其是 2000 年国家要求各地实现“普九”任务，需要县级政府承担的多以“欠债”的形式体现。如云南省 2006 年底还有 17 个县需要“普九”，而“两基”的教育欠债已经达到 39 亿元。开和县 2004 年财政收入只有 4172 万元，而该年度教师工资支出就达到 3491 万元。危房、寄宿制学校一直处于悬而未决的状态。

对于这样巨大的教育经费缺口，县级政府往往表现出“无能为力”的态度。开和县一位副县长说：“每年的收入就是固定那么多，因为国家要

---

① Lipsky, M. Street-level bureaucracy: Dilemmas of the individual in public services [M]. New York: Russel Sage Foundation, 1980: 89.

求不能拖欠老师们的工资，说实话我们也不想拖欠。有钱就给老师发工资，其他的都顾不上。这些年新楼也盖了一些，都是我们到处拉赞助拉来的，拉来的赞助人家有规定，定了干什么就必须干什么，不能随便用。”要求全部拆除D级危房的兰西市，公布的信息是“全市拆除D级危房23182平方米”，市教育局局长说：“必须拆除，上面规定的。但只拆不建不行啊，教室紧张。如果要达到国家规定的人均教学面积，9000万元差不多刚刚够，可现在是没有……”

对于最终达成一个公共政策目标的成果，资金投入是少数极其重要的条款之一。有足够的经济来源才能做长远的计划、人员安排，确保政策正常运转以及顺利完成政策目标。归根结底，资金是义务的品质保证[①]。在政策执行中，资源（A）由两部分组成，即基层官员当前拥有的资源（B）和达成政策执行目标所预期获取的资源（C）。用公式可以表示为：A = B + C。资源的多少决定着实际达成目标的效果以及耗费的成本。基层官员为了获取更多的资源，在占有一定资源的基础上，由于感知的资源极度匮乏，作为行动个体，他们在政策执行中的应变性有以下四种表现：其一，对当前占有资源B的评估；其二，对预期获取资源C的评估；其三，对政策目标进行再次解读；其四，重新制定资源获取途径和范围。在此基础上，基层官员往往会出现对当前占有资源的过低估计以及对预期获取资源的过高期望。

二、人力

在教育政策执行中，主要责任承担部门还是县级教育局，尽管工作小组可能涉及多个县级部门。对于具体的一项政策，往往是由县级教育局相关科室主要负责（见表4－2）。

① 拉雷·N.格斯顿. 公共政策的制定——秩序和原理［M］. 朱子文，译. 重庆：重庆出版社，2001：114.

表4-2　兰西市教育局职能部门及其主要职能

职能部门	人数	主要职能
行政办公室	1	综合协调机关日常工作，负责各类公文的运转和管理工作；负责局重要会议决定及重点工作落实情况的督察；负责文秘、外事、信访、信息、对外宣传、档案、保密、接待及局机关后勤服务工作
计划财务股	3	贯彻执行上级财政方针、政策，拟定全市教育财务制度、法规，并组织实施；负责教育经费的筹措及管理，落实各级政府出台的增加教育投入的各项政策；负责局属学校教学设备配置和房屋修缮工作，负责编制市本级教育事业预算、决算；协调管理教育专项经费；监督管理局属单位的国有资产和财务工作；负责机关财务工作和全市教职工工资发放的督促检查工作；承办局领导交办的其他工作
人事股	2	贯彻执行上级有关人事、劳动、工资等方面的方针、政策，拟定有关具体政策和规章制度，并负责实施；负责局机关及局属单位的人事、劳资和机构编制管理工作；负责全市教师资格认定与教职工培训的计划、组织工作；负责师范类院校毕业生的就业及特岗教师招聘服务工作；负责教育系统的表彰、奖励及局属单位教职工的惩戒工作；协调指导全市教育内部人事与分配制度改革工作；承办局领导交办的其他工作
招生办	2	宣传、执行招生政策，搞好各种考试的试卷保管和保密工作；组织普通高考、“三校生”、中考等报名、体检、政审和材料选送工作；组织安排高考、中考、自考、会考、成人高考的考务和考试工作；整理并管好招生有关资料；对招生工作中出现的违反招生政策的问题进行调查，提出处理意见报州、市招生委员会
督导室	3	发挥督政和督学监督职能，代表市政府对乡（镇）人民政府、市直有关职能部门实行教育督导；代表市政府及其教育行政部门对学校及其他教育机构进行监督、检查、评估和指导，保证国家有关教育的法律、法规、方针、政策的贯彻执行和教育目标的实现；对乡（镇）人民政府、市政府有关职能部门实行教育单项目标责任制，进行年度考核，提出表彰奖励和批评建议；组织对中小学、幼儿园开展学校督导评估工作；督导结果报市人民政府，发布教育督导公报；促进教育公平、推动学校均衡发展，把学校督导评估结果提供给财政、教育部门作为市级教育经费安排的依据之一；加强对学校经费管理和使用的督察

续表

职能部门	人数	主要职能
基础教育股	3	管理全市基础教育工作，指导基础教育教学研究和教学改革工作；负责扫除青壮年文盲工作；管理中小学德育工作；负责幼儿教育、民族教育、特殊教育工作；负责教师档案和学生学籍管理工作；负责对各级各类学校进行年终考核、统计分析；负责全市语言文字工作、推广普通话工作和科技教育工作；制定全市招生计划；会同有关处室确定全市基础教育发展重点、布局、规模、速度、步骤，指导、协调、监督基础教育规划的实施；承办局领导交办的其他工作
职业成人教育股	2	拟定职业教育、勤工俭学的发展规划，统筹和指导全市农村智力开发工作；抓好职业教育及各乡（镇）农村文化技术教育，举办各种形式的农民实用技术培训；督促、指导乡（镇）各中小学校认真开展勤工俭学工作；积极开展各种形式的扫盲工作

其中，行政办公室、计划财务股、人事股被称为“常务理事部门”。这些部门一般只参加教育局召开的各种会议，根据各个科室上报的材料进行财务、人事的审理、报表申请。招生办主要负责全市所有考试的报名、体检、材料审查和选送等具体工作，同时监管各个学校的考试规范。督导室负责监督各乡镇教育工作落实情况，并根据完成情况开展评优工作。职业成人教育股负责市里的职业技术教育和农村扫盲工作。因此，农村义务教育的主要工作由基础教育股承担。兰西市教育局局长谈道：“基础教育股是最忙的一个办公室，我们一般都是把年富力强的人安排在这个组。”然而，即便是这三位年富力强的人，每天不停地接打电话、打印、传真也让他们觉得力不从心，而且还要经常到各乡镇学校去检查相关工作。按照他们的工作经验，“大部分政策都是局长决定采取什么措施，他们负责落实工作。其中，分工最重要，如果不分工，大家可能就会相互推诿。分工之后，大家就相互很少帮助了，只要保证把自己那部分完成就可以……即便是一个部门的三个人，相互之间分工也很明确，该做的必须做，不该做的尽量少去插手”。

开和县教育局局长也提到了人力不足的问题：“我们开和县的情况你

们也看到了，国家贫困县，发展比较落后，也没有可依托的产业，县里给的经费就很难保证，还经常被其他部门占用……国家给的经费主要是给学生的，还有就是校舍建设，自由支配的钱基本没有……还有就是人手也不够。我们也想把整个县每一个学校都跑一遍，摸摸底，不过你们也看到了，整个教育局就这么十几个人，还有很多工作要抓，根本忙不过来。”

从人员数量配备上，无论是教育局局长还是普通工作人员都认为“人手不够”。在国家层面，教育部、财政部、民政部、卫生部等多个部门的工作都涵盖基础教育，而到了县级层面，直接负责教育工作的只有教育局，确切地说只有教育局的一两个部门的几个工作人员来负责。因此，他们有太多的工作需要处理，如控制辍学率、保证入学率、维护校园安全、发放教师工资和学生补助、学生疫苗注射等等，都是作为直接责任主体。在多样化、复杂化的政策系统中，为了完成工作，基层官员通常会采用自己惯有的工作程序来完成政策执行的任务。

第四节　目标群体的需求

布局调整的主要内容是学校地理分布、学校规模、教学条件等，调整的目的有两个：第一是满足学生（家长）的教育需求，第二是实现一定的规模效益。当政策追求规模效益或者集中教育资源的时候，可能会影响学生（家长）的教育需求。基层官员作为与目标群体直接交互的政府管理人员，最能感受到学生、家长等对教育的需求以及需求无法满足后产生的诉求。

布局调整过程中，无论是青海省开和县还是云南省兰西市都出现过村民、村干部、家长群体和基层官员的冲突。村民、村干部对教育有着自己的理解和需求，当这种理解和需求被外来力量打破或侵入的时候，他们必定会采取方式将自己的声音表达出来。个别乡镇的村民甚至采用示威、让孩子罢课和上访等形式抗议。

2008 年，按照教育局的规划，开和县的月草小学将并入木昆中心小学。和木昆中心小学相比，月草小学没有英语课，也没有计算机课。但是当负责做村民思想工作的月草小学校长走访时，却被村民用棍子赶了出来。华老师是一位63岁的退休教师，在月草小学教了29年的书，他说："这所学校是村民自己集资建成的，当时选择学校建设地点的时候，大家觉得村子东南角是最好的位置，这里的一砖一瓦都是村民的贡献，而且每隔五年村委会都会派人进行房屋维修和加固。这不是一所普通的学校，是大家对下一代的期望。"

精心维护的学校突然要被撤销，很多村民都不理解。但是，这还不是他们拒绝撤校的最主要的原因。木昆中心小学距离月草4.5公里，虽然早就说要修一条公路，但是断断续续一直没有修好。这样的距离让一些家长很是担心。一位家长说："原本这一学期三年级以上的学生都要合并到中心小学，当时我看也好，对娃娃们也好，那边的教学条件好一点……但是我的孩子年龄小啊，上一年级，她哪里走得了那么远，还要在学校住，更不行了。我更愿意她在村里上学，条件差一点也没关系。"

月草地区出产虫草，很多村民冬天到野外挖虫草，有时候几个月不回家。所以，即便是态度不是很坚决的家长也担心："夏天还好办，我们可以轮流接送，或者每周到学校去看看。但是冬天怎么办，离家那么远，怎么回家？万一病了怎么办？如果在村子里上学我们还能放心一点，家里老人能守着。"家长的期望其实并不复杂，他们也希望自己的孩子"上好学"，但是当这种期望伴随着一些无法接受的东西时，他们仅仅是希望"能上学"。

村支书对于学校合并计划是坚决反对。前任村支书修建这个学校时，他和妻子还在外地搞副业。父母年龄比较大，所以孩子基本都是学校的老师帮忙照看。现在，他的大儿子已经大学毕业并参加工作了，小儿子也在县城读高中。所以对于月草小学，他心里是充满了感激。此外，他还有个顾虑：如果学校在他任期内被撤掉，村民肯定有意见，以后也没有脸面再组织大家开展工作。他说："我们这所学校没有危房，我们从来没向国家要过钱，都是村民自己出钱修房子，几十年了。我们能办好自己的学校，我们也希望办好。上面不是说嫌我们学校规模小，规模小怎么了，我们培养的学生一点也不比中心小学差。”确实如此，这个村子对教育投资一直保持支持的态度。比如最近两年老教师退休之后师资短缺，学校向教育局申请教师名额一直没有回复，村民就自己出钱请了两位老师来，每家出100元，安排他们住宿，工资也和普通教师完全一样。

由于说服工作没有奏效，教育局就把分配来的老师叫了回去，而村民自己聘任的两位老师不能给所有的班级上课，学校的教学工作因此陷入困境。2009年3月，村支书带领八位村民，怀里揣着全体村民按了手印的上访信，直接到了市教育局反映情况，同时还请来了一名电视台的记者。不过，村里人并没有在电视上见到他们。第二天，他们被专车送回了家，并告之一定会与当地部门协商尽快解决此事。后来县教育局安排留下了学前班和一至三年级，但是只派了一位老师。被招聘来的两位老师也似乎觉得学校并不稳定，先后离开了月草小学。教学工作还是不能正常进行。2009年秋季，所有的学生都并入木昆中心小学。

就布局调整政策而言，学生无疑是最重要的目标群体。那么，这个最重要的群体能不能表达自己的观点呢？

李小多是月草小学转到木昆中心小学的第一批学生，今年13岁，上六年级。在老师眼里，他是一名优等生，学习好，会唱歌，经常在学校的文艺演出中表演节目。他说，刚来中心小学的时候有点害怕，大部分人都不认识，下课之后他们就相互找以前月草小学的同学。不过现在已经适应了，在班里有很多很好的伙伴。最喜欢这所学校的英语课、电脑课，虽然都跟不上。有时候会想家，但是很快就忘了。他是转来学生中年龄比较大的，每个周末他都带着村里其他的孩子一起回家。那些年龄小的走得慢，刚开始的时候有的还一边走一边哭，李小多就鼓励他们，给他们摘路边的野果子。有一次他还背着一个学前班的走了很远，因为那个小孩好像病了。

由此可见，目标群体的实际需求与政策之间确实存在一定的矛盾和冲突。这既构成农村中小学布局调整的困难与障碍，又是布局调整方式选择时必须考虑的现实。

首先，学生对教育有着直接的需求。从定义上来说，教育的个体需求是指个人由于投资教育将使他增进知识技能，进而在未来取得较高社会地位和获得较高收入的目的而产生的对教育有支付能力的需求。对于中小学学生尤其是农村地区的中小学学生，教育还意味着机遇，甚至命运的改变。其次，中小学学生处于身体和心理的发展期，除了学习知识，还需要情感、心理的慰藉。

在这个过程中，程序化是常用的政策工具，因为程序可以让基层官员的决策变得相对透明。有了这些程序化工作的证据，整个政策执行便拥有了正当理由。在程序化工作中，“遵照惯例”是常用的一种处理问题的方式，可以通过它对政策目标群体、问题和事情进行分类。通过分类，基层官员把目标群体和问题变成了具体“任务”，有利于进一步采取行动、选择解决方法。从这个意义上来说，分类是“制度工具”的一种形式，基层官员可以借助分类将同类的人或问题置于一起并确定应对措施。

基层官员对目标群体的态度可以分为两种类型：一种是反感，其是基层官员对目标群体动机、行为等消极态度的扩展；另一种是宽容，它是一种不干预态度的体现，特征是基层官员尊重目标群体的自我行为方式。

在布局调整工作开展中，开和县出现了多例家长强烈反对的情况，但是没有哪一所学校因为家长反对而没有撤销。教育局局长、学校校长及其他工作人员的解释如下。局长说：“刚开始一般家长都反对，特别是学校撤销后不得不去更远的学校或者寄宿。也出现过暴力事件，不过都不严重。他们都不明白这是为他们好，等到学生成绩出来之后他们就明白了。”一位校长说：“家长能识几个字？这么好的政策还不明白！只能强制撤销了。就告诉他们这是上面说的，我们也没办法。”在教育管理者看来，学生成绩、升学率是最直接、最有效的标准，并没有将政策目标群体的意见、现实情况纳入政策执行考量的范围。

从基层官员的视角来看，以“回应”的方式执行政策几乎是不可能的。与一个目标群体进行交互其实非常浪费时间①。以标准化的方式对待所有的目标群体虽然不是有效的方式，但是他们认为这是基于公平原则的。不过，基层官员其实很难做到公平，因为不同的群体具体的需求、背景和特征是不同的。而且以统一的方式对待他们其实也并不公平。目标群体的差异，以及有限的资源，产生了目标群体的差异化对待。根据李普斯基和普罗塔斯的研究，目标群体差异化对待最容易产生“撇奶皮”现象，即“基层官员通常选择那些看起来最符合成功标准的目标群体（或者优先剔除那些需求最高的目标群体）”②，而不是那些最有需求的群体。也就是集中精力解决最容易解决或者最难解决的群体需求，对于太复杂、太浪费时间或者太普遍化的群体需求通常置之不理。

第五节 绩效评估

基层官员在政策执行中面临的困境是不知道政策结果如何评估，也不知道自己的工作绩效如何评估。公共部门绩效管理理论对政策产出和政策影响评估有着明确的界定：产出指产品和服务的数量，影响是使目标群体产生变化的程度。由于部门之间的信息不对称，基层官员的绩效和政策影响是很难评估的。基层官员掌握着工作和目标群体的第一手信息，而管理部门对绩效进行评估的能力是有限的。即便管理部门能够收集基层官员的一些信息，在评估绩效的时候还有很多的影响因素无法判断，如工作情境的复杂性、不可预测性等。此外，由于目标本身也是模糊的，因此没有一个独立的、清楚的标准能够就不同地区、不同职能的基层官员的绩效进行

---

① Lipsky, M. Street-level bureaucracy: Dilemmas of the individual in public services [M]. New York: Russel Sage Foundation, 1980: 78－80.

② Lipsky, M. Street-level bureaucracy: Dilemmas of the individual in public services [M]. New York: Russel Sage Foundation, 1980: 92.

比较[①②③]。

根据摩尔（Moore）的研究，基层官员一般为效益最大化的利己主义者，总是根据工作条件被动地选择行动，采取措施应付各种情形，通常按照惯例解决问题。因此，面对同样的问题时，基层官员的行为往往是趋同的。不同岗位的基层官员总是有着不同的角色期待，也有着不同类型和不同程度的自由裁量。但同时基层官员又有着相当的自由裁量权或自主权以确定如何开展工作[④]。普罗塔斯也指出，正是基层官员的自主权使得上级部门很难进行严格的监管和控制。这种带有某种“垄断”意义的地位让基层官员在某种程度上会抵制行政控制，从而使得基层官员的工作绩效和困境很难测量或评估。

开和县教育局局长告诉我们，“具体落实的时候还是要根据县里制定的文件，毕竟县里的文件比较适合我们的情况……县里有明确的奖惩措施，而省里的文件只是说要和绩效考核挂钩，并没有说清楚如何挂钩”。同时，局长比较看重上级部门对自己的考评。在布局调整政策执行中，该局长经常拿青海省某示范点的成绩作为例子，曾多次在会上谈道：“海东州做出了那么好的成绩，我们也不能太落后了，否则上级来了我们也没法交代。”而所谓的“成绩”，就是撤并学校的数量。因此，只要是各乡镇上报的学校撤并，局长均会批示“同意”。而各乡镇确定撤并学校时考虑更多的却是工作的难易程度。

---

① Hasenfeld, Y. Citizens' encounters with welfare state bureaucracies [J]. Social Service Review, 1985 (59): 622－635.

② Prottas, J M. People－processing [M]. Lexington, Mass.: Lexington Books, 1979.

③ Lipsky, M. Standing the study of public policy implementation on its head [M] // W. D. Burnham and M. W. Weinberg. American politics and public policy. Cambridge, MA: MIT Press, 1978.

④ Lipsky, M. Street-level bureaucracy: Dilemmas of the individual in public services [M]. New York: Russel Sage Foundation, 1980: 95.

第六节　本章小结

在政策执行过程中，基层官员需要将抽象的文本转化为具体的策略和行为。在这个过程中，基层官员经常处于决策的困境，这种困境使得他们会以应付行为执行政策。根据李普斯基的研究，基层官员使用特定的应付机制，因为他们处于各种需求的分歧之中，而这种分歧会使得他们在有限的资源环境中做出政策执行行为的选择①。这种应付机制会使政策执行产生某种程度的偏差或者误导，从而阻碍政策目标的实现。李普斯基指出，各个不同的情境和政策领域的基层官员都呈现了类似的应付行为，这些类似的行为是由于他们工作性质和工作条件的类似造成的②。不过，李普斯基的理论是确定这些行为而不是解释这些行为。本研究试图从基层官员的实际行为开始分析，提出基层官员决策困境产生的一种解释框架（见图4－2）。

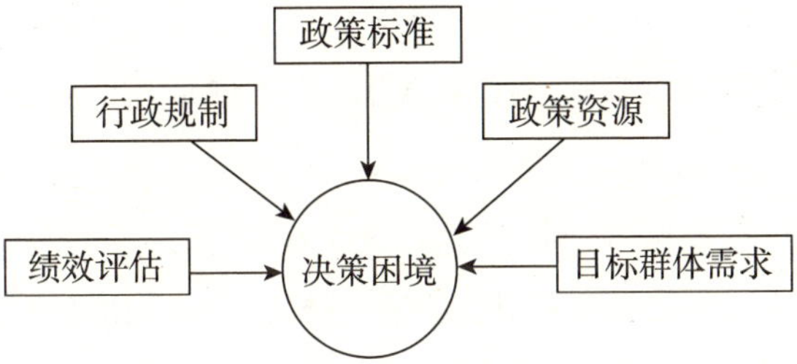

图4－2　基层官员政策执行中的困境

第一，在布局调整政策执行过程中，行政规制对基层官员有着直接的影响。根据科尔巴奇对政策垂直维度和水平维度划分的阐释，可以认为“行政规制”就是垂直维度的“统治”：与权威性决策的自上而下传达有

---

① Lipsky, M. Street-level bureaucracy: Dilemmas of the individual in public services [M]. New York: Russel Sage Foundation, 1980: 89.

② Lipsky, M. Street-level bureaucracy: Dilemmas of the individual in public services [M]. New York: Russel Sage Foundation, 1980: 112.

关，决策者选择能够使得他们所支持的价值得以最大化的行动路线，并且将这些政策传达给下属工作人员去实施。在农村中小学布局调整过程中，县级政府将“数量”作为支持的价值偏好传递给教育局，而教育局又将该行动路线直接授意各乡镇学校，并以绩效考核评估的方式要求服从。这个垂直维度的政策执行，体现了行政管理人员合法性权威的力量和决策行动中的工具理性。同时，垂直维度的政策执行研究更多地关注不同层级的行政管理者对上级指示和命令的完成情况。而基层官员面临的不是简单地传递指示，还需要将其转换为行动。因此，需要研究基层官员在政策执行中对于政策本身施加影响的意愿和能力，以及服从行政命令的方式和政策的构建过程。

第二，基层官员需要达到的通常是模糊的甚至冲突的标准。标准的模糊性通常来自政策制定者缺乏对政策问题的共识，不同的行政管理部门、管理者对同样的问题理解是不同的，倾向的措施行为也不相同。由于处于行政级别金字塔的底层，基层官员必须处理这些不确定的问题。在教育领域，政策标准的模糊是非常普遍的。布局调整政策文本、政治制度以及上级管理者的讲话等都可能对政策标准做出界定。尽管基层官员更倾向于通过上一级行政管理部门获取直接的信息，但不同形式的政策标准之间也存在一定的冲突。

第三，感知是主观的，它不是影响政策执行行为的客观因素。出于对资源的主观判断，基层官员在执行政策过程中采取相应的措施，其实也是一个“政策再制定”的过程。

“一个非常普遍的问题是基层官员感到自己的资源存在长期和严重的不足。”① 这种冲突的一个典型反映是他们会采用很多有意识或者无意识的应付策略。而且，基层官员会把“资源支持”作为政策执行行为与政策目标偏移的解释理由：“上面就给我们这么多经费，拿有限的钱做这么大的事情，只能这样了。”“人手有限，做到这个程度已经很不容易。”

---

① Weatherley, R A, Lipsky, M. Street-level bureaucrats and institutional innovation: Implementating special - education reform [J]. Harvard Educational Review, 1977 (47): 171 - 179.

如将基层官员行为和委托代理理论结合起来分析，基层官员在政策执行过程中的这些行为与“推卸责任”极其类似。基层官员为了减少工作负担倾向于通过某些方式推卸责任。尽管政策执行需要的资源没有有效的方式进行量化，但是事实上不同的地区在执行同样的政策时取得的效果确实存在差异。没有达到预期目标的基层官员常以资源不足做出无奈的解释。

基层官员开展工作时通常不能获取足够的政策资源。有限的政策资源从两个方面影响基层官员。首先，由于资源有限，他们不能让所有的人得到相同的服务或资源，基层官员似乎也乐意选择他们偏好的群体，这样会显示出作为基层官员的权力。其次，如果缺乏政策造成服务质量低下，基层官员要承担一定的过失责任。当然，政策资源不仅是资金，也包括人力、信息和时间。通常，基层官员也就选择他们能做的事情而不是他们愿意做或者被要求做的事情[①②]。

第四，基层官员的工作处于高度不确定的情境。在农村中小学布局调整政策执行过程中，基层官员的工作对象是学生、家长以及学校，这些群体必须接受行政部门提供的教育服务，再无其他选择；其次，基层官员也必须通过与这些群体打交道来完成政策执行。在具体工作中，政策目标群体的状况和需求是多样化的，无法用统一标准来处理，这种高度不确定性让基层官员的决策和行动呈现出多样性和模糊性。

当上级行政管理部门通过表达他们的政策偏好和分配人员来努力控制基层官员的时候，基层官员自己的态度也可能影响传递服务的方式或者强制规制目标群体的方式[③]。布雷姆和盖茨的研究发现，基层官员根据政策目标开展政策执行工作不仅因为他们受到上级控制，而且因为他们个人也

---

① Lipsky, M. Street-level bureaucracy: Dilemmas of the individual in public services [M]. New York: Russel Sage Foundation, 1980.

② Lipsky, M. Standing the study of public policy implementation on its head [M] // W. D. Burnham and M. W. Weinberg. American politics and public policy. Cambridge, MA: MIT Press, 1978.

③ Wilson, W. The study of administration [M] //J. Shafritz & A. HYDE. Classics of public administration. 2nd ed. Chicago: The Dorsey Press, 1987: 22.

认可这些目标①。

第五，绩效评估对基层官员的政策执行行为有着直接的约束。但模糊的绩效考核标准以及追求数量化的统计数字往往导致基层官员在决策阶段陷入困境。

因此，在布局调整政策执行过程中，教育局局长及相关工作人员、乡镇教育负责人等基层官员的工作处于不确定的工作情境中，当然也面临着各种压力。在执行阶段，政策不再完全是政策制定之际的政策，而是通过基层官员的办公室会议、日常工作转化为具体的政策执行行为。政策执行过程中不仅存在垂直和水平维度的行政规制和制约，还有基层官员和目标群体之间的冲突。基层官员的工作性质和工作情境让他们面临各种决策和行动的困境。正如李普斯基在研究中所指出的，由于公共政策的执行者在工作面临各种竞争性的需求，他们的工作经常陷入决策的困境。

① Brehm, J, Gates, S. Working, shirking, and sabotage: Bureaucratic response to a democratic public [M]. Ann Arbor: University of Michigan Press, 1999: 105.

第五章　基层官员的政策再制定

在公共政策学家哈蒙（Harmon）看来，人们的行为是有意识和有意向的，它们发生在由社会建构而来的规范、规则、价值与期望的网络之中，这些规范、规则、价值与期望是由社会所有成员来分享的①。研究政策执行的学者们也已经认识到，政策执行不应该只是执行者对上级制定的规范、要求与限制的行为反馈过程，实际上，“政策的目标和执行细节不过是政策执行者彼此相互妥协的产物，并不是上层领导者理性控制的产物”，“政策执行过程中所出现的特质将是共识、妥协、政治计谋”②。

本章重点分析基层官员在政策执行过程中的个体行为。在分析中，基层官员被视为具有主观能动性的社会行动个体，他们在政策执行过程中有着自己的价值判断和利弊分析，根据已有的社会情境和个体经验知识来指导自己的行动，同时对政策也会重新解释并做出回应性的行动。更重要的是，基层官员还要协调政策目标群体和政策之间的关系，对目标群体的各种需求做出应对。基层官员和目标群体之间的交互不仅影响他们执行政策的方式，而且还影响目标群体对政策甚至政府的评价。基层官员的这些行动，在本研究中称为“政策再制定”行为，具体包括政策执行中基层官员对政策价值、政策目标、政策标准、政策任务以及对政策目标群体的不同处理方式。

本章结构如下：首先，分析在布局调整政策执行中基层官员对教育、学校的价值认同；其次，指出基层官员在政策目标分解方面存在简化、量化及偏移的现象；再次，指出由于基层官员对政策标准有着自己的理解并重新解释，从而出现了对学校规模、数量等具体标准的规定；复次，分析

---

① Harmon, M M. Action theory for public administration [M]. New York: Longman, 1981: 64.

② 李允杰，丘昌泰. 政策执行与评估 [M]. 张毅，韩志明，译. 北京：北京大学出版社，2008：13.

在政策执行过程中基层官员不同层级之间的任务分解过程及其产生的影响；最后，分析基层官员如何应对目标群体的教育需求并采取相应的应对措施。通过以上五个方面的分析试图再现基层官员究竟是如何在政策执行中“再制定”政策的。

第一节　政策价值——重新判断

价值是一个关系范畴，是从人们对待满足他们需要的外界物的关系中产生的[①]。公共政策的价值是人们对政策的愿望和要求的反映，也是政策对于个人的意义。政策是价值的具体表达，其中包括资源和权力的分配。政策价值观是政策的价值取向模式，公共政策的价值取向就是政策系统行为的选择，即对社会资源的提取和分配，以及对行为管制的选择。赫伯特·西蒙认为，“就决策导向最终目标的选取而言，我们把决策称为‘价值判断’”[②]。从这个意义上讲，无论是政策制定者还是执行者，政策决策的过程也是价值选择的过程。

基层官员是将抽象政策转化为具体行动的关键角色。人们总希望基层官员能够保证公众期望的价值在政策决策中被选择，希望基层官员没有任何私心，真正能从公众的利益和需求考虑，选择诸如平等、公平、公正等价值取向。事实上，基层官员对政策的期望或价值追求不可避免地会表现出某种价值偏好，同时这也会在很大程度上影响到基层官员对教育事务和教育问题的价值选择——做什么或不做什么、鼓励什么或禁止什么[③]。

关于教育的本质，或者说什么是好的教育，兰西市教育局刘局长认为，“我不知道什么是好的教育，但是我知道什么是不好的教育。你到我们下面的学校去看看，你也就知道了什么是不好的教育。原来的学校更糟

① 马克思，恩格斯．马克思恩格斯全集：第19卷［M］．北京：人民出版社，1998：406.
② 赫伯特·西蒙．管理行为［M］．杨砾，等，译．北京：北京经济学院出版社，1988：6.
③ 刘复兴．教育政策的边界和价值向度［J］．清华大学教育研究，2002（1）.

糕，几间破房子，窗户都是用纸糊上的，夏天到处是蚊虫苍蝇，冬天凉风飕飕的，一所学校连个篮球都没有，一个老师代几个班，上课那个水平看着就着急，没有实验室、没有图书室，你觉得这算是好的教育吗？”“如果不撤，学校永远那样，没有办法解决，学校太多，管起来非常不容易，你见了也会想着把它撤掉。”

刘局长给笔者提供了一份2009年度兰西市教育局的年度报告，报告总结了兰西市布局调整之后教育质量的提高：

（一）普及程度明显提高

1. 学龄儿童入学率达到了99.9%，

2. 初中阶段入学率达到了99.8%；

3. 残疾儿童少年入学率达到了83.7%；

4. 小学在校生辍学率降到了0.7%；

5. 初中在校生辍学率降到了1.2%；

6. 18周岁人口初级中等教育完成率达到了96.1%。

（二）师资水平得到加强

1. 小学专任教师学历合格率为99.7%；

2. 初中专任教师学历合格率为97.5%。

（三）办学条件得到改善

1. 近几年教育投入逐年大幅度增加，投资总量达到9000多万元，危房率降到2.6%；

2. 给农村中小学配备图书10万多册，从而使小学图书达到6.7册/生，初中图书达到15.3册/生；

3. 购置配备课桌凳5210套，从而使中小学课桌凳配齐率达到100%。

（四）教育经费明显增加

1. 财政对教育拨款占财政总支出的比例为35.5%。

2. 三个增长：（1）对教育拨款的增长高出财政经常性收入的增长33%；（2）生均教育事业费逐年提高，小学增长10.3%，初中增长12.5%；（3）生均公用经费小学增长54.1%，初中增长62.8%。

（五）教育教学质量显著提高

1. 中、小学毕业班体育合格率分别达到98.0%、99.2%；

2. 中、小学生日常行为规范合格率分别达到99.9%、99.3%。

从访谈内容和上述材料可以看出，基层官员认为布局调整之后教育得到了改善，表现就是入学率的提高、辍学率的降低、教育经费的增加以及教学条件的改善。这些可量化衡量的指标显然只是教育质量提高的一些潜在条件，还不能作为保障教育质量提高的充分条件。此外，从体育合格率和日常规范合格率来界定教育教学质量提高，更是体现了基层官员价值判断的随意性。

此外，基层官员在政策执行过程中的价值再制定，还表现在资源分配的方式方面。青海省开和县教育局的金局长一直不肯透露布局调整中申请的经费是如何分配的，但是在语言表达中却传达了这样一种想法："好的学校，你投入多一点，很快就见效果，比如我们调整的时候申请的图书馆建设、实验室建设，在中心校就能用上，但是在差一点的学校就有点浪费。差一点的学校就好像无底洞，特别难建好，好的老师也不愿去，家长也不愿意把成绩好的孩子送到那里"，"我们申请了国家的经费，如果不出点成绩，怎么向上级交代呢？要出成绩，就只能是那些重点学校了"。基层官员在政策执行过程中对于学校质量优劣也会有一种判断，而后"助强不助弱"、"宁可锦上添花，不愿雪中送炭"的现象屡屡出现。后来，笔者终于获取了开和县布局调整经费预算表（见附录二），对金局长的意图可以说是一种无言的力证。

在布局调整过程中同样发挥关键作用的中心学校的校长，对于布局调整的态度虽然有一些矛盾之处，也经历了一些变化，但是总体态度还是很明确的。木昆中心小学牛校长说，木昆中心小学是一所新建的寄宿制学校，原来那个中心小学废弃了，现在无论是教室、学生宿舍和教师居住条件和以前相比都有了极大的改善。刚开始他也不太理解，原先的中心小学本来就是木昆乡最好的小学了，怎么还要撤掉？为此，他还向乡里、县里的有关领导反映了很长时间。后来金局长说："如果你说服不了大家，你这个校长就不要再当了。"他不得不硬着头皮去做家长的工作，可是当地老百姓早已把新建寄宿制学校的桌子、凳子全拿走了。

新建的中心小学无论是教师等软件设施还是教学楼等硬件设施都得到了极大的改善，但学校却面临生源枯竭的困境。木昆乡有着浓厚的经商风气，很多人都到大城市去开拉面馆。自从新的学校建立之后，不知道为什么，越来越多的家长把孩子带出去帮忙打理餐馆。当然这个现象也不是这个乡镇特有的问题，据开和县教育局基础教育科的一位工作人员说，从2008年到2009年，大概有6000名学生辍学或间断性辍学。

为了让家长能放心把孩子们送到学校，木昆中心小学的牛校长采取了一系列的免费措施来吸引家长和留住这些学生。例如，木昆中心小学免除所有的学生收费：没有报名费，不用缴纳生活费，校服及所有的学习用品都是学校免费发送。牛校长像经营公司一样经营学校，他到处拉赞助，找一些大老板来为这些学生做校服、买袜子等，向农民租借34亩土地种植土豆，一部分用来吃，一部分用来卖。为了提高学生的学习成绩，牛校长推行了奖励制度。考试成绩分70分、80分、90分三个档次，达到70分的是三等奖，达到80分的是二等奖，达到90分的是一等奖，每次考试完后都给获奖学生发奖状和本子、铅笔盒、书包等奖品。如此坚持下来，学生的数学平均成绩从2009年的56分提高到2010年的69分，语文成绩相应从65分提高到73分。

对于那些辍学的学生，牛校长也绞尽脑汁。他说，自己现在主要的任务就是"找学生"，请家长吃饭让他们把孩子送到学校，还鼓励已经辍学的学生重返学校——回来一天，就发给他们一块钱。但是，这样似乎还是无法从根本上改变辍学学生不断增加的现象。他说："开始也不支持废弃老学校建立寄宿制学校，但是，新的学校条件确实好，只要孩子们学习成绩提高了，就比什么都强，这就是个好政策。为什么大家都不理解呢?"

无论是县教育局局长、乡镇领导还是中心小学校长，一直在表达着"办人民满意的学校"的意愿，但是结果似乎又体现为"办自己满意的学校"。"人民"的价值又如何嵌入"领导"的价值体系呢？针对这个问题，有的研究者提出公共服务的问责机制。如世界银行在《世界发展报告

2004》中提出，公共服务的问责机制由服务提供者、服务使用者和政策决策者三者之间的委托代理模式决定。改善公共服务管理的问责机制或路径有三：一是长线负责制。服务的使用者以公民身份表达权利来影响政策决策，而后通过契约使服务提供者达到公共服务的目标。但是，服务的使用者（如学生、家长）经常是弱势群体，通常也被排斥在公共决策体制之外。二是中间路径。将部分责任和资源分散到中央以下的各级政府，使公共服务的决策更贴近公众。三是短线路径。将公民与服务提供者直接联系起来，通过增加公民的权利（提高弱势群体的发言权），使公民直接问责公共服务。短线路径机制的核心包括公民具有公共服务选择机制、公共服务的信息提供和信息透明制度、公民意见的表达机制以及公民直接参加服务提供的决策与管理机制。根据赫斯曼（Hirschman）的研究，公众面对差强人意的公共服务时有两种选择：表达和退出。而表达通常以直接或非直接抱怨的手段，大多数时候并没有什么效果①。

在布局调整过程中，基层官员在考虑决策学校如何分布、如何提供公共教育的时候，往往是根据自己的价值对教育进行判断。这种政策价值的再制定往往使政策执行走向“以事实为中心”的取向。这种价值引导的政策执行是否符合政策制定者的价值体系不得而知，但可以肯定的一点是，当国家提供的基础教育不能满足目标群体需求或者达不到他们满意度的时候，家长选择让孩子辍学也是自身对教育价值进行判断之后做出的决定。

在哈罗德·拉斯维尔（Harold Lasswell）和叶海尔·德洛尔（Yehezkel Dror）的影响下，政策科学一直沿袭着以“问题和事实”为核心的技术分析范式。随着公共政策研究的不断发展，人们逐渐意识到并不存在脱离个体和群体利益的“自然问题”。政策问题是“思想作用于环境的产物”，是人的主观判断包括价值判断的产物。“价值中立”的研究取向往往给人一种误导，容易把政策事实与政策价值割裂②。

① Hirschman, A O. Exit, voice, and loyalty: Response to decline in firms, organization, and state [M]. Cambridge: Harvard University Press, 1970: 103.

② 威廉·N. 邓恩. 公共政策分析导论 [M]. 谢明，等，译. 北京：中国人民大学出版社，2002：183.

从政策价值视角分析政策，主要是探析政策活动究竟是根据何种意图进行安排和开展的，公共部门在规划和执行政策时是基于什么目的来配置人力、物力和财力资源，以及个体、群体、社会、国家在政策中又获得了什么。笔者也尝试从政策价值的角度去了解各个群体的看法，得到的反馈中都明确排除了有关自身的资源或机会获取。如县级教育管理者认为农村中小学布局调整政策的价值是有利于改善学校教学条件，学校认为是可以满足家长和学生的需求，而家长则表示这一政策的出台是领导为了方便管理和提高政绩。所有的被调查对象都明确表示并没有从这项政策当中直接获益。由此可见，政策价值本身受认识主体的价值观及价值标准的指导和影响，这种价值在行动过程中往往又转换为“利益”，个体也会在行动中根据自己对政策价值准则、个人信念和理想等进行价值选择。在政策价值选择中，政策执行主体之间似乎难以形成一致意见，这是因为政策价值具有多层次性。一项政策可以体现项目价值、社会价值、制度价值等多重价值。统治者或研究者则注意到政策的制度价值，政策制定者更考虑其社会价值，行政管理部门更多的是关注其项目价值。因此，作为行政管理部门主要行动者的基层官员，一般会从“项目”的视角重新制定政策价值标准和取向。

政策、组织和基层官员面对同样的问题时其价值取向总是存在差异，其中最关键的是基层官员的价值取向对政策执行的影响。教育政策和其他政策的不同在于教育活动的复杂性，其中重要的一点是教育政策是有价值负载的。比如，究竟什么样的学校才是好学校？教育质量的指标是什么？有的基层官员认为，“要上就上好学校，不好的学校不如不上”，“升学率才是硬指标，其他都是虚的”。基层官员的政策执行过程也蕴含了价值判断的过程。

第二节　政策目标——简化调整

在政策规划和决策阶段，政策目标是政策制定者最终要实现或达到的结果或目的。一般来说，为了保证政策的适用范围，政策多表现为“目的描述”，一般比较宽泛。而在政策执行过程中，为了能够将政策文本、上级指示和精神转化为具体行动，基层官员一般会将政策目的转换为政策目标，再由政策目标转化为项目（行动）目标。

要理解农村中小学布局调整的目标，需要再次理解什么是学校布局。《教育大辞典》的定义是：“学校布局是根据教育规划确定的教育事业发展的目标和任务所制定的各级各类学校设置、调整和分布的计划。亦指各级各类学校设置、分布的实际情况。”同时，定义强调“合理的学校布局要考虑本地的社会经济、人口、地理条件等多种因素”①。奎德（Edwards S. Quad）认为，政策目标是决策者通过其决策试图完成或实现的东西，可以分为不同类型：明确陈述的、模糊的；单一的、多元的；短期的、长期的；定量的、定性的②。

如前所述，农村中小学布局调整的政策文本多是一些纲领性文件或经费使用说明。而地方政府的文件、总结或报告中，也鲜有布局调整目标的阐述，而多以阶段性成果为主。通过统计，这些政策文本的目标阐述中出现频数比较多的为：提高办学效益、优化教育资源配置、提高办学质量。也有一些常出现的表述，如：促进教育均衡发展、改善办学条件、有效利用资源等。

如河南省许昌市人民政府《关于调整农村中小学布局工作的意见》（2000）指出：“为了贯彻落实全国第三次教育工作会议精神，进一步推动我市基础教育改革和发展，优化教育资源配置，提高办学规模效益和教育质量……现对农村小学布局调整工作提出如下意见……”山东省临沂市《关于报送中小学布局调整规划的通知》（2001）对该市中小学布局调整的目标做了明确规定：“中小学布局调整的指导思想是：以《教育法》、《义务教育法》和《面向二十一世纪教育振兴行动计划》为指导，以提高办学效益和提高教学质量为目的，以保证方便儿童少年接受义务教育为前

---

① 教育大辞典（增订合编本）（下）［M］. 上海：上海教育出版社，1998：1665.

② Quade，E S. Analysis for public decision［M］. 3rd ed. New York：Elsevier Science Publishing Co. Inc.，1989：4－5.

提，在现有基础上，实事求是，科学规划，进一步适度调整中小学布局，适当扩大办学规模，合理分配教育资源，充分发挥教师和教育设施的作用，提高教育投资效益，促进基础教育的稳定、巩固、发展、提高，同时为中小学的规范化建设，推进基础教育的现代化打下基础。”青海省开和县《中小学布局调整规划》（2010）明确指示：“撤并初小、办好完小、扩大寄宿、集中初中、发展高中、突出职中、多渠道办好学前教育，促进教育公平均衡协调发展。”

若以出现频率最高的“优化教育资源配置”作为布局调整的政策目标，农村中小学布局调整至少要考虑两个因素：一是资源的效率，二是学生获得教育资源的机会。也就是说，优化资源配置要达到两个因素都能实现的状态。那么，如何衡量布局调整中的资源配置是否优化呢？从现状调查来看，农村中小学布局调整存在分散配置和集中配置两种方式，尽管第二种方式的比例正在上升。在此，我们借用帕累托（Pareto）的经典衡量标准：“对于某种资源配置，如果不存在其他可行配置，可以使组织中的所有人至少和他们在初始情况一样，而且至少有一个人的情况比初始时更好，那么这个资源配置是最优的。”① 这个标准还可以如此简化：假设有两种资源分配方案策略 A 和 B，如果至少有一个人认为 A 优于 B，而且没人认为 A 劣于 B，那么从社会的观点来看 A 优于 B。显然，帕累托最优原则遵循的是最低限度准则。但即便是最低限度准则，农村中小学布局调整目标的设定是否能够符合呢？

一、简化目标

基层官员在政策执行中目标的确立往往建立在认识问题的基础上。开和县布局调整文件中对基础教育问题总结为：“问题突出表现在三个方面：一是学校规模总体偏小，小学校均规模 97 人，初中（含九年一贯制）校

① 伊特韦尔，等. 新帕尔格雷夫经济学大辞典：第三卷［M］. 陈岱孙，主编译. 北京：经济科学出版社，1996：811.

均规模440人，高中校均规模593人；二是小规模学校比例高，在校学生不足50人的小学和教学点136所（个），占小学（点）数的53%，有225所小学校均规模不足200人，全县一师一校有87所；三是地区间师生比严重失衡，边远山区存在教师数量不足、结构性缺编，教育投入分散、条件得不到有效改善，管理成本和办学成本过高、教学质量难以保证，人民群众对教育的满意度不高的问题。”前两个问题很明显属于同一类——学校规模。第三个问题虽然强调了师资的分布失衡，但实际上还体现着同一个目标取向——集中办学，扩大规模。

由此可见，基层官员常常把“优化教育资源配置”这一目标简化为“实现规模效益”、“提高办学效益”和“提高教育资源使用率”等。规模效益遵循的是经济原则，是指规模的增加带来产量增加或成本降低，可以用货币直接衡量。但是追求规模效益时往往把布局调整等同于“学校合并”和“扩大学校规模”，而忽略规模扩大到一定程度的时候，质量必然产生质变。“规模、成本、质量”的铁三角难题向来不能依靠改变一个变量而得以改善。

基层官员简化目标的另外一个原因是出于管理的方便。按照职责要求，教育局局长必须到每一个学校视察。分散办学时学校散落在各个乡镇、村寨，视察工作便成为基层官员的一个负担。兰西市教育局局长讲过这么一个故事：“自从我担任局长之后，我真是跑了所有的学校，真的跑遍了。我觉得我这是第一个做到这样的教育局局长。你知道畹町那里吗？就是万里边关第一镇，被称为太阳当顶的地方。和缅甸相邻，从这里（兰西市）开车要5个小时。一去一回，一天就过去了。我带着他们（教育局工作人员）去过畹町最靠边界的一所小学——拱东村小学，是在山上。你知道我去了发生什么事情了吗？我到了学校之后，因为没通知，所以开始他们不知道我们是来干什么的。后来说我们是教育局的，校长当时就流泪了，真的流泪了。他说他在这所小学当了10年校长了，10年都没有教育局的人来过这里。他还亲自给我们杀了一头猪，后来吃饭的时候我们都喝高了。当时我去的时候没带什么，就留给他们1000块钱。后来你知道又发生什么事情了吗？那个校长，发动学校的老师每人捐一个月的工资，把整个校园绿化了，修了房子，修了校园里的路，都是他们自己干的。而且第二年他们学生的平均成绩提高了 15 分。15 分啊，不简单！要知道他们原来的成绩是垫底的。”尽管局长讲这个故事的目的是表达自己对教育的责任和热情，但是也不难看出，到一个偏远的学校视察对于基层官员来说是个工作负担，应该做的事情变成了工作的业绩。从基层官员的理解出发，要实现方便管理的目标也意味着撤并小学。而且越是偏远、经济落后的地方，学校撤并的数量越多。如开和县扎巴镇原有小学 28 所，保留学校 8 所，被撤掉学校 20 所。扎巴镇位于县境西北部，距县府驻地 32 千米，人口 11270 人，面积 127.6 平方千米，有 26 个村委会。而人口与之接近的巴燕镇——县府驻地，面积 25.4 平方千米，原有学校 22 所，保留小学 12 所，仅撤掉 10 所。

二、量化目标

数字是最直观的目标表征，便于操作。量化目标是指用准确的数字描述规划目标。一个有效目标包含五个要素，简称“SMART”要素——Specific、Measurable、Action - oriented、Realistic、Time - related，即目标是明确具体的、可衡量的、可接受的、现实可行的、有时间限制的。

基层官员惯常将目标进行量化。比如兰西市教育局基础教育科科长认为，“目标不量化容易责任不明确，谁也不知道自己该做什么，做到什么程度。比如在撤点并校中，我就要负责撤掉 5 个镇的 41 所小学，在 2012 年 12 月之前必须完成……各乡镇也是一样。县里如果不把任务明确到数字，他们根本不做。像我们要控制学校的规模，必须给他们学校的最低人数”。

如开和县“十二五”规划中对于教育发展设定的目标是：“到 2015 年，通过布局调整，整合并改扩建农村小学 128 所，基本普及小学寄宿制教育。”当然，仅有时间和数量的规定还不能具体指导布局调整工作，如：如何改扩建农村小学？寄宿制教育又该如何开展？因此，开和县“十二五”规划又明确规定了五年之内需要达到的目标：

（1）完成中小学布局调整规划。调整后小学105所，九年制学校1所，初级中学4所，民族完全中学1所，高级中学2所。

（2）扎实开展中小学“校舍安全工程”建设。完成支扎中心学校等234所中小学的校舍安全改造工程，改扩建面积18107平方米，投资1508.6万元。

……

（4）巩固发展基础教育。

初中：分别将现有的回族女中、二中、三中、四中扩建单设为初级中学，保留民族中学的初中部，设立双语教学，在群科新区新建1所九年一贯制学校。到2015年，初中6所，计划建设面积155359平方米，投资23303万元。教学设备1530万元，食堂130万元，床444万元（6077套），图书1081万元（432660册），课桌凳110万元（5539套）。

小学：规划保留小学105所，计划建设面积249500平方米，投资37425万元。教学设备12750万元，食堂1575万元，床438万元（14612套），图书1481万元（592574册），课桌凳54万元（2734套）。

总之，在“十二五”期间，完成学校基础设施建设投资115015万元。

教育局在此目标指导下制定了开和县布局调整规划方案，对调减学校的时间期限、数量、经费需求做出了明确的规划：

全县中小学布局调整规划分五年实施完成，共调减中小学148所，调减率为53.5%，新建群科新区高级中学、新区小学、新区九年一贯制学校，迁建开和县职业技术学校、开和县特殊教育学校、开和县民族中学。

到2015年，全县学校数由2009年的276所调整为128所（其中：高级中学2所、职业学校1所、民族完全中学1所、初级中学4所、九年一贯制学校1所、完全小学115所、青少年活动中心1所、幼儿园3所）。全县小学生27500名（其中住校生16500名），初中学生13460名（其中住校生10768名），高中学生7500名（均住校），职业中学学生6661名（均住校），在园幼儿5000名。

中小学布局调整共需资金115015万元。其中：幼儿教育8753万元，小学 53723 万元，初中 26598 万元，高中 8576 万元，职业中学 17365 万元。

农村中小学布局调整政策被县级层面重新制定之后，从目标的设定来看，基本是以数字的形式来体现。基层官员在政策执行中需要合作，比如部门内部的合作，以及不同部门之间的合作。因此，为了明确责任主体便将目标进行量化——“目标要素化，要素数量化”。此外，对于基层官员来说，将政策目标量化可以免于解释，因此可以提高工作效率。尤其是基层官员一般都认为自己所在部门人手、时间都很紧张[①]。

尽管量化目标在基层官员工作过程中有着明确的必要性，但是，需要注意相关数字是如何推演出来的。如开和县在布局调整规划中明确提到的经费预算为 115015 万元，这对于一个 2010 年人均收入 2510 元、1 月至 10 月全县财政总收入 10898 万元、教育支出 6253 万元[②]的地区来说是否合理、是否可行都值得进一步关注。

三、偏移目标

农村中小学布局调整的主要对象是义务教育阶段的学校分布，但实际上各个地区在执行政策时通常把布局调整的专项经费用来新建校园，改善学校硬件条件；或将义务教育阶段之外的教育也纳入布局调整当中。这就出现了附加目标的现象。布坎南（J. M. Buchanan）认为，在公共决策中实际上并不存在根据公共利益选择的过程，而是只存在各种特殊利益的选择。[③] 行为个体追求特殊利益的时候，往往会出现对政策目标的修改，形成政策执行的偏差。基层官员在布局调整政策执行过程中，也会根据自身利益或部门利益重新制定政策。

---

① Lipsky, M. Street-level bureaucracy: Dilemmas of the individual in public services [M]. New York: Russell Sage Foundation, 1980: 93-94.

② 数据来自开和县 2010 年政府工作报告文件。

③ 竺乾威. 公共行政理论 [M]. 上海：复旦大学出版社，2008：328-330.

对于利益驱动的政策执行，执行教育政策的基层官员只认可“群众利益”而否决“个人利益”、“组织利益”。开和县教育局局长认为，“政策落实得再好，也只能说明国家政策好。你见过多少教育局局长是因为政绩升迁的？能升迁的大多是有背景的人……政绩是我们对老百姓的交代”。实际上，基层官员政策执行过程中，仍然具有明显的潜在个体价值驱动。

如开和县人民政府在“十二五”规划修改稿中明确规定，开和县“十二五”发展规划有五大目标：其一，巩固发展基础教育；其二，规范发展学前教育；其三，重点发展高中教育；其四，大力发展职业教育；其五，健全经费保障机制。规划认为基础教育的发展重点是寄宿制学校建设，表示要进一步加强布局调整的力度。这份文件把基础教育放在首位，强化了布局调整的重点是寄宿制学校的建设，布局调整的时间、数量等也都有了明确的规定。教育发展规划的总体目标便成为教育主管部门的任务，因此，在开和县教育局制定的布局调整规划中，对布局调整的方案做了更加明确的规定：

1. 高中教育。在县城将开和一中扩建为高级中学；根据基础教育发展的趋势扩建开和完全中学；围绕新建城区开发普及高中教育，在新建城区新建1所高级中学。

2. 职业教育。按照市场需求不断调整专业结构，突出特色，扩大办学规模，将职业技术学校迁建到群科新区。

3. 初中教育。分别将现有的回族女中、二中、三中、四中扩建单设为初级中学（学校名称、规格、隶属关系、内部设置机构仍保持不变，按完全中学对待）；保留扩建民族中学初中部，设立双语教学，在新城区新建1所九年一贯制学校。

4. 小学教育。我县布局调整的重点在小学，难点也在小学。根据全县小学教育现状，规划将乡镇政府所在地的中心学校办成全寄宿制小学，并考虑一些现有的校舍条件，合理设置寄宿制学校和完全小学。

5. 学前教育。学校布局调整后，闲置的教育资源优先用于学前教育的发展，在乡镇所在地和人口相对集中的村庄设立学前教育机构。……

6. 双语教育。通过中小学布局调整，把全县5万多藏族人口的2600多名民考民初、高中学生集中在民族完中，以此解决初、高中双语教师紧缺、教学质量低下、双语教学体系不完善的问题。

此外，开和县教育局考虑到布局调整后教育质量的保障需要教师队伍的建设和稳定，因此，布局调整中专门对教师队伍建设提出了规划目标：

（7）加强师资队伍建设，积极推行教育内部“三制”改革。建设一支数量足、业务精、结构合理、能力强的教职工队伍和校长队伍，加大培训力度，每年投入200万元，培训20%的教师和校长，以满足教育发展的新形势、新要求、新任务，稳步推进新课程改革。

（8）全面启动“教师安居工程”建设。在城区，通过市场化运作，新建200套商品房，让利出售给城区教师；在乡镇，采取政府补贴、教师筹资的办法，新建“单元式”住房200套；在农村，新建套间式周转房200间。

国家层面的布局调整文件指出，布局调整工作要针对各个地区地理环境、人口规模、经济条件等因素调整义务教育阶段的学校分布。但是，从开和县颁布的布局调整项目规划方案来看，学前教育、高中教育以及职业技术教育都纳入到布局调整的范畴（见表5－1）。对此，基层官员也有着自己的考虑：“国家制定的政策其实都是为了提高教育质量。可是你看看我们这里，学前教育一个教师编制都没有，义务教育免费也不包括学前班。你要知道没有上过学前班的孩子语言不能适应，很难跟得上进度的，老师也难教。学前教育要是能一起免费、能有编制就好了。国家没有考虑到这一块，我们必须考虑。”对于高中和职业技术学校，教育局金局长也说出了自己的担忧：“现在说哪个地方基础教育质量高，其实还是看成绩，看考上高中、大学的比例。高中做不好，基础教育再好也没用，最后大家还不是都回家了……我们眼光要放长远，既然现在国家出政策管基础教育，以后肯定还会出政策管高中。我们现在就把高中考虑进来，实际上已经走到了国家的前面。”除了政策执行的群体范围发生了改变之外，经费的预算和规划也体现了基层官员差异化行动的特点（见表5－1）。

表 5 –1　开和县中小学布局调整规划建设面积和经费预算

项目名称	建设性质	建设规模（平方米）	建设年份	项目总投资（万元）					主要建设内容
				合计	中央专项	省级资金	州县配套	外援资金	
合计		669422.00		115015.00	92012.00	17252.25	5750.75		
学前教育	新建	53380.00	2011—2015	8753.00	7002.40	1312.95	437.65		在县城和人口集中的乡镇设立学前教育机构，计划建设面积 53380 平方米，投资 8007 万元。教学设备 612 万元，课桌凳 89 万元，食堂设备 45 万元
义务教育	扩建、新建	404859.00	2011—2015	80321.00	64256.80	12048.15	4016.05		分别将现有的女中、二中、三中、四中扩建单设为初级中学，保留民族中学的初中部，进行双语教学，在群科新区新建 1 所九年一贯制学校。到 2015 年，初中 6 所，计划建设面积 155359 平方米，投资 23303 万元。教学设备 1530 万元，食堂设备 130 万元，床 444 万元，图书 1081 万元，课桌凳 110 万元。保留小学 105 所，计划建设面积 249500 平方米，投资 37425 万元。教学设备 12750 万元，食堂设备 1575 万元，床 438 万元，图书 1481 万元，课桌凳 54 万元
普通高中	扩建、新建	48216.00	2011—2015	8576.00	6860.80	1286.40	428.80		扩建开和县第一中学，在新城区新建 1 所高级中学，撤并其他 3 所完全中学的高中部，保留民族中学的高中部，计划建设面积 48216 平方米，投资 7232 万元。教学设备 1056 万元，食堂设备 150 万元，床 167 万元，图书 937 万元，课桌凳 90 万元
中等职业教育	扩建、新建	162967.00	2011—2015	17365.00	13892.00	2604.75	868.25		在县城扩建职业中学，在新城区新建 1 所职业学校，计划建设面积 162976 平方米，投资 15446 万元。教学设备 704 万元，食堂设备 100 万元，床 170 万元，图书 832 万元，课桌凳 113 万元

注：在普通高中一栏，主要建设内容中各分项投资之和与项目总投资中合计一项不对应，但原始数据如此，此处保持原貌。

总之，在政策执行过程中，基层官员对政策目标以特有的方式进行再制定。一般情况下，基层官员会对政策将要达到的总体目标、最终状态以更加简化、具体的方式描述出来，这是政策目标的具体化。与国务院、教育部颁布的政策相比，县级政府、教育局制定的布局调整文件在政策目标方面有了明显的差异，造成目标偏移的现象。

从开和县政府及教育局制定的文件可以看出，抽象、模糊的布局调整政策目的已经在基层官员的理解下重新阐释为量化、可操作化的目标。在这个过程中，可以总结出以下几点特征：

（1）数量目标的设定。在不同层级的政策之间，“小学就近入学、初中相对集中”已经变成了“将全县现有 276 所各级各类学校调整减少为 128 所，撤并 148 所学校”，而且这 148 所学校的撤并都要求在 2010 年内完成。虽然国家层面的政策没有规定如何制定布局调整的方案，但是“农村小学和教学点要在方便学生就近入学的前提下适当合并”的表述，从字面上可理解为允许撤并学校。“只要撤并学校，就是执行了布局调整政策；撤并学校数量越多，对政策的重视程度越高”，这种想法就成了基层官员的布局调整目标设定的指导思想。在访谈中，基层官员经常提到：“撤得慢就落后了”，“现在不撤以后就没机会了，谁知道以后的政策有什么变化呢？这就像三伏天的雪糕，不吃就化了”。

（2）根据区域发展现实情况制定布局调整目标。从学校撤并后的区域分布可以看出，中小学越来越集中于城镇及人口分布相对密集的村庄。开和县在城市规划中建设了县城新区，新建学校基本集中在新区。国家布局调整政策规定的是义务教育阶段的中小学调整，而县级单位在执行政策的时候则将各项政策统合起来重新制定目标。新区建成之后，老城区原有居民以交通、教育、医疗、生活等不便为由不愿搬迁。为了进一步加快城镇化建设的步伐，县级政府、教育局将原有的学校撤并，在新城区建立九年一贯制学校，并通过行政权力将优秀师资大量调入新学校。因此，基层官员在执行政策的时候，在原则性的规制和现实状况之间重新制定政策目标。“一台电脑搭售一个硬盘”式的附加执行、“断章取义，为我所用”式的选择执行都成为基层官员政策执行过程中的常见现象。

借助表 5－2 可以总结出基层官员执行政策中政策目标再制定的分类方式：

表 5－2　政策目的和政策目标的差异分析

特征	国家层面政策目的	县级层面政策目标
明确程度	宽泛陈述（优化教育资源配置）	具体陈述（调减率为 53.5%）
术语定义	规范性定义（就近入学）	可操作性定义（乡镇总人口在 5000 人以下的改扩建 1 所寄宿制学校）
时间规定	不明确（逐步调整农村中小学布局）	明确（2010 年为开始规划阶段，2011 年开始实施，到 2015 年全部完成）
评估	非量化的（牢固、实用、够用）	非常量化（计划建设面积 162976 平方米）
目标群体	宽泛界定（重点支持农村地区中小学）	具体界定（全县 5 万多藏族人口的 2600 多名民考民学生集中到新区中学）

由此可见，基层官员在政策执行中变成了有着各自目标的个人，他们被授予了政府的权力，并选择在某些范围和场合下行使这种权力，在某种政策和制度下与不同的群体互动，最终形成一种相对均衡的结果。尽管国家层面通过财政和行政等多重约束限制基层官员的权力，但是这种普遍性的约束规则在遇到差异处理的时候其约束能力会受到遏制。在这个过程中，基层官员个体往往通过改变规则的方式改变了预期的目的。

第三节　政策标准——具体细化

标准被视为科学分析和实践经验的总结，在一定范围内为了获得最佳秩序，人们通常会制定一些要求共同遵守的并可重复使用的规则。政策标准多体现为财政、行政以及资源等方面的要求，比如按照人口比例和学生数量划拨的财政拨款，对政策执行的程序和时间要求，以及对学生上学途径及成本的限制等。这些标准可能体现在政府的政策文本和指导方针中，也可能体现在组织的章程和制度中。当政策执行面临困境不能严格遵循标准的时候，这些标准需要被重新解释。李普斯基在研究中发现，基层官员经常通过修改政策标准来为少数群体服务，以维持政策执行效果的公共形象。但是这并不是政策实际效果的真实反映①。

在农村中小学布局调整政策执行过程中，对于国家政策中规定的财政和行政标准，基层官员一般以遵从为主。而可以体现个体自由裁量权的往往集中在两个方面：第一是便于学生入学，第二是提高教育投资效益。当然二者也可能产生矛盾，如何兼顾或者何者为先一般体现在各个国家的布局调整政策中。布局调整的标准通常有三个：一是学生入学的距离，可以用三种方法来衡量，即物理距离、文化距离、时间距离；二是学校覆盖服务人群规模；三是学校规模。从国家制定的政策文本来看，布局调整便于学生入学的三个标准均以模糊的方式加以阐述，如对学生入学距离使用了“小学就近入学、初中相对集中”的表述，对学校覆盖服务人群规模的界定仅在“人口稀少且居住分散的地区可以举办寄宿制学校”加以说明，对学校规模的规定是“撤并规模小、办学条件差的学校和教学点”。

基层官员在确定究竟如何调整学校布局的时候，为了方便解释执行行为、为政策执行提供合理性理由，一般都对学校撤并的标准加以说明。这一点可以从以下一些地区的布局调整方案中看出。其一，物理距离。2008年《山东省普通小学基本办学条件标准（试行）》规定：“小学生的走读半径一般为2公里。”2008年《河南省农村义务教育阶段学校办学条件基本标准（试行）》规定：“平原地区小学服务半径一般不超过2公里（不含寄宿制学校）。”其二，时间距离。云南省兰西市制定的布局调整方案中规定：“寄宿生一般不受家庭距离的限制。走读生则应考虑学生上学途中安全问题和上学距离不能过长。走读生上学途中单程时限（不论步行还是利用自行车或其他交通工具）建议为：小学低年级上学途中最多不超过30分钟；小学高年级上学途中最多不超过45分钟；中学上学途中最多不超过60分钟。”文化距离多表现为软性指标，到目前为止从检索到的布局调整政策来看，一般都是从物理距离和时间距离来重新制定标准。

① Lipsky, M. Street-level bureaucracy: Dilemmas of the individual in public services [M]. New York: Russell Sage Foundation, 1980: 103.

学校覆盖服务人群规模也是布局调整政策执行标准的一项重要内容。2008 年《山东省普通初级中学基本办学条件标准（试行）》规定："农村5 万人口以上的乡镇，可以设 1 至 2 所初中，5 万人口以下的设 1 所初中。"2008 年《河南省农村义务教育阶段学校办学条件基本标准（试行）》规定："平原地区，原则上每 0.5 万人左右设 1 所完全小学，每 2—3 万人设 1 所初中。"山西省《关于"十一五"期间中小学布局调整工作的指导意见》规定："每个乡（镇）设置 1 所初中，3 万人以上的乡（镇）可以设置 2 所。"青海省开和县 2009 年《关于呈报中小学布局调整规划的报告》规定："计划乡镇总人口在 5000 人以下的改扩建 1 所寄宿制学校，5000—10000 人的乡镇根据实际需要改扩建 2—3 所寄宿制学校，万人以上的乡镇改扩建 3—5 所寄宿制学校，适当保留学生规模较大、走读方便的非寄宿制学校。"

关于学校规模的标准，从各地制定的标准来看，中心小学规模一般要达到 600 人以上，完全小学规模原则上要达到 400 人以上。2008 年《黑龙江省义务教育学校标准化建设标准》规定："农村每个乡镇设立 1 所中心学校和若干分校（教学点），教学点一般不少于 3 个以上学年教学班。农村小学教学点一般每班学生人数最低不少于 10 人。"2008 年《内蒙古自治区中小学校办学条件标准（试行）》规定："牧区和偏远山区小学每班学生人数不少于 20 人，农村小学每班学生人数不少于 25 人，班额过少的应举办复式教学班。"青海省开和县"对部分村级小学学生在 150 名左右、校舍条件较好的小学，原则上暂予保留"。

各省、区、市制定的布局调整标准并不一定在县及乡镇层级得到完全遵循，大多情况下县级以下的基层官员遵循的是一套属于自己的标准。如案例一的巴库小学，撤并之前在校小学生 110 多名，学前班学生 40 多名，其学校规模已经超过 150 名。但是县教育局、乡党委（政府）、中心小学校长分别出于"撤掉一所质量不好的学校也无妨"、"免得继续受危房改造的困扰"、"素来与那校长面和心不和"的考虑，将巴库小学撤并入中心小学。而中心小学并没有做好迎接学校规模翻倍的准备，教师、学生都出现了种种不适应的状态，教室、宿舍、食堂也进入了拥挤不堪的状态。

而案例二中的太山小学，之所以并入另外一所规模相当的学校，是因为那所学校所在村庄的经济要发达一些。

尽管基层官员可以寻找很多合理化的理由解释为什么布局调整工作中没有充分考虑物理距离和时间成本，比如经费有限、教师短缺、危房严重等，但是对于具体的经费分配标准，他们往往不做详细解释，多用“惯例”、“常规”或“例行化”的言语应对。按照惯例重新解释政策标准之后简化了工作步骤，也降低了工作难度。这样，基层官员便通过工作程序或工作惯例替代了政策执行。李普斯基在研究中也发现，基层官员采用筛选分类然后“盖章”的工作惯例来应对目标群体和工作环境的压力。目标群体需求多样，工作情境复杂多变，如果基层官员真正根据目标群体、工作环境来确定政策执行的方案，会让他们在完成任务和工作效果之间陷入困境，而按照统一标准进行工作可以让他们免于选择。

政策标准的重新制定也是基层官员的一种惯例，这是他们身处政策执行的压力下以及冲突环境中的结果。惯例作为个体行动的一种方式，吉登斯这样阐释：“惯例是日常社会活动的一项基本要素……它所体现的单调而重复的特点，正是社会生活循环往复的特征的实质根基。”①

在吉登斯的描述中，可以看出遵从惯例其实不是简单地沿袭传统，也不是机械地遵循规则，而是行动者有意识地选择行为。尽管基层官员不能或者不需要提供明确的解释，但是他们知道“如何去做”，如按照往年资金分配的比例进行经费划分，按照以往中央、地方组合的方式配给经费，这就足以保证政策执行工作的例行化。前次例行化工作的结果继而也会转化为下一次工作的条件。

因此，遵从惯例的结果就是行动的结构化，无论外部环境发生什么变化，工作惯例以一种无形而又稳定的方式进行着。由此，所有的政策到了基层组织均转化为具体工作，所有的政策标准也都分解为常规的规则和资源。

① 安东尼·吉登斯．社会的构成［M］．李康，李猛，等，译．北京：生活·读书·新知三联书店，1998：43．

第四节　政策任务——分解程序

任务通常是上级交派给下级的工作，而下级在完成工作中承担相应的责任。在行政管理体制中，工作人员需要遵循任务驱动的管理监督——这种约束对于基层官员是最直接的，但是由于面临的目标群体本身可能是复杂的，基层官员在多种任务之间也会做出一定的偏移。所以，任务也需要在原有的任务框架体系中重新界定。

比如兰西市布局调整过程中优先撤并的是“危房比例比较高而又在短时期内无法改善的学校”、“师资短缺无法在短时期内补充的学校”，而开和县则是根据“村子经济发展水平”，选择“最富的村子”保留其学校。为了明确阶段性任务，开和县确定“将全县现有 276 所各级各类学校调整减少为 128 所，撤并 148 所学校。调减率为 53.5%”。

当基层官员面对上级部门颁布的政策时，最为关注的是怎么做。他们常常把抽象的指令、命令、规制转化为程序化工作，进行任务分解并实行责任制。在这个过程中，他们常用的方法就是遵照“惯例”。

一、任务分解

为贯彻落实布局调整政策，县级部门会成立布局调整工作领导小组。如开和县布局调整工作领导小组组长由县委书记担任，副组长包括县人大常委会主任、县委副书记（兼县政府县长）、县政协主席、县委副书记，成员包括县政府常务副县长、县纪委书记、县人大常委会副主任、县政府副县长、县政协副主席、县教育局局长。下设两个工作组：一个是校舍工程建设工作组，组长为县长，副组长为县纪委书记、县人大常委会副主任、县政府副县长。这个工作组成员颇为复杂，县级层面几乎所有部门的行政官员都占有一席之地，比如县发改委主任、县财政局局长、县纪委副书记、县监察局局长、县城建局局长、县国土局局长、县环保局局长、县卫生局局长、县安监局局长、县交通局局长、县地震局局长、县电力局局长、县教育局副局长、县城市执法局局长、县自来水公司经理、县供热中心主任等等。另外一个小组是学校布局结构调整工作组，其成员的复杂性也是如此。

尽管这是一个庞大的工作小组，县级政府几乎所有的部门领导都参与其中，但基本都是在开会的时候出现并发表意见，最关键的政策执行者还是作为教育主管部门的教育局。而教育局局长又会把任务分给下属，由他们负责各个乡镇布局调整工作的通知、审查等事项。

同样，到了乡镇一级，也会成立布局调整工作小组，形成以乡（镇）长或乡（镇）党委书记为组长的工作模式。学校校长、教师都在工作小组中承担一定的任务。这一点，也可以从政府相关文件中看出。

二、负责制

当政策转换为工作任务被分解后，任务也就被指定了明确的行为主体，该主体要为相应的任务负责。负责制的一般意义是要求行为者有着必须去做某些事情的义务，同时要对自己的行为负责。如开和县在所制定的中小学布局调整文件中对各级部门的工作做出了明确的责任要求：

一是领导小组要切实负起责任。为了加强对教育布局调整工作的领导，县上将专门成立领导小组，教育布局调整工作领导小组要切实负起责任，发挥好应有的作用。分管领导下半年要将主要精力放在教育布局调整上，随时了解掌握情况，深入开展调查研究，解决一些影响教育布局调整的突出困难和问题。

二是要认真落实工作责任制。坚持分级负责，归口管理的原则。教育局是总的牵头单位，各乡（镇）党委书记、乡（镇）长是第一责任人，各学区校长是直接责任人，各相关部门要按照要求各负其责，密切配合，哪个环节出现问题，就要追究哪个环节责任人的责任。

三是要加强宣传引导。要正面引导，让群众了解教育布局调整的重要意义，对群众的思想障碍，要积极主动地去疏通、去化解。要搞好典型引导，选择好的典型，进行大张旗鼓宣传报道，积极为布局调整营造良好氛围。

四是要加强请示汇报。教育布局调整涉及面广、情况复杂，难办的事情多，稍有不慎就会出问题，因此，要加强请示汇报。要多给分管领导汇报，重大的问题都要给县委县政府汇报，由县上研究解决问题。通过全县各级组织的共同努力，将教育布局调整这项工作办成人民满意的工程。

根据文件要求，县教育局主要负责给各乡镇下发布局调整相关文件并传达相关精神，收集各乡镇教育基本统计信息。布局调整规划方案的设计，重点是专项经费申请。关于这一点，县教育局通常会安排专人负责收集各地布局调整规划，通过网络、电话、传真等各种方式，参照其他地区的方案进行本县布局调整的规划设计。比如开和县就直接参考了其他一些地区布局调整试点的预算。县教育局金局长说："之前还准备把这个任务（经费预算）也交给乡镇，可是乡镇胆子有点小，上报的数字什么事都干不了。后来我们就自己做，当然也参考了很多成功地区的做法。"

乡镇层级负责布局调整撤并或保留学校名单的确定，家长、教师的思想动员和安抚工作。不过，从调研中可以明显看出，乡镇一级的负责人抱怨最多。自从教育管理体制实行改革、乡镇教育权收归县一级之后，乡镇就没有任何管理教育的权力，但是落实政策、推动教育发展的工作并没有减少。东文乡党委书记说："钱没有一点，事情一大堆"，"学校危房多了，镇上没钱修整，跟上面申请也申请不下来，钱都在县里面。但是县里或上面来检查时总是批评我们……还有学生辍学啦、安全啦、卫生啦等等，我们都是负责人。这次撤点并校很好，我现在觉得学校越少越好，把原来遗留的问题可以借这个机会彻底解决"，"在布局调整中，除非出现暴力冲突、上访事件县里才会出面。一般都是我们来处理。做得好是政策好，上级领导有方，很少有校长因为'政绩'晋升，但有很多因为学校出了安全问题、辍学问题被辞职。将任务分配给校长、教师，实行任务制。校长不能完成就撤掉，教师不能完成无法顺利进入新建、合并后的学校"。

从东文乡撤并的学校来看，确实也遵循了乡党委书记的这一思路，把一些危房率高、教学设备落后、外出务工家长人数多的学校都撤掉了。乡党委书记很满意当时的决策，说“学校条件改善啦，学生‘吃喝拉撒睡，学玩病痛伤’都在学校里，管理起来很方便，家长也可以放心了”。

从上述文件内容和工作过程描述中，可以总结出基层官员工作中负责制主要包括四点要求：（1）责任主体，即哪些人需要担负这种性质的任务；（2）责任客体，即责任主体需要对哪些人或问题负责；（3）责任范围，即责任主体主要承担哪些方面的责任；（4）责任事由，即责任主体承担责任的理由和依据。

不过，对于责任客体、范围和事由，基层官员似乎也充满了无奈和矛盾心理。比如兰西市东文乡中心小学校长在用一句话评价自己的工作时说了四个字——“忍辱负重”。县里的指示明确指出布局调整就是要撤点并校，而撤并的具体学校名单基本都是由中心学校来确定的。对于被撤学校的学生家长、教师以及所在村庄的村民，所有的工作都是由学校来承担。与此同时，学校还要分担镇政府的工作。开和县木昆中心小学校长说：“虽然说（乡镇中小学）不归乡镇管了，由县里统一来管，但还是差不多。乡里每周一开例会我们都去，有时候很多教育文件都是先发到乡里，我们都是从那里得到消息，很少有通知是直接通知我们的。”“另外，乡里很多工作我们都要辅助去做，我们学校的每一个男老师都包一个村，乡里下去检查我们都去……什么都管，村主任换届选举、贫困家庭补助、合作医疗，连计划生育也要管，追着那些妇女做工作。现在超生的不是特别多了，就是照了B超发现是女孩就流了，现在出生婴儿的性别比例越来越大了，男孩越来越多……什么工作都不好做，我们干这些事情的时间比我们在学校的时间还多。”访谈期间，笔者也确实见证了这样的情况。在笔者与校长预约访谈的时候，连续三次都被乡里的事务性安排中断。本想等校长返校时访谈，可是他每次都是凌晨一两点钟抵校，第二天见到的时候还带着浓浓的酒气。

在确定被撤学校名单的时候，学生人数少、条件差的学校必然会被撤掉，部分学生人数不少、条件也不差的学校会因一些偶然因素被撤掉。提交到市、省、国家的撤并学校的正式名单，大都是中心学校校长、乡（镇）长（党委书记）的一句话、一个主意确定的。在这个过程中，每一所学校的撤并背后都有一个曲折的故事，没有哪一所学校是非常顺利地被合并的。开和县第一中学校长说："我们工作的方式就是对上面要夸张一点，以加强他们对我们工作的重视，对下面要能磨，简称为'对上靠吹；对下靠磨'。如果不'磨'，上级交代的任务永远完不成。在做群众工作的时候，要树立'打不还手、骂不还口'的意志，一次不行两次，两次不行三次，只要他们不去上访，一切事情都能解决。要让他们明白，'政府要做的事情，谁也拦不住'。"

"政府"这个词在县教育局局长、乡（镇）长（党委书记）和中心学校校长的话语中多次出现，但是每次的意义又不尽相同。"政府"好像既与他们相关，又好像无关。当工作任务需要权威的时候，他们就代表着政府形象出现；当遇到目标群体抵制时，他们又把自己作为个体角色与政府隔离开来，强调自己仅仅是履行政府意志的工具化人员，这样更容易化解政策目标群体对政策的抵制、反抗情绪。

基层官员在执行政策时，通过任务分解的方式将"集体"的政策转化为"个体"的任务，并通过将任务分配到人的方式，使得政策在相关具体行政措施的支持下逐步完成。

第五节　政策目标群体——差异处理

基层官员和政策目标群体的互动对于解释基层官员的行为非常重要。国家政策所指的政策目标群体是一个整体的概念，但基层官员往往要跟一个一个的目标个体互动。首先，当目标群体给他们带来压力的时候，他们会采用一种应付机制；其次，面对不同的政策目标对象，他们的行为会产生变化；最后，他们会根据不同的政策对象采用不同的解释方式。基层官员经常在与目标群体的直接互动中做出决策，而且决策的速度非常快。他们重新解释或制定政策的时候，对于目标群体也有相应的应对措施。

从基层官员和目标群体的互动来观察基层官员执行政策，可以更好地理解政策是如何转变为社会过程的。从这个角度来看，基层官员政策执行的过程就是一个互动的过程。同时，基层官员自身的观念、信念也对这个过程产生一定的影响。在多重因素影响下，为了将政策执行转化为可操作化行动，基层官员常用的方法就是分类。分类中有常规的分类（如依据年级、收入水平、受教育水平等的分类），也有带感情色彩的分类（比如“刁民”、“好同志”等）。

一、分类

从基层官员执行政策的过程中可以发现，他们对待目标群体的方式是有差异的。基层官员根据自己的理解、观念对目标群体进行分类，不同的分类对应不同的对待方式。分类的目的是将复杂的目标群体进行简化，进而简化工作程序。

首先，从管理的角度进行分类是基层官员执行政策的一个必要环节。基层官员必须“根据目标判断并控制目标群体”①。为了达到这个目的，基层官员会预先设定几种类型，从主观目的上来说这可能是刻意的，也可能是按照惯例。不同的分类就决定了不同的对待方式。比如，在布局调整政策执行过程中，在撤并学校的确定、经费的预算规划中，将学校划分为质量高中低、规模大中小、教学条件优良差，对学校所在地人口规模、经济水平、外出务工比例、教育观念等进行分类，对学生家长按照文化水平、经济水平、家庭背景、脾气性格等进行分类的现象均有出现。

这样的分类类似于市场上对客户的分类。每一所学校、每一个村寨、每一位家长似乎都被划分为不同种类。基层官员类似产品分配者，他们根据分类来确定哪个群体获得服务而哪个群体不具备这种资格。尽管接受义务教育是每个学龄期儿童的权利和义务，但是享受什么样的教育、如何享

---

① Lipsky, M. Street-level bureaucracy: Dilemmas of the individual in public services [M]. New York: Russell Sage Foundation, 1980: 73.

受教育却由基层官员来确定。公共教育的服务委托给基层官员之后，他们通常会设定短期（比如任期之内）目标来管理教育。

其次，基层官员会从自己的直接感受出发进行情感分类。从情感的角度进行分类带有某种模糊性，也没有统一的标准，主要取决于基层官员的观念、情感、道德。李普斯基认为，区分目标群体的过程是基层官员面对多样化的群体不得不采用的一种工作程序。基层官员习惯给目标群体贴道德标签，比如“好”、“坏”。在提供公共服务时候会把目标群体划分为“应该享有”和“不该享有”两类。但是，情感分类与采用的应对措施不一定是完全一致的。有的研究者在对就业服务中心的基层官员进行研究之后，发现那些反应敏捷、服从安排、外貌较好的求职者经常被标签为“好顾客”，也能优先得到就业职位推荐①。但在我国农村中小学布局调整过程中，那些基层官员通常提到的“好同志”、“好群众”以及“懂道理”、“听话”的家长或教师，大部分都只能得到最简单的对待；而被认为是“刁民”、“钉子户”、“不讲道理”、“胡搅蛮缠”的群体，往往却能得到特殊的待遇。

因此，在布局调整政策执行过程中，基层官员关注的是如何执行政策，更确切地说是如何将计划要撤掉的学校撤掉。对目标群体的分类都是基于能否完成这一目标而进行的，并不是目标群体本质确有差异。基层官员对家长群体的总体评价是“只看眼前一寸地”，认为家长“实际上根本不懂教育，政府这样做都是为了孩子们，为了教育，不是为了自己。……那些瞎闹腾的，都是想借这个事情达到其他目的。你只要了解了他们想要什么，问题就很好解决了”。

陈柏峰在基层政治研究中提到，“可怜的刁民”不得已才会采用意想不到的方式进行反抗②。在教育政策执行领域，基层官员遇到的问题似乎要缓和得多。家长在得不到期望的公共教育服务时，最偏激的做法是“搬

---

① Lipsky, M. Street-level bureaucracy: Dilemmas of the individual in public services [M]. New York: Russell Sage Foundation, 1980: 89-95.

② 陈柏峰. 无礼上访与基层法制 [J]. 中外法学, 2011 (2).

走新学校的桌椅”，在利益无法、无处表达的时候不得已才会去“上访”。但是他们不敢打持久战，因为他们认为“怎么对待我们都可以，但是就担心孩子们被耽误了，就像种地一样，赶不上春种就得不到秋收”。因此，这就给基层官员提供了一种博弈成本——时间。对于需要完成行政程序的目标群体，基层官员一般不采取极端对抗或压制的态度，而是采用“拖”的策略。群众工作做不通就拖，“一次不行两次，两次不行三次，三次不行五次十次我们都奉陪”，“谁先着急谁就输了，他们着急了我们的工作就好做了”。

对于那些向政府反映意见的家长，基层官员也采用相同的策略。兰西市教育局袁副局长讲过这样的一个故事：“有一次局里来了十几个农村妇女，大清早在院子里吵吵，说学校没了，自己孩子小，这些当官的怎么当的……点名要见刘局长。刘局长当时还没到局里，我给他打电话，他说‘就说我去州里开会了，晚点回’。那些家长就在院子里等，天气热，她们到处找阴凉。中间也是着急，一直催促我们快点跟局长联系……一直等到下午四点多快下班时，局长才来了。这时候估计家长们又热又累又饿，局长说：‘今晚我请你们吃饭，什么事情我给你们做主。’结果那些家长们匆匆吃过饭就走了，似乎一天的等待把怒火都消除了。”

“好群众”和“刁民”并不是完全对立的，他们在基层官员的评判中还有一个共同的特征：至少关心下一代的教育。除了这两个群体，还有一种家长群体，就是“不务正业”，当然，这个群体也谈不上关心子女的教育。这种类型，在东文乡极为凸显。东文乡距缅甸边境只有几公里，地处边境地区使得这里的人接触毒品的机会特别多。据说一个 80 多户的村寨只有 3 户家庭没有人吸毒。因为戒毒工作深入到各家各户，警察经常深夜出击，有大批的年轻人因吸毒逃到了境外，或者进了戒毒所。这里的很多孩子都是跟着爷爷奶奶、外公外婆或亲戚一起生活。这算一个大的村寨，村小原有学生 100 多人，也有一些附近村子的学生来这里上学。当时考虑布局调整的时候第一批被撤掉的就包括这所村小，缘由不是规模小，也不是危房多，而是“环境恶劣”。撤掉这所村小，完全没有经过“民意调查”的环节。按照教育局局长的说法，“他们自己对孩子不管不问，更不要来管学校，他们已经失去了为子女选择学校的权利”。后来还有一条不成文的规定，即凡是这个村寨的父母要看望子女，一律不准在校园里出现。

二、应对方式

基层官员在政策执行阶段不仅要收集信息确定行动措施，还要做好目标群体（特别是家长）的工作，主要任务就是按照要求让被撤学校的学生家长和所在村寨的村民签“同意书”。在这个过程中，基层官员多会遭到拒绝。那么，不同的群体他们是如何对待的呢？

在对基层官员的访谈中，当问不出布局调整具体措施可能带来的不良后果时，笔者曾试探性问过这样的问题：“在教育管理工作中，您最有压力的是什么？”得到的回答很雷同，如果对这些答案进行排序的话，排在第一位的是学生安全问题。学生人身受到伤害或中毒，如危害程度较高，直接责任人（如学校校长、教育局局长）是要直接免职的。第二是上访事件。由于上访事件的次数会影响政府形象和业绩，任何一个部门出现上访事件，部门负责人也要接受惩处。第三是上级部门的压制。第四是“刁民”的蛮不讲理。

教育管理中的基层官员由于担心学生因危房出事故匆匆撤掉学校，由于担心学生路上安全问题而大力扩建寄宿制学校，这听上去似乎也是合情合理的说辞。但是他们似乎没有担心年龄太小的学生住校情感的缺失以及孤僻性格的形成，也没有担心学生在寄宿学校的生活并都不是表面上的舒服快乐。

开和县一位中心小学校长说：“局长、镇长和我一起去做工作。先在村里开大会，告诉他们，政府已经决定把这所学校撤掉，这是不能变的了。此外，还一定要告诉大家，被撤的还有很多其他的学校。让孩子们去的学校老师好，教学条件好，一些想让自己的孩子上好学的家长可能现场就能签字。即便现场不签，派老师到家里去的时候就都签了。这些家长工作好做，只要告诉他们新学校条件好就行了……对孩子教育不重视的就不好弄了。有的家庭条件差，就说如果不签字会影响他们的最低生活保障，还罚款，他们也会签……有的家长联合其他家长上访，我们最担心了。打官司我们还不怕，就怕上访，有的还动不动就去北京。上次我和局长去接上访的家长，在北京待了三周，说实话，如果不是影响工作，我真想让他们在那里待几天，后来他们连信访单位的门都没进去，就被劝走了。后来就请他们吃饭，吃饭的时候什么都不说，就聊家常，吃几次饭后，他们就没气了……有一个家长真是‘刁民’，不讲理，怎么都不行，还威胁要打我们。后来还是局长有办法，把他两个儿子都安排到县里的学校去了。这才消停了。”云南省东文乡的情况也差不多，有一个村子因为工作不好做，局长、乡长、校长商议之后，就留下了那所学校，但是把大多数老师都调入东文小学。因为教师紧缺，很多教学工作不能正常开展，家长们没有办法，熬了半个学期之后，待局长带人再去村里做工作，绝大多数人都签了字。

由此可见，基层官员面对目标群体的时候不是一种平等的态度。为了完成政策任务的分解、达到预期的目的，他们会对目标群体进行分类。这个过程也体现了一种互动，目标群体采取什么行动，就相应地被划分到哪一种类型，然后基层官员就会采用不同的应付策略。在这个过程中，基层官员会以诱导、威胁、哄骗、给予特殊待遇等不同的方式对待不同的群体，并以“各个击破”的行动战术使目标群体完成形式上的认同（如签字同意）。

三、控制目标群体

基层官员通过各种方式控制目标群体。在布局调整政策执行过程中，目标群体包括家长、学校教师、学生。学生是一个处于身心发展成长期的群体，他们不能准确表达自己的意愿或者还不能表达自己的意愿。家长、教师除了作为政策的目标群体，同时还要代表学生群体做出利益表达。在政策执行过程中，基层官员重点的目标群体是家长（尤其是村民家长），而教师群体似乎一直没有出现在基层官员考虑应对的计划中。

如案例一中的杨田广老师，事先并没有被通知学校被撤的消息，仅在开学第一天才知道学校的变故，该校其他老师包括校长也都没被提前通知。本来教师的分配是“就近原则”，也就是教师所在的学校离自己家都非常近，但是学校被撤就要分到其他学校中去，不一定所有的教师都能及时分到住房，因此，一些被撤学校的教师们也面临着与学生“走读”类似的“走教”。有的教师被分入新的学校又没有编制，只能按照支教的身份从事教学，“一转眼从正式的变成临时的”，心中难免会有诸多感慨。

东文乡中心小学的老师当然也是如此，因为是所在学校要合并其他学校，所以就更不清楚学校布局的变化了。开学第一天，赖老师说：“原来三十多人一个班，一下子增加到五十几人一个班。学生多了，照应不过来，只能按教学计划赶紧走，要在课堂上解决学生问题就会影响课程进度。另外，小学生爱说话，上课光是维持课堂纪律就要花很多时间。学校本来是东文最好的小学，一个学期下来学生数学平均分从 87 分变成 72 分。”其他很多老师也反映，“我们比以前更累，但是效果却一天不如一天”。

针对不同群体采取不同的行为措施，忽略他们的个体价值诉求，或者说“以最小的投入获取最大的收益”是基层官员在面对目标群体时常常采用的策略。将政策分解为任务之后，基层官员的工作重心便放在追求任务目标的达成，即便在政策执行过程中遇到了阻力、障碍、困境也很少再去反思任务目标的合理性。

另外一种策略是基层官员一般不会告诉目标群体这项决策是自己或者某个确切的个体制定的，而说是由“上面”制定的。“上面”这个词因为抽象所以体现出“无面”的特征，没有明确的责任主体，同时又将政府不可抗拒的权力特征表露出来。借此，基层官员既撇清了自己在政策决策中的责任，同时又向目标群体传递着“这是无法改变的”、“遵从也得遵从，不遵从也得遵从”的意义。

四、小结

在分类过程中，分类标准其实也不是固定的，由于分类主要取决于基层官员的经验、观念、情感等主观因素，因此标准带有明显的模糊性。但是有一点可以肯定，即消极的标签要比积极的标签多得多。基层官员在执行政策的过程中似乎潜意识地站在目标群体的对立面，但是为了完成任务又努力消除这种对立。从他们的表述中，可以看出明显的“第一人称”的缺失。在近8万字的所有访谈记录中，“我”的出现次数仅为15次，而且都是出现在介绍自我经历的时候。在谈到政策执行的时候，基层官员喜欢使用“我们教育局”、“我们镇”、“我们学校”、“政府”、“上面”等词语。或许这就是他们自身角色定位的一种矛盾性的体现。这种矛盾性让他们在对目标群体制定分类标准时会呈现出明显的不稳定性。尽管他们多使用消极性的标签来划分目标群体，但同时又常称目标群体为“我们老百姓”、“我们家长”，体现出基层官员也试图表现出对目标群体权益的关注，且承认自身是目标群体权益的代表。

宏观、理想、抽象的政策在基层得以执行的时候，往往转化为基层官员与目标群体的互动。本节主要介绍了基层官员与目标群体交互时常用的分类策略。分类是基层官员执行政策的一个关键步骤，笔者把这个过程称为“目标群体的再制定”。分类的意义是广泛的，无论是被视为机械的分类或者根据个人情感进行的分类，都会被基层官员用来确定采用哪种方式应付不同群体。常规的分类被用来确定学校撤、留、并的处理方式，情感式的分类主要针对家长群体，“好群众”与“坏群众”会得到不同等级和类型的对待。李普斯基把这种分类称为建立在偏见或不公平基础上的自由裁量[①]。本节主要提供了经验型实例，用以说明基层官员是通过“非正式权力的正式应用”来确定对不同群体的补偿或惩戒，而且大都以消极的标签标示目标群体的特征，比如“懒惰”、“不求上进”、“蛮横无理”等。原因似乎是基层官员普遍表现出“教育是免费的了，那你们就不要有什么意见了”、“不交钱就没有发言权”的心理状态。

常规分类和情感式分类存在一定区别。常规分类通常根据工作惯例，而且一般都可以公开调整。在布局调整政策执行的初级阶段，基层官员会根据一些常规的标准确定布局调整学校名单，比如根据人口规模、学生数

① Lipsky, M. Street-level bureaucracy: Dilemmas of the individual in public services [M]. New York: Russell Sage Foundation, 1980: 103.

量、上学距离等等。情感式分类潜在地反映了基层官员的情感、观念、道德意识等主观因素对政策执行的影响，他们根据目标群体是否配合工作进行分类。因此，基层官员执行政策的过程似乎充溢着目标群体压力、时间限制和完成任务之间的冲突，他们不得不根据自己的自主权重新界定政策问题，从而出现政策“再制定”现象。对目标群体进行分类，从基层官员的内在逻辑来讲是合理的，但是这种分类却不是以透明、公开的方式进行的，而且分类标准也无法进行独立的审查，其过程中体现的偏见、不公平也就无法直接避免。

通过对目标群体分类，基层官员给不同的群体提供不同的服务，并且为他们的再制定政策寻找正当性。基层官员以刻板的方式对目标群体进行分类以阻止目标群体无止境的需求。通过分类，他们判断谁值得获得更好的服务或更多的关注——如布局调整政策执行中基层官员最希望中心学校、重点学校得到更多的经费、教师等资源。

基层官员与目标群体的互动是非常重要的，因为基层官员作为政府和群众之间的调解者，他们往往不是简单地传达政策文本，而是作为一个根深蒂固的理解和信念系统的社会行动个体。基层官员并不一定完全运用了职位赋予的权力去规制或惩戒目标群体，但是他们确实根据自己的判断对目标群体进行了规制或惩罚。只是他们在应对目标群体采用各种措施的时候已经不再考虑政策本身的目的，而仅是为了完成任务。因此，政策执行的过程不仅包括对政策的再制定，还包括政策任务的完成。韦伯在对官僚制的研究中提到，理想类型的官僚工作中要“切事化”，对事不对人。但是，在我国教育政策执行过程中，基层官员对待目标群体的态度却呈现出“切人化”倾向，即根据不同的目标群体采用了不同的对待方式。

第六节　本章小结

基层官员不只是政策执行的角色，他们还拥有着政策再制定的权力。李普斯基把基层官员的政策执行过程视为一系列冲突或困境，并将产生某种政策结果，而且，政策结果需要放到中央及地方各级政府的广阔视域中来理解。这个论断直到现在仍然具有一定的适用范围。布局调整政策的目标之一是“合理布局”，既没有具体说明“如何”合理，也没有明确界定如何评估“是否”合理，基层官员在执行政策任务的时候往往无所适从。宽泛的、一般化的描述让政策目标缺乏明确性，这就给政策执行造成了极大的障碍。

从图 5－1 可以看出，基层官员的政策再制定是必然的行为，因为地方层面对教育的期望和需求与国家层面制定政策的期望是有所差异的。当期望差异过大的时候，基层官员往往选取少部分的交集进行无限的扩大。

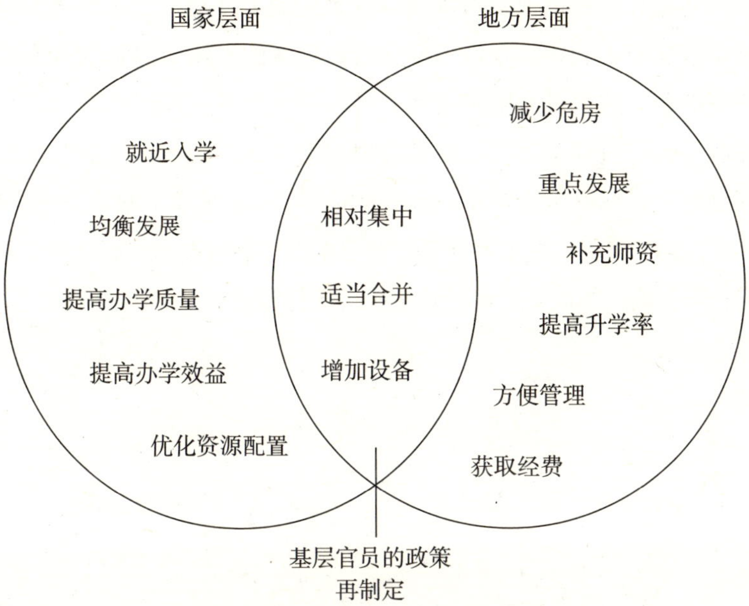

图 5－1　国家和地方层面对布局调整政策期望的差异及基层官员的政策再制定

李普斯基从一种消极的视角描述了基层官员进行的政策再制定，认为他们拥有自由裁量权和解释能力会阻滞政策执行。他指出，正是基层官员工作的本质赋予了他们再制定政策的能力。基层官员的工作表现出双重特征：一方面是自由裁量权，另一方面是向目标群体解释政策。为了既能完成工作又能应对目标群体的需求，基层官员需要及时做出判断和决策。尽管基层官员要代表“政府责任”并保持工作效率，但实际上每一位基层官员的政策再制定都是不同的，他们首先考虑的还是实际的工作情况、工作对象、管理程度以及资源的供需情况。由于受到种种行政条文的束缚，基层官员经常成为破坏政策的人。李普斯基把这些挑战视为他们工作中的冲突或困境①。

在通常情况下，情境太复杂时很难遵循严格的规则。正如李普斯基所言，面对不断变化的工作情境，既要保证灵活、弹性又要维护权力的合法性使得基层官员经常处于矛盾冲突的状态。政策再制定的价值在于这是一种承认个体差异、根据现实情境解释政策的能力。当然，这种再制定也会受到基层官员个人期望、政策目标和政策理解的影响。但是这些影响因素都是潜在的，一般都没有明确表达。

在政策执行过程中，基层官员会根据上级部门的行政规制、同级单位的相互制约、目标群体的需求、可用的资源等现实情境对政策进行再制定，包括政策价值、目标、标准、任务以及目标群体的再制定。而这些再制定行为之间相互影响，构成基层官员政策执行的行为系统（见图5－2）。

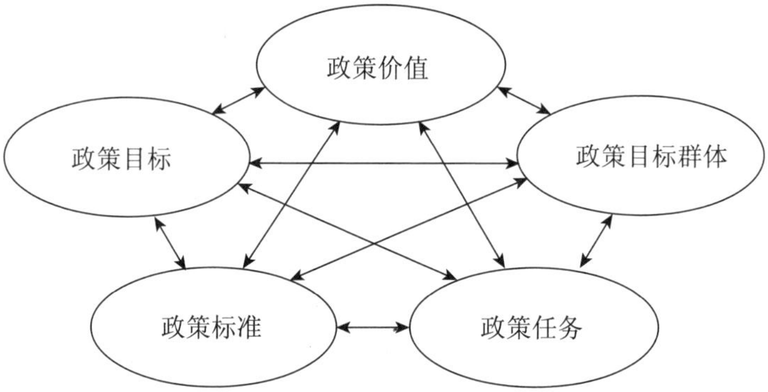

图5－2　基层官员政策再制定行为系统

① Lipsky, M. Standing the study of public policy implementation on its head ［M］ //W. D. Burnham and M. W. Weinberg. American politics and public policy. Cambridge, MA: MIT Press, 1978: 113－115.

第六章　基层官员政策再制定中的个体行动规则

第四章和第五章重点描述了农村中小学布局调整政策执行过程中基层官员面临的决策困境及产生的政策执行行为，从中可以看出，在行政规制、政策标准、政策资源、目标群体和绩效评估的多重制约下，不同地区基层官员的政策执行行为出现了令人费解的“不约而同”，如片面追求“撤并率”、“寄宿学校数量”、“学校规模”等，同时具体的目标和行为策略又不尽相同，而最重要的是最终基层官员又试图产生向上的“反作用力”。

在农村中小学布局调整政策执行过程中，由于政策目标、政策环境、政策资源以及基层官员自身等因素的影响，基层官员处于一种“不确定”状态。当处于这种状态的时候，县级教育行政部门均采用主动或者被动“参观考察”、“学习别人”的方式，通过模仿其他地区的行动、方案、做法来指导自己的政策执行。尽管布局调整政策执行中出现了趋同现象，但是实际的政策目标和行为策略千差万别。比如有的是借助布局调整达到另外一个目标（政策目标替代），有的是将一些其他问题整合进该政策（政策附加）。选择性制定是基层官员政策执行的一个重要环节，这个环节通常将政策目标转化为组织目标。

布局调整政策的执行确实引发了基础教育领域中的新问题。但笔者在调查中发现，基层官员似乎对产生的问题并不抱有担忧的态度。其中一个原因就是由于模仿同行让他们产生了“免责”的心理，更重要的原因是基层官员往往将已经产生的问题作为“依据”进一步产生向上的“反作用力”，这个时候，基层官员不再是政府官员，而是家长、学生、教师等群体利益的责任代理。

基层官员的政策执行行为让我们不得不思考一个问题：基层官员在政

策执行中的角色是什么？由于基层官员是政策执行链条中的最后一个环节，他们代表政府与目标群体交互；同时，基层官员也是政府部门调查了解基层情况的信息提供者，行政管理系统中也存在“神仙下来问土地”的普遍现象，这个时候，基层官员就成为群众的代言人。从这两个职能来看，基层官员似乎扮演着一个边界控制者（boundary spanners）的角色。值得注意的是，边界控制者在政策执行过程中应该发挥什么作用呢？桥梁、缓冲抑或过滤？[①] 这需要深入分析基层官员的角色定位，并充分考虑他们本身作为社会行动个体的能动性。

政策制定及政策执行是以精英论为指导的政治行为，即预先假定某类人在关于所有人“真正有益”的事情方面具有高人一等的智慧，以确定权威性的资源分配、解决问题的途径及划分政策目标群体类型。政策多以“命令”、“指令”等方式进行目的、标准和价值的传递，希望可以适用于每一个人。但实际上，只有政策不受具有支配地位联盟或者利益群体限制的时候，政策才能够适用于每个人。当政策从效果的角度观察完全从属于个人认同的时候，它就违背了普遍性原则。而政策执行是一个双向的过程，一方面基层官员依从政策制定任务，另一方面又依据现实状态采取、调整执行行为。在政策执行过程中，基层官员将“政策”分解为“个体行动”，形成了“自己的”政策。本章借助哈耶克关于社会秩序规则二元观理论，将政策视为组织规则的体现形式，关注政策执行行为个体在外部规则和内部规则指导的冲突中的个体决策和行为（即“政策再制定”）。

第一节　政策执行中的个体行动

当前我国的基础教育受到国家制定的规则的影响，且这种影响是决定性的。比如课程标准以及评价标准等都是由国家制定的。在从事基础教育

① Weatherley, R A, Lipsky, M. Street-level bureaucrats and institutional innovation: Implementing special-education reform [J]. Harvard Educational Review, 1977 (47): 171-179.

之前，国家规定个人必须获得国家颁发的教师资格证。教师资格证的授予、获得人的资质以及相关的附加条件都是由国家制定的规则确定的。这些旨在保护教师权利、提高教师素质的政策，在很多地区却带来了一些消极影响。如农村义务教育中严重的师资短缺问题的出现，就是由于教师岗位实行考试竞聘制度之后能够顺利通过考试的都是来自城市的大学毕业生，但是这些人很少会在分配的教师岗位上坚持下去，总是想方设法尽快进入城镇。最后，国家以提高农村教师素质为目的的政策造成了师资极大的流动性。从本研究获取的资料来看，这也成为农村中小学布局调整的重要影响因素之一。由此，国家制定的宏观政策，在最终执行之后分解为个体行动。

社会科学分析个人、群体和组织之间的关系及各群体和组织内部的关系。韦伯受新康德主义的影响，坚持自然科学和社会科学的区别，认为不能用研究自然科学的方法来研究社会科学，理解才是社会科学的一个基本的方法论前提。在此基础上，韦伯坚持个体先于社会，认为通过对个体的理解才能达到对社会的理解[①]。因此，他也坚持“社会学是一门致力于解释性地理解社会行动并因而对原因和结果做出因果说明的科学”[②]。此外，科尔曼也指出，社会科学的主要任务是解释社会系统行动。在他看来，社会学史上主要有两种解释模式，即整体主义模式和个体主义模式。整体主义解释模式侧重于对不同系统的同一行为进行样本分析，或是对一个系统在某个特定时期内的不同行为进行分析，因而忽视了系统的内部层次，特别是忽视了个人行动层次而缺乏解释力。他认为，要想解释社会现象就要借助对个体行动的解释，通过对个体行动的分析去说明“处于宏观水平下的个人行动以及这些行动是怎样构成宏观社会现象的”[③]。

在此基础上，韦伯一直致力于探究行政管理效率和官僚制模式之间的关系，也就是讨论这些模式在多大程度上依赖于官僚制组织。从这个视角

① 塔尔科特·帕森斯. 社会行动的结构［M］. 张明德，夏翼南，彭刚，译. 南京：译林出版社，2003：674.

② 马克斯·韦伯. 社会科学方法论［M］. 杨富斌，译. 北京：华夏出版社，1999：35.

③ 詹姆斯·S.科尔曼. 社会理论的基础［M］. 邓方，译. 北京：社会科学文献出版社，1990：25.

出发，只有深入把握官僚制实际是如何运作的，才能进一步探讨模式和效率的关系。在中国特殊的政策环境中，观察基层官员如何执行政策，能更加准确细致地反映内部机理。

在政策执行过程中，备受质疑的是基层官员的行政效率。但是当下关于行政效率的分析的一个明显局限，在于假定基层官员通常将政策及其目标作为既定的，因此集中关注的是基层官员如何有效执行的问题。于是，这种分析思路就陷入了固化的政策模式，往往忽略了政策制定本身的意义和目的。毕竟政策制定者和政策执行者的责任性质及任命方式有着极大的差异。无论政策有着多么理想的蓝图，最终应当做什么取决于能够做什么。因此，研究政策执行过程中基层官员的个体行动对于理解政策模式、行政效率及其二者之间的关系有着极为重要的意义。

尽管本研究中的基层官员等核心概念与韦伯的官僚制有着千丝万缕的联系，但是研究解释框架并没有选择相应的理论。韦伯分析了三种官僚制模式并做了相应的批判。第一，从官僚制的利益，尤其是官僚制在职业保障、权力、地位或物质报酬等个人机会方面的利益的角度来解释政策。但是在中国的基层政治中，很多基层官员似乎是轮岗制，教育局、卫生局、交通局等所有行业跨度很远的部门经常存在领导轮换的现象。这就意味着基层官员的个人利益跟当前具体职能部门似乎并没有必然的联系，基层政府总能保证基层官员的个人利益。第二，从相互斗争的利益竞争来解释政策结果。这种解释在中国的基层政府也行不通。就政府而言，各个职能部门的相对独立、层级关系及其利益都有着悠久的历史沉淀，并发展成为一种利益网络，构不成利益冲突。第三，官僚制政策。即将政策作为官僚制利益之间的妥协、行政结构之间的限制的共同产物。倘若这样分析，那么政策又被行政取代了。因此，韦伯也明确提出，如果想要充分理解官僚制，那么“只有在官僚制在政策形成的作用和把政策转变为阻止‘第一线’可操作的指令之间的复杂的相互作用中，才会得到这种理解”[①]。

---

① 戴维·毕瑟姆. 官僚制［M］. 2版. 韩志明，张毅，译. 长春：吉林人民出版社，2005：49－50.

公共政策作为一种以解决系列社会问题和当下社会需求为中心的方案，从本质上来讲是运用国家权力对个体行为进行引导、规范和约束，进而建立合理、有序的公共秩序和社会结构。因此，公共政策作为宏观的社会结构制约，最终的作用对象是微观的个体行动者。单从文本的角度来看，政策制定者已经在很大程度上把文本撰写期间所处的脉络背景去掉——“去脉络化”，而政策执行者在阅读政策文件过程中又做了文本的“再脉络化”①。作为行动个体，他们也不断对政策进行情境回应。公共政策与个体行动就是在这样一种交往互动过程中逐渐转化为社会秩序。

本研究借助哈耶克社会秩序规则二元观理论对政策执行中基层官员的政策再制定行为进行分析。也许有人认为哈耶克的理论建立在“法律下的自由”基础之上，对于政策研究领域不一定适用。但需要注意的是，哈耶克的法律理论是在其社会理论和自由理论的基础上发展而来的，法律理论是进一步了解其个人自由与社会秩序之关系的洞见的重要途径。无论是法律还是政策，都是国家通过立法机关、政策制定部门用于建立社会秩序和规则的。

在各国，义务教育基本上都被纳入到公共教育范畴之中，从而形成了公共教育制度。人们往往把这种公共制度看作“历经数代人的实验和尝试而达成的”，是一种“包含了超过任何人所能拥有的丰富知识的社会制度”，具有一种理性不及的性质②。社会公共制度实际上成为下达于各层人员执行集体计划或具体目的的组织命令。但是公共教育实际上也是每个家庭、每位家长甚至每个学生自己的事情，公共教育制度应该能够提供一个基础的教育环境，在这个环境中，学生、家长可以有选择学校的权利。在布局调整政策执行之前，各个地区学校的增减大部分是根据学龄期儿童数量、人口规模、上学距离等因素以自然的方式进行调整，任何个人的选择均未损害他人的利益。但是，当布局调整政策执行之后，公共教育制度

① 曾荣光. 教育政策研究：议论批判的视域［J］. 北京大学教育评论，2007（4）.

② 弗里德利希·冯·哈耶克. 法律、立法与自由（第二、三卷）［M］. 邓正来，张守东，李静冰，译. 北京：中国大百科全书出版社，2000：23.

渗透甚至取代了这种教育发展的自然规则。基层官员受命于政府机构，根据个人对政策的理解以及对行为目标的追求，以外部规则的形式破坏了教育自然发展的内部规则。当他们的具体行为措施与目标群体的教育诉求发生冲突的时候，他们的价值导向为“集体”高于“个人”，认为只要整体教育质量提高，作为个体的家长、学生自然就会接受。而他们在做出这种决策的时候，是脱离于这个制度的约束的，因为通常他们的子女都不在农村学校里就学。

本研究从基层官员的视角观察教育政策执行过程，也是试图从个体行动的角度理解政策执行的社会行动。在政策执行过程中，基层官员承担着双重角色，既要代表国家保障政策的执行，同时又要站在学生、家长、教师群体的角度谋求教育发展的策略。本研究无意于分析政策制定者与政策执行者之间的权力关系，但不可否认的是，政策执行者处于政策制定者的强制规则之下，永远保持对行政控制的服从；同时，作为政策执行的一个持续参与的个体行动者，执行者本身也在扮演着构建规则的角色。

哈耶克指出，社会秩序的型构并不能仅通过社会秩序规则或仅通过行动者个人的目的来实现，而实际上是行动者在他们应对其即时性环境时遵循某些行为规则的结果，因为“个人行动经整合而成的秩序，并不产生于个人所追求的具体目的，而产生于他们对规则的遵循”①。因此，试图通过制定政策调整个体行动的规则，进而建立一种整体秩序是行不通的，甚至会导致失序或混乱。在布局调整政策执行过程中，尽管基层官员也在追求“优化资源配置”，但实际上最后的结果是造成了大量的资源浪费，而且学生、家长、教师都因为外在教育环境的变化付出了更多的辛苦。在这个过程中，可以说基层官员是潜在参与政策制定的执行者，在政策的制定、修改和执行方面都表现为个体行动。

农村中小学布局调整政策执行过程中，基层官员将要考虑学校的撤、留、并。其中，重点考虑的不是学生、家长的教育需求，而是学校能否保

① 弗里德利希·冯·哈耶克. 法律、立法与自由（第一卷）[M]. 邓正来，张守东，李静冰，译. 北京：中国大百科全书出版社，2000：27.

证质量或者生存下来，比如师资是否充足并优质（如撤掉教师短缺的学校）、教学设备是否足够并现代化（如撤掉教学设备落后的学校）等。尽管国家制定的政策在范围上可以无限适应，但是可供基层官员运用的完成任务的手段却是有限的。在不同地区，布局调整政策执行出现了很多不约而同的行为，如第五章提到的对任务、标准等进行重新制定。从某种意义上说，这些行为的选择，其实就是一种规则的制定，只是在行为过程中披上了政策的合法化外衣。只有在政策执行中个体行为产生一些消极影响时，政策的目标群体及利益相关者才可能意识到这些规则界限的重要性。

第二节　个体行动中的规则

基层官员在政策执行过程中如何决策以及如何做出行动，从本质上讲是一种个体行为规则的制定。当人们试图弄清楚基层官员为什么这样做或者期望基层官员如何做的时候，最常想到的也是规则而不是规章制度①。宾夕法尼亚大学法学院前院长科林·戴弗（Colin Diver）套用大法官奥利弗·温德尔·霍姆斯（Oliver Wendell Holmes）的话对规则做了如下界定："规则是现行政策的表皮……它将尚未发展完善的规范性判断转换为文字形式……规则制定标志着政策由个人意愿转换为公共意愿。"② 这一定义强调规则在政策系统中所起的作用，提醒我们注意规则制定的复杂过程。美国《行政程序法》中也写道："规则是指部分或全部有关部门声明的普遍应用性或特殊应用性，以及实施、解释国会制定法律或政策的预期效果。"③ 这一定义也被广泛应用。从此定义可以看出，规则制定源于行政

① 科尼利厄斯·M. 克温. 规则制定——政府部门如何制定法规与政策［M］. 3 版. 刘璟，等，译. 上海：复旦大学出版社，2007：1.

② Diver，C. Regulatory precision［M］//Hawkins，K and Thomas，J. Making regulatory policy.. Pittsburgh：University of Pittsburgh Press，1989：199.

③ 科尼利厄斯·M. 克温. 规则制定——政府部门如何制定法规与政策［M］. 3 版. 刘璟，等，译. 上海：复旦大学出版社，2007：3.

部门，有着一定的目的，同时还会对预期效果进行解读。

一、规则的功能

根据意图和社会影响，规则可以划分为三种类型。最早且最重要的类别是“立法性”或“实质性”规则。这类规则产生于政府机构内部，预先规定了法律和政策的内容。第二类是“阐释性”规则。当目标群体需要政府机构解释如何理解现有政策时，阐释性规则便产生了。阐释性规则可能会拓展政策的内容以适应不可预期的情况。第三类规则称为“程序性”规则。此类规则界定政府机构的组织及运作过程。尽管这样的规则被看作属于官僚系统的常规事务管理系统，但是确实涉及政策目标群体。这类规则告诉目标群体应该如何参与政府的政策过程，当然其中也包括规则制定过程。

与其他很多公共政策不同，教育政策有着不可逃避的价值负载。教育政策包含着为社会谋求“真”、“善”的价值追求，无论是政策制定者还是政策执行者都会做出价值判断。不过，关于这一点，政策执行的最后一个链条——基层官员似乎承载了更多。在“以县为主”的教育管理体制中，县域作为共同聚居的场所，基层官员执行政策的规则似乎是通过讨论、分析、游说或协商等环节逐渐制定出来的。但是，在这个过程中，基层官员并没有同意约束他们自己的自由以限制对其他成员自由的对等约束。

在程序化的政策执行过程中，基层官员扮演着一个“价值裁判”的角色，他们试图通过“一致同意”的做法来合法化自己的政策再制定行为，但是实际的个体行动产生的影响与目标群体的期望相去甚远。基层官员将外部权威所制定的规则进行了某种程度的转化，但是这种规则是否适用于县域团体呢？

在县级及其以下层面的行政系统执行政策的过程中，需要把握一些关键要素来分析规则的功能。从行政管理的角度来看，政策执行的一个重要特征是“分工”——将政策执行转换为具体的行政任务，这些任务通常借助惯例、可完成性等归属于特定的职能部门。这种规则避免了行政部门的“人格化”，由此我们经常听到的是“按章办事”的行事准则。这种规则的优势是提高效率降低成本，当然负面影响是容易导致僵化和官僚化，有时候连备受诟病的“上有政策，下有对策”的积极性也消失殆尽。最终，基层官员的冷漠和迟钝使得政策也失去了独特的个性。

身处金字塔底层的行政管理人员，也就是所谓的基层官员何以将抽象、概括性的政策转换为任务？从对基层官员的访谈来看，基层官员主要依赖两种权威。第一种是行政权威。基层官员尽管处于行政管理金字塔的最底层，但是仍旧具有权威性，尤其面对教师、家长和学生这样对教育有着明确需求的群体。基层教育管理者往往通过命令、指示、规定以及指令性计划等行政手段控制和管理目标群体。第二种是专业权威。如前所述，基层官员倾向把自己当作“专家”，与上级领导相比他们最了解当地的实际情况和现实环境，与学校及家长相比他们又更能理解政策和把握发展全局。

政策执行的潜在目标是对人们行动自由的限制，如学生入学自由的限制、对家长选择学校自由的限制、对教师教学活动自由的限制。但是，学生、家长、教师所拥有的认知、价值偏好、资产方面是有差异的，基层官员该如何确定个体行动的规则呢？

二、规则的制定

国家制定政策大都建立在复杂的信息统计和专业评估基础之上，但最终的政策文本通常精练而简短，所能限定的活动范围也比较模糊，这在某种程度上也会影响政策执行的效果。如《国务院关于基础教育改革与发展的决定》中关于布局调整的文本出现在第 13 条，不到 200 个字，便引发了全国范围内中小学布局调整的展开。不同地区的政策在目标和重要性方面都有着明显的差异，在这个过程中，政策执行可以认为有赖于规则。

政策制定之初的目的可能是解决一个社会问题，或者调整社会当时的状态。当政策执行的时候，社会问题或状态也许已经发生了变化，或者不是所有地区都存在类似的问题或状态。这是政策制定的局限性，也凸显了政策执行必须存在空间的必要性。

政府作为政策制定的主体，同时又承担着政策执行的角色。但是政策制定的部门和执行的部门之间往往并没有直接沟通。当行政部门执行政策的时候，也存在一定的困境，因为要重新阐述政策，或者运用更日常化、实用化的语言重新描述政策。但行政人员（尤其是基层官员）的政策执行实质上更接近于政策重新制定，更确切地说，基层官员需要回答特定情况下政策适用的范围及其具体的含义。此时，行政机构的官员和政策制定者之间的角色冲突会非常明显。

李普斯基在研究中指出，基层官员倾向于把自己当作“专家”，因此也具备一定的“专业知识”。他们经常自称“只有我们才最了解这里，只有我们才能懂得大家的需求”，似乎成了“公共利益”代表。公共利益从某种程度上讲是所有个人利益的总和，而如何把所有的个人利益聚合起来似乎又是一个无法解决的问题[①]。但是，政府旨在达致的那种普遍利益不可能是由分立的个人所得的特定满足来综合构成，因为作为决定因素的那些情势，绝不是政府或任何其他人所可能完全知道的[②]。人们总是希望政府提供公共教育，并不是只有政府才能创办教育，而是希望政府提供一定的保障和条件，从而使个人或者弱势群体在这些条件下获得有利的机会满足自身的需求。

布局调整政策执行过程中，基层官员对于政策文本中“小学就近入学、初中相对集中”的事实性目标处于一种“无知”（不确定）的状态，其间每一个基层官员都可以基于自身的理解去追求他们自己的目的。在这个过程中，基层官员受到行政规制、资源限制、目标群体需求等多重压力，追求“优化资源配置”的目标是难以达到的，因此他们转而选择即时

① 弗里德利希·冯·哈耶克. 法律、立法与自由（第二、三卷）［M］. 邓正来，张守东，李静冰，译. 北京：中国大百科全书出版社，2000：2.

② 弗里德利希·冯·哈耶克. 法律、立法与自由（第二、三卷）［M］. 邓正来，张守东，李静冰，译. 北京：中国大百科全书出版社，2000：2.

性目的，这也是由他们所能知道的有限机会决定的[①]。而且他们在某一特定的时刻也只能选择这种即时性目的。在充满着实质性评估标准的绩效评估系统中，基层官员最频繁使用的就是数字，包括经费、人员、学校数量等方面的数字。

此外，“无知之幕”或“不确定性”也给基层官员的规则制定提供了另外一种存在的理由。基层官员在政策执行过程中似乎永远把自己排除在外，总是希望对别人的行为做出限制性规则，而保留自己遵循或不遵循的自由[②]。“无知之幕”或“不确定性”给基层官员提供了一种手段，将各自确定的利益的推进与在概念上所界定的“个体行动规则”之间的差距进行了弥合。基层官员作为潜在的政策制定者，必须认识到社会秩序的内部规则是明确被选择作为永久的或准永久性的限制性规制的。这种时间的特性从根本上讲，是指基层官员要么可以预知自己的地位，要么可以预知到不同规则会如何影响其行将占据的地位。参与者可以被引导从一种“不确定性”或“无知之幕”背后去研究那些对不可能达成认同的假定而施与的规则。

“无知之幕”或“不确定性”提供了一种对可供选择的多套规则做出最终评估时的很有帮助的解释。基层官员所有可以被观察到的政治行为，无论实际上多么带有偏见、歧视和利益导向，都会依赖“无知之幕”来辩护自己的个体行动。

首先，在个体行动中，基层官员制定规则的核心特征是系统化的劳动分工，据此，复杂的政策被细分为可处理的、可重复性的任务，每一项任务都归属于某一特定的公职，然后有一个权力集中的、等级制的控制中心加以协调。这个过程，也是将复杂的政策转化为个体行动的过程，在其中个体行动重新组合成为一个协调的规则，从而大大扩展了运作的范围，提高了行政管理的精确性和成本效益。其次，基层官员在政策执行过程中通常体现了非人格化的特征，即在个体行动人员选择方面并没有明确的偏

---

① 弗里德利希·冯·哈耶克. 法律、立法与自由（第二、三卷）［M］. 邓正来，张守东，李静冰，译. 北京：中国大百科全书出版社，2000：11.

② Buchanan，J M，Yoon，Y J. Symmetric tragedies：Commons and anticommons［J］. Journal of Law and Economics，2000（13）：1－13.

好，而是根据职务来分配任务，以保证任务执行的连贯性。最后，通过分类的方法，基层官员按照章程做事的特征使其能够同时处理大量的事务。这其实是一种为改变规则而设定的系统程序。这也符合韦伯定义“官僚制”的标准要素。不过，这种分析也受到一些社会学家的质疑，最关键的就是基层官员的效率问题。系统化分工既能提高效率，也会使基层官员在个体行动中产生僵化的倾向；非人格化可以保证工作的连续性，但也会造成冷漠和迟钝；分类可以处理更多的任务，但是也抑制了责任心和创新。

这种矛盾存在的真实状态需要进一步分析。政策执行过程中依靠的是各级政府组织，而组织是一个社会系统。韦伯在分析基层官员的时候尽可能抛弃其个人特征，希望个体严格地融入职责完成行政管理，以提高效率。但是，个体个性与社会角色是不能完全分离的，基层官员也一定会通过某种范围的选择完成工作，也更希望被当作“一个人”看待而不是一个“办事窗口”。他们可以被命令工作，但不能保证有效地工作。因此，有效的信息沟通对于有效的决策非常重要。韦伯的观点过于强调政策的执行，而忽略了执行者的个体特征。规则的制定既需要自上而下的信息传递，也依赖自下而上的反馈和沟通。在这个过程中，基层官员发挥着重要的规则制定的功能。

第三节　政策再制定：规则的冲突

政策研究必然要置于政治背景中才能更好地解释和分析现实。不过就社会行动理论与结构理论而言，过分强调建立客观的政策执行制度很容易忽视执行者的主观意志、动机和实际情况。在政策执行过程中，个体行动直接影响了政策的效果，也引发了教育格局的变化。基层官员作为直接与目标群体交互的教育行政人员，行动过程中表现出在社会规范体系之外的变通及其非常规化特征，这种微观层面的行动置于宏观的政策制度中时，社会秩序也发生了改变。因此，政策执行研究中不能忽视基层官员及其个体能动性而断定政策自然会有人执行，同时也不能将基层官员视为为个体利益行事而完全规制其行为。研究者需要将基层官员的个体行动置于政策制度的范畴中，从结构－行动的二重性角度进行分析，才能深入了解政策执行中基层官员的行为。

政策作为外部规则的体现，通常由特定的组织制定，因此政策一般都具有特定的目标。为了达到这个可能明确也可能模糊的目标，政策制定者一般会从多方面对政策执行进行限制或指导。一是行政规制。行政管理部门有着严格的等级分布，这些组织机构按层级进行责任管理，而每一层级均向上汇报并不准越级。同时，基层管理部门也多受到同级其他政府部门的制约。二是政策标准。政策具体如何执行，需要参考的依据也呈现多样化趋势。如最直接的参考标准是政策文本，但文本也存在抽象和模糊的特征；也有制度内部潜在的行为标准，甚至领导讲话或者非正式会谈的话语也经常作为基层官员的行动指南。三是政策资源。为了保障政策执行，一般需要提供特定的政策资源，如专业人员、经费和设备等。四是绩效评估。绩效评估是影响基层官员行为的直接影响因素，基层官员在政策执行过程中考虑的不仅是政策的产出和对目标群体的意义，还要考虑政策执行之后给“自己”带来的影响。

政府部门制定的政策在执行过程中多表现为“政策性措施”，由于绝大多数的措施都是有“旨向”的，因此很难做到“措施”面前人人平等。大多数这种措施都交付给地方政府或特定行政机构来管理。义务教育是国家提供的公共服务。在布局调整政策执行之前，一些教学点或村小也会随着出生人口降低、教育质量低下等原因而被撤并，这种形式的调整是在自然发展过程中学校教育相应产生的变化。教学点、村小作为“嵌入村庄的学校”，承载了一种脱离传统和接近现代城镇生活的理想①，对于村庄有着特殊的意义。当布局调整政策作为一种政策性措施的外部规则侵入，造成学校大量减少的时候，学生、教师、家长等利益相关者都出现诸多不适状况，农村教育原有的教育秩序被打破。

---

① 司洪昌．嵌入村庄的学校——仁村教育的历史人类学探究［D］．上海：华东师范大学，2006：271．

政策系统中的人经常辩解说某些政治措施不可避免，因为很多问题必须由国家（组织）出面才能得到有效的解决。当政策执行产生了预期的影响时，这种观点就能为他们的行为辩护；当发展趋势发生了不可逆转的转向时，他们往往又理所当然地认为“不是由于控制力量所不及的情势所导致的结果，而是此前所做出的决策的必然后果”①。如云南省在提交给国务委员的《农村小学寄宿制报告》中指出，“为了切实有效解决山区农村小学‘散、小、差’的问题，合理调整农村小学布局，实行集中办学，试办了一些农村寄宿制小学，得到了广大师生和老百姓的欢迎和拥护”。而实行布局调整之后，“由于路途远，学校又无食宿条件，只能投亲靠友或租住民房，这既增加了家庭经济负担，又不利于管理，还存在诸多安全隐患。一些无投亲靠友或租住民房条件而走读的学生，每天往返学校少则3公里左右，多则8—10公里，而且走的是山路或小道，每逢雨季道路泥泞，冬季基本是‘两头黑’，行走十分不便，求学之路异常艰辛。由于路途远，许多学生中午不能回家，只能带米到学校‘小伙房’蒸饭解决午餐。学校没有‘小伙房’的只能在校外买着吃，家庭经济条件差的只好不吃午餐，有的甚至因此而辍学”。因此，应该增建寄宿制学校。初步预算为：“如每所学校寄宿生平均按500人计算，生均宿舍面积按3平方米计算共1500平方米，生均食堂面积按1平方米计算共500平方米，宿舍和食堂的建筑造价按每平方米1000元计算共需200万元，床上用品每生按400元计算共需20万元，床和食堂的冰箱、消毒柜、炊具及餐具总计需10万元，每所寄宿制小学合计投资230万元。全省民族地区有760个乡（镇），非民族地区有218个民族乡，合计978个乡（镇），共需建978所寄宿制小学，估计需投资20亿元左右。”将报告提交给国务委员，是因为知道教育部正考虑启动新一轮农村寄宿制学校建设工程，希望“抓住机遇，将我省农村寄宿制小学的特殊情况积极向教育部反映，争取教育部立项解决”。

① 弗里德利希·冯·哈耶克. 法律、立法与自由（第一卷）[M]. 邓正来，张守东，李静冰，译. 北京：中国大百科全书出版社，2000：92.

对于已经失去常态的农村义务教育，基层官员和政策目标群体都在努力寻求新的外部规则试图解决原有外部规则带来的问题。可是他们忽略的是，事态之所以发展至此或继续恶化，正是由于外部规则对内部规则的限制和破坏。当仅根据每个问题表面上的是非曲直来判断的时候，就会始终高估中央指导所具有的益处①。只顾解决问题的表象而不探究问题产生的缘由，使得基层官员在政策执行过程中往往采取“以最小的投入获取最大的收益”的策略。在政策执行过程中，目标群体的需求存在明显差异，而政策执行可用的人手、资金和设备等资源，基层官员一般都感到“紧缺”，同时还有其他部门的合作或竞争，所以基层官员所处的环境有明显的不确定性、模糊性等特征。面对外部规则的各种规制、限定的时候，基层官员往往会根据“惯例”或“经验”做出灵活变通的再制定行为。

基层官员所处的环境似乎更加符合熟人②或半熟人③的乡土社会。在这样一种社会秩序中，每个人所应对的特定情势乃是那些他所知道的情势。但是，只有当个人遵循的是那些会产生一种整体秩序的规则的时候，个人对特定情势所做的应对才会产生一种整体秩序。因此，个体会遵从某些规则，这些规则是他所处社会的成员共同的文化传统的一部分④。但是，作为政府行政管理机构底层组织的成员，基层官员还会被迫遵循另外一些规则。从某种程度上来说，每个组织必须依据规则而非仅受具体命令的约束。在任何组织里，只要成员不是组织的纯粹工具，组织的命令就只能是每个成员所应履行的职能、目的和方法等一般性的特征，而至于所有的细节都交由个人根据他们各自的知识和技术去决定⑤，以避免组织规则与个体行动规则冲突而影响社会秩序。

---

① 弗里德利希·冯·哈耶克. 法律、立法与自由（第一卷）［M］. 邓正来，张守东，李静冰，译. 北京：中国大百科全书出版社，2000：89.

② 费孝通. 生育制度［M］. 上海：商务印书馆，1947：53－58.

③ 贺雪峰. 论半熟人社会——理解村委会选举的一个视角［J］. 政治学研究，2000（9）.

④ 弗里德利希·冯·哈耶克. 法律、立法与自由（第一卷）［M］. 邓正来，张守东，李静冰，译. 北京：中国大百科全书出版社，2000：66.

⑤ 弗里德利希·冯·哈耶克. 法律、立法与自由（第一卷）［M］. 邓正来，张守东，李静冰，译. 北京：中国大百科全书出版社，2000：71.

第七章 研究结论、贡献和反思

第一节 研究结论

作为直接与目标群体互动的政策执行者，基层官员在政策执行过程中面临双重问题。一方面，基层官员要代表政府保证政策得到适当执行；另一方面，他们又要应对目标群体的需求。而这两种要求往往使得基层官员处于决策困境，以至于他们会选择重新解释政策以应对这种挑战，具体表现为灵活地分配资源、对目标群体进行分类或按惯例处理问题等行为策略。这些策略从本质上变成“政策再制定”的一种形式。

本研究以农村中小学布局调整为例，通过经验性资料的获取详细描述了农村中小学布局调整政策在县级及其以下层面的执行情况，从布局调整给目标群体带来的影响入手，详细阐述了两所学校被撤并过程中的冲突和矛盾，重点描绘了基层官员的政策执行过程，试图再现基层官员政策再制定的角色和权力。

受李普斯基有关“街道层官僚”的研究思路的启示，本研究也对我国基层官员在政策执行过程中的决策困境进行了分析。基层官员在执行政策的过程中，既要受到行政管理部门的规制、国家政策标准的限制，又要考虑政策目标群体的需求，与此同时，可供基层官员使用的政策资源在供需方面存在不平衡，而基层官员在政策执行过程中也会考虑自身将被如何考评，追求具体化的绩效评价方式往往又对他们的政策执行行为产生直接的影响。基层官员最重要的角色是解释政策文本、实现政府政策的意图并为政策目标群体提供不同的服务。但是政府组织、目标群体和基层官员本身的需求往往不一致。这就是基层官员在执行政策的过程中必须面临的困境。

基层官员在复杂的情境中执行政策，多是在一种“不确定”的情况下决策并采取相应的措施。此时，政策执行转化为个体行动，基层官员的政策再制定其实也就是个体行为规则的制定。首先，基层官员是行动主体，决策过程体现了明显的价值偏好。其次，他们会从现实情境出发简化政策目标，并以量化的方式重新定义政策目标，在这个过程中，基层官员考虑的不仅是单一的政策，而是从现实需要解决的问题出发，因此也会出现目标偏移现象。再次，在政策执行过程中需要多个部门和相关人员的分工与配合，为了实现各部门和相关人员之间的便捷沟通的目标，基层官员对政策标准会以更加明确、具体的方式加以限定。既然不同部门和相关人员之间存在分工，因此基层官员也会把政策执行当作任务重新分配，将责任明确到各个行政单位和个人，以保障政策执行的任务得以完成。最后，在应对不同目标群体的教育需求时，基层官员会根据目标群体的需求特征进行分类，并采取不同的应对措施，在这个过程中，他们除了考虑如何反映目标群体的利益之外，更多考虑的是如何控制他们。

作为一个持续参与政策执行的个体行动者，基层官员本身也在扮演着构建规则的角色。因此，基层官员可以说是潜在参与政策制定的执行者，在政策的制定、修改和执行方面都表现为个体行动。因此，研究教育政策执行，需要关注政策执行个体在决策和行动中所遵循的规则，并注重政策对目标群体的影响，这样才能更好地理解政策执行的实质。

总体而言，本研究借鉴李普斯基研究政策的基层视角，重点关注基层官员在政策执行过程中的困境和决策行为，借助哈耶克社会规则秩序二元观理论，将教育政策视为影响基层——县域教育发展的外部规则（组织规则），将基层官员的政策执行行为视为个体行动，总结了基层官员在实施个体行动中受到的行政规制、政策标准、政策资源、绩效评估及目标群体等因素的制约，进而出现政策目标、政策标准、政策任务及政策目标群体的差异对待等个体行为，从外部规则与内部规则之间冲突的视角具体分析了基层官员执行教育政策中政策“再制定”的原因、实现过程和作用。本章将在前几章描述和分析的基础上进行总结，从决策困境、政策再制定和社会秩序规则的角度尝试做出理论性的总结。

一、决策困境

从政策执行的过程来看，基层官员似乎扮演了一个“缓冲器”、“过滤器”或“助推器”的角色，使得政策执行总是会出现“上有政策，下有对策”的政策执行偏差的现象。本研究无意对这种行为进行优劣评判，而是将其作为一种客观存在的事实加以描述分析。以农村中小学布局调整政策执行为例，通过实地调查，笔者发现政策执行的过程并没有按照政策本身预期的方向发展，也没有使目标群体满意，甚或基层官员自身也充满了种种的无奈。如果从经济学的效益视角来看，这项政策似乎没有真正的“赢家”。

作为教育政策执行的最终行为责任主体，县级基层官员享有人员、经费、设备及发展规划的所有支配权力，与此相应，亦需承担所有问题的责任。尽管国家制定并颁布的政策往往针对一个或多个明确的问题，但基层官员在执行政策时却要受到县域内部多重因素的限制，同时还要接受上级行政管理部门的直接规制和同级部门的制约，最重要的是，基层官员直接与目标群体交互。面对多样性的需求和复杂的现实条件，基层官员往往是“不得不”重新解释并执行政策，形成“自己的”或“区域的”政策。

不过，不同区域的基层官员面临的困境是有差异的，而且基层官员自身也有主观的判断和决策能力，对最终的行为也会产生影响。因此，决策困境可能影响的基层官员政策执行的途径、程度和方式并没有直接的对应关系。但是，困境的存在是真实的，几乎没有基层官员认为政策执行是一个明确、顺利的过程。因此，这种困境的客观存在为基层官员在政策执行中的个体行动提供了可能性或者必然性条件。

从农村中小学布局调整政策执行过程来看，基层官员在政策执行过程中考虑的不仅仅是“就近入学”、“优化配置教育资源”，他们更多考虑的是现有的环境、条件及能够达到的目标。当行政规制和自由裁量并存、政策资源供需存在差异性矛盾、政策标准模糊、绩效评估以显性行为为据以及目标群体多样化需求难以满足的时候，政策的普及性和适用性就会受到极大的挑战，基层官员必然会根据现实的条件和需求执行政策，这也是政策执行偏移必然出现的前提性基础。

二、政策再制定

在政策执行过程中，无论多么宏观、理想的政策，最终大都转化为基层官员的个体决策和行动。比如，他们会通过制定一些规则或者惯例、修改调整目标和任务来处理面临的各种压力及困境。本研究从一种微观的视角来分析政策执行的过程，以农村中小学布局调整政策执行为例实地收集了经验型资料，进而分析了基层官员在政策执行中对政策的解释、调整和修改。分析的前提是政策执行不是单向的行动，而是嵌入社会结构的个体行动者的各种交互行为，这些行为重新构建了政策及其对相关利益群体的意义。

在分析了基层官员于教育政策执行过程中面临的诸多困境之后，本研究进而探讨了在这种复杂、多样、不确定的情境中基层官员出现了哪些个体行为，这些行为为何又体现出雷同性。在政策执行过程中，基层官员所依据的不再仅仅是政策文本和行政部门的规制，他们还要考虑同级部门的制约、面临的教育问题、可用的资源及目标群体的特征。因此，基层官员会重新权衡判断政策的价值，用更加简化、量化的方式重新界定政策目标，使政策标准简单可行。为了完成政策目标，他们会将任务进行分解并实行责任制，当然还要考虑绩效评估的重点，注重政策外显的产出。本研究将基层官员的这些个体行为称为政策再制定，就是将基层官员视为政策执行过程中的社会行动个体，处于复杂、多样、不确定的政策环境中，为了达到获取某种资源（利益）或改变教育现状的目的，他们会通过各种方式对政策进行解释、调整或修改。

基层官员的政策再制定行为是客观存在的事实。我们国家区域间教育资源分配不均、教育发展的状况存在巨大差异，而国家层面的政策大多要求各地统一执行。教育管理者认为，理想的状态是政策执行既能够“一以贯之”又能够“因地制宜”，在不违背政策目的的前提下切实根据各地实际的教育状况和问题采取针对性措施。这种对政策执行的期望，为基层官员的政策再制定创造了行政空间。同时，在政策执行过程中，基层官员面临的问题往往不仅是一个政策文本所能解决的，他们通常认为人员、经费处于严重不足的状态，在这种情况下只有“看菜下单”才能有所行动。这为政策再制定提供了资源空间。当然，每一个基层官员都有着自己的价值判断、经验和知识，在行动中也必然会表现出能动性以完成任务或者满足某种需求。这提供了政策再制定的主体空间。因此，关于政策执行的研究，必须将结构和行动结合起来分析，只有关注基层官员的个体行动才能更好地理解政策执行的过程。

三、社会秩序规则

尽管基层官员在政策执行中的再制定行为必然会出现，但仍有必要对这种行为产生的根源进行探讨。前面已经讨论了政策执行中基层官员的困境和政策执行行为，这其中暗含了一个前提，即假定政策是为了某个理想的结果而制定的，由此可见政策的起源和延续均是为了一种社会秩序。在这种情况下，政策也体现了一种普遍性原则，带有强制性的约束或者限制多数规则的运作。而这种特征，借用哈耶克社会秩序规则的理论，则表现为外部规则（组织规则）对社会秩序的维护或改变。实际上，外部规则要发生实质的作用，必须转化为影响个体行动的规则，否则只是一纸空文。但是行政管理者往往认为，要保证外部规则的有效性和永久性必须抑制社会个体的决策规则，以明确防止背离外部规则的最初目的。此时，需要注意这样一种特定情形：因为个体和组织决策及行为方式的不同，追求普遍性的外部规则和追求差异性的内部规则会出现冲突。

然而必须注意的是，如果将以普遍性原则为基础的政策本身视为标准，认为满足大多数人的需求则可以忽略部分群体的损益，则很容易将政策执行视为集体化的行为。集体化的行为往往给人一种假象：毋庸置疑的正当性。倘若研究的前提或假设基于此，对于政策执行个体的实质性规范的探讨则失去了意义，因为总有一部分目标群体的需求和利益被排除在政策之外。

本研究认同哈耶克对现代社会结构的阐述，认为“社会结构并不依赖于组织而是作为一种自生自发的秩序演化发展起来的”，因此也能够达到“远远超过了刻意建构的组织所能达致的任何复杂程度”①。这种秩序的建立，依靠的不是组织的设计或命令，而是个体对规则的遵循。因此，只有关注行动过程中的个体，才能更好地理解秩序、社会。在政策执行过程中，基层官员关注的是特定且可预知的目标，规则是他们掌握的一种资源，他们运用这些规则制订的行动计划，改变了教育环境，形成一种新的秩序。只有紧紧把握基层官员的言行，才能理解现有的教育秩序和格局，进而分析政策执行的效果和影响。

通过对政策执行个体——基层官员决策情境和行为选择的分析可见，他们行动中需要考虑多方面的规制、制约和需求，体现了外部规则和内部规则的冲突，奉行权宜之计似乎成为必然的选择。而他们行动的结果却让政策目标群体失去了选择的自由，由对教育秩序的破坏进而引发对个体社会生活秩序的破坏。

第二节　研究贡献

首先，本研究选择了基层官员的视角来分析教育政策执行过程。如文献综述部分所述，也有不少研究者关注政策执行，但侧重于自上而下的单向研究，多遵循“目标－结果”的思路进行比对研究。本研究的前提是，任何政策和行政命令都要由具体的行动者加以实现，只有关注行动中的个体，才能进一步分析他们决策和行为的情境及遵循的规则。因此，本研究选择了最底层的责任个体——基层官员作为探析政策执行的分析单位，有意识地将以往的政策执行结构分析转向故事描述，并突破解释性理解的静

① 弗里德利希·冯·哈耶克. 法律、立法与自由（第一卷）[M]. 邓正来，张守东，李静冰，译. 北京：中国大百科全书出版社，2000：73.

态分析，从时间和空间的二维视角去探究过程本身对事件的影响及其结果的不可预知性和不可控性。本研究中呈现的故事也展示了基层层面政策执行的历史脉络和路径，深度描述了他们在这个过程中到底做了什么，并以当事人的话语形式来表达对国家政策以及目标群体的体验和思考，尽可能了解他们当时真实的想法和意图，进而构建微观政策执行的学术表达方式。

其次，本研究选择了从政策目标群体的境遇作为研究的切入点。也有一些研究者关注政策对目标群体的影响，但侧重于对问题和现状的描述，最终也止于对新政策及资源的呼吁和建议。本研究先对政策的目标群体——学生、教师、家长、学校及教育秩序——进行了详细描述，认为对政策执行的研究要突破“目标－结果”思路的限制，真正关注无法参与政策过程而必须接受政策影响的群体，从他们的现实境遇折射政策影响，进而分析形成这些影响的政策执行者——基层官员。也就是先展示政策影响的事实，继而讨论政策执行过程，从而使得政策执行研究立于真实、丰富的事实性土壤中。

再次，本研究获取了大量的第一手资料，包括访谈、观察和文本资料，结合笔者本人对政策执行的思考，对农村中小学布局调整政策执行过程中基层官员的实际行为进行了实地调查，并注重资料之间的相互验证。以行动演进的政策执行作为研究脉络，笔者深入调查了布局调整的真实过程，并借此深入分析了教育政策执行过程中基层官员个体行动的情境、表现及根本原因。

最后，本研究提出“政策再制定”的概念，讨论了政策再制定产生的情境及其表现形式，并基于此讨论了再制定行为出现的根本原因以及带来的影响。“政策再制定”是本研究的一个核心概念。在已有的政策执行研究中，一般将政策目标与实际执行结果的偏离称为“政策偏移”或“政策失真”，研究者也总结了丰富的概念描述“偏移”或“失真”的体现，但多是对现象的描述和总结。本研究认为结果偏离目标的根本原因是政策执行个体进行了政策再制定。而这种再制定过程中影响因素纷繁复杂，绝不仅仅是“目标－结果”的逻辑就可以加以解释的。因此，笔者没有对政策再制定的性质进行优劣评判，而是将其作为一种客观存在的事实加以分析，避免了研究者的价值判断对研究过程和分析的干扰，使整个研究能够以一种理性的态度探究从现象到本质的脉络。

第三节　研究反思

一、研究过程的反思

（一）进入现场的困难

对于本研究而言，找到一个合适的调研点至关重要。考虑到资料的可获取性和研究可行性，第一次与研究对象接触是作为课题组成员。本想凭借课题负责人的熟识关系快速进入调查状态，但是这种希望很快破灭了。在云南省，当我们一行四人被冷落在一个狭小的办公室大概 30 分钟后，省教育厅一位主管基础教育的领导才迟迟过来。他第一句话就问："这个课题能为我们做什么？"为了方便我们理解，他列举了以往国际性组织资助的课题与当地的合作，如重点提到联合国儿童基金会一个两年的项目给当地教育投资 20 万元的例子。当课题负责人努力解释本课题经费不足的时候，我们能够明显地观察到这位领导的失望和不耐烦。

到了县级层面，在选择调研点时，根据自身研究经历和对项目点的熟悉程度，同时考虑当地学校必须经历了或者正在经历布局调整，笔者最终选择了云南省兰西市和青海省开和县。

青海省开和县主管教育的领导有着非常典型的草原人民性格，豪爽开朗，只要能把他们递过来的酒毫无怯意地接过来，无论能否喝完都不会影响他们对你的第一印象。访谈、资料收集以及和项目学校的沟通联系都显得非常顺利，而且相关人员在访谈过程中似乎也是知无不言言无不尽，且对于不了解的情况会推荐合适访谈对象。

但在云南省的调研则没有那么顺利。由于之前笔者曾在兰西市一所学校调研，和当地教育主管领导比较熟悉，所以第一次预调研开展得非常顺利。但是在第二次调研中，由于对本课题的预期没有实现，兰西市教育局领导对负责调研的课题组人员非常冷漠，不予接待，同时也授意相关学校不接受调研。之后从出资资助兰西市贫困儿童开始，到毫无惧意地接受牛粪汤①和米酒，再到崇拜地再次倾听教育局局长长达 3 个小时的有关其本人奋斗历程的慷慨激昂，我们才终于顺利进入了项目学校开始调研。不过开始非常沮丧，因为兰西市的布局调整整体情况基本没有在各种文件中重点体现，矛盾和冲突也似乎并不明显。不过随着调研的慢慢深入，才发现各群体间利益的碰撞也很激烈，而且最重要的是，云南省直到 2009 年才出台本省的布局调整规划文件，而兰西市大规模的撤点并校基本在 2006 年已经完成。同时，更值得关注的是兰西市教育局从来没有一个正式的政策文本传达给各个乡镇，而整个兰西市的学校（包括教学点）从 376 所（个）减少到 33 所，包括中学 13 所（其中 2 所在市府），小学 14 所（其中 6 所在市府），其他学校 6 所。而笔者去的东文乡中心小学，就合并了 3 所学校，原来被撤学校的一些老师也被安置在这所学校。通过这些老师的热心帮助，笔者又联系到当时负责布局调整的中心小学校长、乡党委书记，基本才了解了学校撤并的整个过程。

（二）如何顺利获取资料

每个研究者都希望顺利与知情者建立联系并获取信息，但是如何让被访者接受自己并表达其真实的情感却是一个充满了挑战的问题。如笔者访谈兰西市民族宗教事务局穆局长的过程就充满了戏剧性。按照计划，笔者去兰西市调研是应该先接触教育局、民族宗教事务局这两个负责民族教育的主管单位，然后再进驻项目学校。经过多方周旋，原来态度强硬的教育局终于缓和下来，但是民族宗教事务局却借口普法工作繁忙拒绝了我们的访谈要求。无奈之下，我们先去了东文乡中心小学和中心中学。项目学校

① 牛粪汤是当地的一种有助于消化的汤，从解剖的牛胃里取出残留物开水煮沸制成。

和社区调研需要收集的资料比较多，因此全部工作大概花费了 13 天的时间，其间不断与民族宗教事务局沟通联系，并通过联系州教育局的有关领导请求支援，最后他们终于同意在特定一天的上午 9：00 到 10：00 接受访谈。原本安排笔者和另外一位老师同往，但是因为这位老师原定调查安排无法调整，最终只有笔者一人前往。等笔者到了局长的办公室，这位局长竟然用当地方言打招呼并介绍基本情况。虽然笔者对某些日常用语可以断章取义，但是绝对不能完全领略其意义。笔者当时觉得访谈肯定是不能进行了，只好陪着穆局长聊天。其间突然聊到各自的老家，穆局长说自己是东文中心寨的人，笔者说自己已经在东文中心小学和中心中学待了近两个星期了，那里的老师都知道穆局长，说局长是景颇族的精英（之前对穆局长做过一些了解，也曾问过一些老师有关穆局长的基本情况），还说到过中心寨，到过一个姓罗的老人家里。穆局长立即非常激动，连问了三遍“他们真的都知道我啊？年轻的老师也知道啊？”不知道为什么，自那之后，穆局长开始用普通话，告诉笔者他原来在东文乡做书记，乡政府办公大楼前的那棵大树就是他栽的。幸好笔者也去过乡政府，而且笔者曾经拜访过的那位罗老汉是他姑父，曾经对他帮助很大。语言总算能对话了，访谈才真正开始，这个时候距笔者到民族宗教事务局已经 47 分钟了。之后访谈进行了 3 个小时，其中有 25 分钟是局长在讲述自己的成长故事。中午得到局长的盛情款待，吃到了景颇族独特的美味。

实地调查需要跟各种类型的陌生人接触，如何获取他们的信任并建立合作关系至关重要。这其中除需要研究者本人具有诚恳态度和耐心外，也有很多不确定因素的存在。

（三）研究者的伦理关怀

实地调研中，访谈和观察的对象大都是人，而且本研究中有大量资料来源于任课教师、学生和家长，因此笔者特别注意在交流和对话的时候避免伤害他们。就教师而言，在交流课堂授课和学生信息的时候他们一般都能畅所欲言，一旦牵扯到校长或其他管理者的做法，他们的回答就相当谨慎，尤其是身边还有其他老师的时候这种警惕心理更加明显。为此，笔者在访谈过程中尽可能都是单独交流，而且当时并没有做笔记等动作，尽可能创造出闲聊的方式以获取更多的信息。

对于学生和家长，尤其是生活相对贫困的群体，从语言、表情和行为上更要注意。不去评价他们，不去批判他们，也不随意表达对他们的同情，力图以平等的方式对话。当然这种努力在多次交流后才能发挥其作用。而且，在调查过程中，从学生和家长的语言及表情中也能感受到他们的境遇。这些群体是教育政策最主要的目标群体，但大都表现出沉默或象征性的反抗。在初次接触时，他们往往认为笔者是政府派来的工作人员，有的群体希望为他们的遭遇或者问题提供某些物质或人力支持，出现刻意夸大或隐瞒事实的行为；有的群体则借此机会寻找问题始作俑者，出现情绪激动的宣泄行为；还有的群体则直接回避跟笔者的接触。尽管这些行为都在某种程度上影响对真实状态的了解，但是笔者充分尊重他们的愿望和意见，也给予了充分的耐心解释自己的身份和行为，并努力在多次接触且熟识后才开始资料的收集。

此外，为了保护被访谈、观察对象的权利，本书对县级及县级以下地名和所有人名、学校均做了匿名处理，希望研究成果的公开不会影响他们正常的工作与生活。

（四）资料的可靠性

资料的可靠性一直是基于案例的研究必须讨论的问题。这不仅是读者质疑的一个问题，也是笔者本人在资料收集过程中一直关注的问题。比如，在关于农村中小学布局调整过程的访谈中，笔者对基层官员提供的事实性过程描述一直持有怀疑态度，总是努力从文本、档案文件、对其他群体的访谈记录等多种资料中获得验证。结果发现，每种资料提供的事实都有其特征，无论从哪种渠道获得的资料都是对“逝去的事实”的再现。因此，本研究在收集资料、分析资料的过程中努力寻找多种资料来源、收集多个群体对同一问题的评论、咨询多个群体对同一资料源的评价。除了收集的文件、档案材料、访谈资料、观察信息之外，本研究的分析还有一类重要的参考资料，即资料注释和评注。

二、研究不足

本研究的整个分析过程建立在“过程 - 事件”分析策略基础上，通过对基层官员政策执行过程中发生的故事来解释政策执行链条最后一环的实践。但是，受科学主义的结构化阐释的影响，笔者在展示和还原经验故事本身复杂性、流动性的同时也尝试去讲“一个规范的故事”，这对于笔者获取的丰富材料来讲无疑需要更多的裁剪和节选。这样产生的直接后果是对资料的浪费，此外还有一种风险，就是可能会遭受故事真实性以及普适性的拷问。

在对教育政策执行中基层官员的政策再制定行为的研究过程中，笔者似乎总有一种格式化的官 - 民思维，形成“规制者”和“被规制者”的对立。因此，在研究过程似乎总是从这种格式化思维去裁剪和解释看到、听到的信息。当某一天突然站在基层官员的角度从内部思考政策执行应该遵循的规则时，笔者才开始感觉自己在这个问题上陷入了某种思维框架的泥潭。基层官员所处的环境似乎更加符合熟人或半熟人的乡土社会，在其中，政策的“公”和行为的“私”如何通过基层官员得以贯通？孙立平在研究基层组织运作时提炼出的“正式权力的非正式运用”是否也可以作为基层官员政策再制定行为的解释？或者这种被广大研究者持批判态度的基层官员行为模式，就是当前所谓的底层社会运行常态化的表现。由于笔者本人缺乏对现实生活的直觉感悟，因此还无法用一个确切的词语来描绘这一现象。

在既有的政策执行研究中，基层官员通常处于一种被“疏离”的地位。考察国家政策的具体执行，尤其是农村义务教育政策，研究点置于县级单位有一定的适切性。当教育权收归县级所有之后，县级的教育政策管理充分体现了结构与非结构、体制与非体制以及国家制度与地方文化的交流和冲突。在这个场域中，研究不排斥乡镇、村寨层级划分和权力逻辑，更突出了不同层级在执行政策中的矛盾和困境。这个过程足够复杂，因此研究中难以同时展示多方面的困境，只能根据选取的问题选择叙事的角度。倘若因此忽略了其他立场的观察、思考和解释，也只能以遗憾为由了。

参 考 文 献

D. P. 约翰逊. 社会学理论［M］. 南开大学社会学系，译. 北京：国际文化出版公司，1988.

H. K. 科尔巴奇. 政策［M］. 张毅，韩志明，译. 长春：吉林人民出版社，2005.

艾尔·巴比. 社会研究方法［M］. 邱泽奇，译. 北京：华夏出版社，2009.

安东尼·吉登斯. 社会的构成［M］. 李康，李猛，等，译. 北京：生活·读书·新知三联书店，1998.

安东尼·唐斯. 官僚制内部［M］. 郭小聪，等，译. 北京：中国人民大学出版社，2006.

包海芹. 政策扩散研究——国家学科基地的发展分析［D］. 北京：北京大学，2006.

保罗·萨巴蒂尔. 政策过程理论［M］. 彭宗超，译. 北京：生活·读书·新知三联书店，2004.

蔡英侠，孙为立. 江苏省调整中小学布局［N］. 扬子晚报，2003-07-03.

陈柏峰. 无礼上访与基层法制［J］. 中外法学，2011（2）.

陈俊. 中小学布局调整十年，学校减千所，学生增十万［EB/OL］.［2010-02-27］. http：//www. xinhuanet. com/chinanews/2010-02/24/content_19084675. htm.

戴维·毕瑟姆. 官僚制［M］. 2 版. 韩志明，张毅，译. 长春：吉林人民出版社，2005.

道格拉斯·C. 诺思. 经济史中的结构与变迁［M］. 陈郁，罗华平，译. 上海：三联书店上海分店，1991.

丁煌. 我国现阶段政策执行阻滞及其防治对策的制度分析［J］. 政治学研究，2002（3）.

丁煌，李晓飞．逆向选择、利益博弈与政策执行阻滞［J］．北京航空航天大学学报：社会科学版，2010（1）．

范先佐．我国农村中小学布局调整的成效、问题及对策——基于中西部地区6省区的调查与分析［J］．教育研究，2009（1）．

费孝通．生育制度［M］．上海：商务印书馆，1947．

弗里德利希·冯·哈耶克．法律、立法与自由（第一卷）［M］．邓正来，张守东，李静冰，译．北京：中国大百科全书出版社，2000．

弗里德利希·冯·哈耶克．法律、立法与自由（第二、三卷）［M］．邓正来，张守东，李静冰，译．北京：中国大百科全书出版社，2000．

关于农村学校布局调整问题的回答［EB/OL］．［2009－09－12］．http://www.moe.edu.cn/edoas/website18/level3.jsp? tablename＝1894&infoid＝25018．

郭蕾．我国基层公务员行使行政自由裁量权问题研究［J］．武汉职业技术学院学报，2008（2）．

邯郸市"深化布局调整，助推农村义务教育加速均衡"［EB/OL］．［2009－10－03］．http://www.moe.edu.cn/edoas/website18/level3.jsp?tablename＝1257413715261250&infoid＝1257689049682316．

韩兆柱．责任政府和政府问责制［J］．中国行政管理，2007（2）．

韩志明．街头官僚的行动逻辑与责任控制［J］．公共管理学报，2008（1）．

贺雪峰．论半熟人社会——理解村委会选举的一个视角［J］．政治学研究，2000（9）．

赫伯特·西蒙．管理行为［M］．杨砾，等，译．北京：北京经济学院出版社，1988．

胡怀亮．街头官僚理论与我国基层公务员的自由裁量权［J］．兰州学刊，2005（4）．

贾勇宏．农村中小学布局调整的预期和动力——基于中西部6省（区）的调查和分析［J］．教育发展研究，2007（21）．

教育部．2004年中国教育事业发展状况报告［R］．2005．

教育大辞典（增订合编本）［M］．上海：上海教育出版社，1998．

科尼利厄斯·M. 克温. 规则制定——政府部门如何制定法规与政策［M］. 刘璟，等，译. 上海：复旦大学出版社，2007.

拉雷·N. 格斯顿. 公共政策的制定——秩序和原理［M］. 重庆：重庆出版社，2001.

雷万鹏. 义务教育学校布局：影响因素与政策选择［J］. 华中师范大学学报：人文社会科学版，2010（9）.

李旭琴. 街头官僚自由裁量权规范化行使的伦理路径解读［J］. 内蒙古农业大学学报：社会科学版，2009（2）.

李旭琴. 街头官僚在公共政策执行中的偏差及矫正［J］. 北京工业大学学报：社会科学版，2009（6）.

李允杰，丘昌泰. 政策执行与评估［M］. 张毅，韩志明，译. 北京：北京大学出版社，2008.

林小英. 教育政策变迁中的策略空间［D］. 北京：北京大学，2006.

林小英. 中国教育政策过程中的策略空间：一个对政策变迁的解释框架［J］. 北京大学教育评论，2006（10）.

林小英. 教育政策过程中的行政纵向制约：垂直维度和水平维度的研究［J］. 高等教育研究，2006（12）.

刘复兴. 教育政策的边界和价值向度［J］. 清华大学教育研究，2002（1）.

刘淑影. 我国公共政策执行阻滞的制度因素分析及对策探讨［J］. 兰州学刊，2006（6）.

罗银利. 农村中小学布局调整中存在的问题及对策［J］. 武汉市教育科学研究院学报，2006（9）.

马克斯·韦伯. 社会科学方法论［M］. 杨富斌，译. 北京：华夏出版社，1999.

迈克尔·豪利特，M. 拉米什. 公共政策研究：政策循环与政策子系统［M］. 庞诗，译. 北京：生活·读书·新知三联书店，2006：94.

麦考密克，魏因贝格尔. 制度法论［M］. 周叶谦，译. 北京：中国政法大学出版社，1994.

米切尔·黑尧. 现代国家的政策过程［M］. 赵成根，译. 北京：中国青年出版社，2004.
内蒙古自治区中小学布局调整专题汇报［EB/OL］．［2009－09－12］．http：//www.moe.edu.cn/edoas/website18/level3.jsp？tablename＝2437&infoid＝35647.
宁夏以学校布局调整促教育健康均衡发展［EB/OL］．［2009－10－03］．http：//www.moe.edu.cn/edoas/website18/level3.jsp？tablename＝2343&infoid＝1248144622323449.
庞丽娟，韩小雨．农村中小学布局调整的问题、原因及对策［J］．教育学报，2005（4）．
庞丽娟．当前我国农村中小学布局调整的问题、原因与对策［J］．教育发展研究，2006（2B）．
司洪昌．嵌入村庄的学校——仁村教育的历史人类学探究［D］．上海：华东师范大学，2006.
孙吉海．浅析街头官僚理论［J］．辽宁行政学院学报，2006（7）．
孙立平．“过程－事件分析”与当代中国农村国家农民关系的实践形态［M］//谢立中．结构－制度分析，还是过程－事件分析?．北京：社会科学文献出版社，2010.
塔尔科特·帕森斯．社会行动的结构［M］．张明德，夏翼南，彭刚，译．南京：译林出版社，2003.
王颖，杨润勇．新一轮农村中小学布局调整后的负面效应：调查反思与对策分析［J］．教育理论与实践，2008（12）．
威廉·N.邓恩．公共政策分析导论［M］．谢明，等，译．北京：中国人民大学出版社，2002.
徐光明．江西一年完成农村学校布局调整，学校调减19%，教师精简10.3%［N］．中国教育报，2003－12－24.
徐珂．政府执行力［M］．北京：新华出版社，2007.
叶娟丽，马骏．公共行政中的街头官僚理论［J］．武汉大学学报：社会科学版，2003（9）．
尹文嘉．从街头官僚到街头领导：一个解释框架［J］．甘肃行政学院学报，

2009 (3).
于伟. 街头官僚控制的困境——以我国房地产调控问题为例 [J]. 前沿, 2008 (1).
袁振国. 教育政策分析与当前教育政策热点问题 [J]. 复旦教育论坛, 2003 (1).
詹姆斯·S.科尔曼. 社会理论的基础 [M]. 邓方, 译. 北京: 社会科学文献出版社, 1990.
周定财. 街头官僚理论视野下我国乡镇政府政策执行研究 [J]. 湖北社会科学, 2010 (5).
竺乾威. 公共行政理论 [M]. 上海: 复旦大学出版社, 2008.

Adler, M, & Asquith, S. Discretion and welfare [M]. London: Heinemann Educational, 1981.
Aiken, M, Hage, J. Organizational alienation: A comparative analysis [J]. American Sociological Review, 1966 (31).
Andersen, M S, Christiansen, P M, and Winter, S D. Consensus seeking and decentralization [M] //K. Hanf and A. – I. Janssen. Governance and environment in Western Europe. Harlow, Essex: Addison Wesley Longman, 1998.
Anderson, J E. Public policymaking: An introduction [M]. 7th ed. Boston: Wadsworth, 2010.
Bate, S P. Whatever happened to organizational anthropology? A review of the field of organizational ethnography and anthropological studies [J]. Human Relations, 1997 (50).
Bekkers, V J J M, Homburg, V M F. Administrative supervision and information relationships [J]. Information Polity, 2002 (7).
Berger, P L, Luckman, T. The social construction of reality: A treatise in the sociology of knowledge [M]. Harmondsworth: Penguin, 1967.
Billig, M. Arguing and thinking: A rhetorical approach to social psychology [M]. Cambridge: Cambridge University Press, 1996.

Blau, P M. The dynamics of bureaucracy [M]. Chicago, IL: University of Chicago Press, 1955.

Blau, P M. The dynamics of bureaucracy: A study of interpersonal relations in two government agencies [M]. Chicago: University of Chicago Press, 1963.

Bourdieu, P. The social space and the genesis of groups [J]. Theory and Society, 1985 (6).

Bourdieu, P. Academic discourse: Linguistic misunderstanding and professorial power [J]. Polity, 1996 (7).

Brehm, J, and Gates, S. Working, shirking, and sabotage: Bureaucratic response to a democratic public [M]. Ann Arbor: University of Michigan Press, 1999.

Brodkin, E Z. Inside the welfare contract: Discretion and accountability in state welfare administration [J]. Social Service Review, 1997, 71 (1).

Brodkin, E Z. Accountability in street-level organizations [J]. International Journal of Public Administration, 2008 (31).

Buchanan, J M, Yoon, Y J. Symmetric tragedies: Commons and anticommons [J]. Journal of Law and Economics, 2000 (13).

Bull, D. The anti-discretion movement in Britain: Fact or phantom? [J]. Journal of Social Welfare Law, 1980 (3).

Burawoy, M. Ethnography unbound: Power and resistance in the modern metropolis [M]. Berkeley: University of California Press, 1991.

Davis, K C. Discretionary justice: A preliminary inquire [M]. Baton Rouge, LA: Louisiana State University Press, 1969.

Dean, H. Social security and social control [M]. London: Routledge, 1991.

Denzin, N. Sociological methods: A sourcebook [M]. Chicago: Aldine Publishing Company, 1970.

Deutsch, K. On theory and research in innovation [M] //R. Merit, and A. Merit. Innovation in the public sector. Beverly Hills, Calif.: Sage, 1985.

DiMaggio, P J, Powell, W W. The iron cage revisited: Institutional isomorphism and collective rationality in organizational field [J]. American Sociological Review, 1983, 48 (2).

Diver, C. Regulatory precision [M] // Hawkins, K and Thomas, J. Making regulatory policy. Pittsburgh: University of Pittsburgh Press, 1989.

Donnison, D V. Against discretion [J]. New Society, 1977 (9).

Dworkin, R. Taking rights seriously [M]. London: Duckworth, 1977.

Edwards, G C. Implementing public policy [M]. Washington, D. C.: Congressional Quarterly Press, 1980.

Edward, G C, Barrett, A, and Peake, J. The legislative impact of divided government [J]. American Journal of Political Science, 1997, 41 (4).

Elmore, R. Organizational models of social program implementation [J]. Public Policy, 1978 (26).

Elmore, R F. Backward mapping: Implementation research and policy decisions [J]. Political Science Quarterly, 1979, 94 (4).

Elmore, R F. Backward mapping: Using implementation analysis to structure political decisions [J]. Political Science Quarterly, 1980, 5 (94).

Elmore, R F. Forward and backward mapping: Reversible logic in the analysis of public policy [M] //K. Hanf and T. A. J. Toonen. Policy implementation in federal and unitary systems. Dordrecht: Martinus Nijhoff, 1985.

Fox, A. Beyond contract: Work, power and trust relations [M]. London: Faber, 1974: 33.

Fraser, D. The evolution of the British welfare state [M]. 2nd ed. Basingstoke: Macmillan, 1984.

Frederickson, H G, Smith, K B. The public administration theory primer [M]. Boulder, CO: Westview Press, 2003.

Gay, P. Style in history [M]. New York: McGraw-Hill, 1976.

Gibson, D M, Goodin, R E, and Le Grand, J. Come and get it: Distributional biases in social service delivery systems [J]. Policy and Politics, 1985, 13 (2).

Giddens, A. The constitution of society: Outline of the theory of structuration [M]. Oxford : Policy Press, 1984.

Goffman, E. Behavior in public places: Notes on the social organization of gatherings [M]. New York: Free Press of Glencoe, 1963.

Goffman, E. Stigma: Notes on the management of spoiled identity [M]. Englewood Cliffs: Prentice Hall, 1963.

Goggin, M L. The "too few cases/too many variables" problems in implementation research [J]. The Western Political Quarterly, 1986 (39).

Hall, P A. Governing the economy: The politics of state intervention in Britain and France [M]. New York: Oxford University Press, 1986.

Handler, J F. The conditions of discretion: Autonomy, community, bureaucracy [M]. New York: Russell Sage Foundation, 1986.

Handler, J F. Discretion: Power, quiscence, and trust [M] // Keith Hawkins. The uses of discretion. Oxford: Clarendon Press, 1992.

Harlow, C, Rawling, R. Administrative law [M]. London : Weidenfeld & Nicolson, 1984.

Harmon, M N. Action theory for public administration [M]. New York: Longman, 1981.

Hasenfeld, Y. Citizens' encounters with welfare state bureaucracies [J]. Social Service Review, 1985 (59).

Hasenfeld, Y, Brock, T. Implementation of social policy revisited [J]. Administration and Society, 1991 (22).

Hasenfeld, Y, English, R. Human service organizations [M]. Ann Arbor: University of Michigan Press, 1974.

Hasenfeld, Y, Steinmetz, D. Client-official encounters in social service agencies [M] // C. T. Goodsell. The public encounter. Bloomington, IN: Indiana University Press, 1981.

Hasenfeld, Y, Weaver, D. Enforcement, compliance, and disputes in welfare-to-work programs [J]. Social Service Review, 1996 (70).

Hawkins, K, Thomas, J. Making regulatory precision [M]. Pittsburgh: University of Pittsburgh Press, 1989.

Hayek. New studies in philosophy, politics, economics and the history of ideas [M]. London: Routledge & Kegan Paul, 1978.

Hill, M. Review of Michael Adler, and Stewart Asquith "discretion and welfare" [J]. Journal of Social Policy, 1983 (12).

Hill, M. The public policy process [M]. Harlow: Pearson Longman, 2005.

Hirschman, A O. Exit, voice, and loyalty: Response to decline in firms, organization, and state [M]. Cambridge: Harvard University Press, 1970.

Hudson, B. Collaboration in social welfare: A framework for analysis [J]. Policy and Politics, 1987, 15 (3).

Hupe, P, Hill, M. Street-level bureaucracy and public accountability [J]. Public Administration, 2007, 85 (2).

Hvinden, B. The uncertain convergence of disability policies in Western Europe [J]. Social Policy & Administration, 2003, 37 (6).

Jowell, J. The legal control of administrative discretion [J]. Public Law, 1973 (18).

Keiser, L R. State bureaucratic discretion and the administration of social welfare programs: The case of social security disability [J]. Journal of Public Administration Research and Theory, 1999 (9).

Kickert, W J M, Klijn, E H, Koppenjan, J F M. Managing complex networks: Strategies for the public sector [M]. London: Sage, 1997.

Kroeger, N. Bureaucracy, social exchange, and benefits received in a public assistance agency [J]. Social Problems, 1975 (23).

Lettinga, B, Moulijn, M. Frontline professionals in the age of institutional rearrangement: The case of needs assessment for public services [R]. Paper presented at the Annual Work Conference 2004 of the Netherlands Institute for Government, Rotterdam, 2004.

Levine, S, White, P. Exchange as a conceptual framework for the study of interorganisational relationships [J]. Administrative Science Quarterly, 1961 (5).

Lincoln, Y. Organization theory and inquiry: The paradigm revolution [M]. Beverly Hills, Calif.: Sage, 1985.

Linders, S H, Peters, B G. A design perspective on policy implementation: The fallacies of misplaced prescriptions [J]. Policy Studies Review, 1987, 6 (3).

Lipsky, M. Towards a theory of street-level bureaucracy [M] //W. Hawley & M. Lipsky. Theoretical perspectives on urban politics. Englewood Cliffs: Prentice-Hall, 1977.

Lipsky, M. Standing the study of public policy implementation on its head [M] // W. D. Burnham and M. W. Weinberg. American Politics and Public Policy. Cambridge, MA: MIT Press, 1978.

Lipsky, M. Street-level bureaucracy: Dilemmas of the individual in public services [M]. New York: Russell Sage Foundation, 1980.

Mashaw, J L. Bureaucratic justice: Managing social security disability claims [M]. New Haven, Conn.: Yale University Press, 1983.

Maupin, J R. Control, efficiency, and the street-level bureaucrat [J]. Journal of Public Administration Research and Theory, 1993, 3 (3).

Maynard-Moody, S, Kelly, M. Stories public managers tell about elected officials: Making sense of the defunct dichotomy [M] //Barry Bozeman. Public management. San Francisco: Jossey-Bass, 1993.

Maynard-Moody, S, Musheno, M. Cops, teachers, counselors: Stories from the front lines of public service [M]. Ann Arbor, MI: University of Michigan Press, 2003.

Mazmanian, D A, Sabatier, P. Effective policy implementation [M]. Lexington, Mass.: Lexington Books, 1981.

Merton, R K. Social theory and social structure [M]. Glencoe, IL: The Free Press, 1957.

Meyers, M K, Glaser, B, and MacDonald, K. On the front lines of welfare delivery: Are workers implementing policy reforms? [J]. Journal of Policy Analysis and Management, 1998 (17).

Miller, G A. Professionals in bureaucracy: Alienation among in dustrial scientists and engineers [J]. American Sociological Review, 1967 (32).

Moe, M. Environmental administration in Denmark [N/OL]. [2010-11-09]. http://www. mst. dk/books/moe/7. htm.

Oyen, E. Structural rationing of social service benefits in a welfare state [M] //Grunow, D, & Hegner, F. Welfare or bureaucracy? Problems of matching social services to clients' needs , Research on Service Delivery, Vol Ⅱ, Cambridge, Mass: Oelgeschlager, Gunn & Hain, 1980.

Pressman, J L, Wildavsky, A. Implementation [M]. 3rd ed. Berkeley: University of California Press, 1984.

Prottas, J M. People-processing: The street-level bureaucrat in public service bureaucracies [M]. Lexington, MA: Lexington Books, 1979.

Quade, E S. Analysis for public decision [M]. 3rd ed. New York: Elsevier Science Publishing Co. Inc. , 1989.

Rhodes, R A W. Understanding governance [M]. Buckingham: Open University Press, 1997.

Rhodes, R A W. What is new about governance and why does it matter? [M] //J. Hayward and Menon. Governing Europe. Oxford: Oxford University Press, 2003.

Richard, T M. The gift relationship: From human blood to social policy [M]. New York: The New Press, 1970.

Sabatier, P A. Top-down and bottom-up approaches to implementation research: A critical analysis and suggested synthesis [J]. Journal of Public Policy, 1986 (6).

Sabatier, P A, Mazmanian, D. The conditions of effective implementation: A Guide to accomplishing policy objectives [J]. Policy Analysis, 1979 (5).

Sainsbury. Internal reviews and the weakening of social security claimants "rights of appeal" [M] // G. Richardson and H. Genn. Administrative law and government action. Oxford : Clarendon, 1994.

Sayre, W. Premises of public administration: Past and emerging [J]. Public Administration Review, 1958, 18 (2).

Scott, J C. Political clientelism: A bibliographical essay [M] // Steffan W. Schmidt. Friends, followers, and factions: A reader in political clientelism. Berkeley: University of California Press, 1977.

Simon, H A. Administrative behaviour [M]. 2nd ed. New York: Macmillan, 1957.

Snellen, I Th M. The quest for a subservient public administration: Wilson, Weber, street-level bureaucrats, New Public Management and the web [R]. Paper presented at the EGPA 2004 Annual Conference, Ljubljana, 2004.

Van der Veen, R J. De sociale grenzen van beleid: Een onderzoek naar ee uitvoering en effecten van het stelsel van sociale zekerheid [M]. Leiden: Stenfert Kroese, 1990.

Van Meter, D S, and Van Horn, C E. The policy implementation process: A conceptual framework [J]. Administration and Society, 1974 (6).

Wasserman, H. The professional social worker in a bureaucracy [J]. Social Work, 1971 (16).

Weatherley, R A. Reforming special education: Policy implementation from state level to street level [M]. Cambridge, Mass. : MIT Press, 1979.

Weatherly, R A, and Lipsky, M. Street-level bureaucrats and institutional innovation: Implementing special-education reform [J]. Harvard Educational Review, 1977 (47).

Wilson, J Q. The politics of regulation [M] //J. Q. Wilson. The politics of regulation. New York: Basic Books, 1980.

Wilson, J Q. Bureaucracy: What government agencies do and why they do it [M]. New York: Basic Books, 1989.

Wilson, W. The study of administration [M] //J. Shafritz & A. Hyde. Classics of public administration [M]. 2nd ed. Chicago: The Dorsey Press, 1987.

Winter, S. Information asymmetry and political control of street-level bureaucrats: Danish agro-environmental regulation [R]. Paper prepared for the Annual Meeting of the American Association of Policy Analysis and Management held in Seattle November 2 –4, 2000.

Winter, S C. Explaining street-level bureaucratic behavior in social and regulatory policies [R]. Paper presented at the annual meeting of the American Political Science Association, Boston Marriott Copley Place, Sheraton Boston & Hynes Convention Center, Boston, Massachusetts, Aug 28, 2002.

Wood, B D, Waterman, R. Bureaucratic dynamics: The role of bureaucracy in democracy [M]. Boulder, Colo: Westview Press, 1994.

Young, O R. Regime dynamics: The rise and fall of international regimes [M] //Krasner, S. International regimes. Ithaka, New York: Cornell University Press, 1983.

Zald, M N, Garner, R A. Social movement organizations: Growth, decay, and change [M] //Mayer N. Zald and John D. McCarthy. Social movements in an organizational society. New Brunswick, N. J. : Transaction Books, 1987.

Zuurmond, A. From bureaucracy to infocracy: Are democratic institutions lagging behind? [M] // I. Th. M. Snellen and W. B. J. H. van de Donk. Public administration in an information age. Amsterdam: IOS Press, 1998.

附录一　访谈提纲

农村中小学布局调整政策访谈提纲（基层官员）

【县级政府层面：教育局等部门的负责人、工作人员；学校层面：学校校长、副校长、教务长等】

1. 听说您的工作经历、教育经历很丰富，能不能简要地介绍一下？

2. 这次我们主要想了解一下农村中小学布局调整的一些情况，贵县（市）在这方面主要取得了哪些成绩？

3. 能不能简要介绍一些开展农村中小学布局调整工作的过程，比如具体的实施方案？

4. 这个过程很有意思。那么你们开始是如何动员大家工作的呢？大家的反应如何？

5. 我看我们这里的条件并不算特别好，开展工作应该有一定难度，贵县（市）在撤并和缩减小（中）学时主要依据什么？像我们这里的人口密度、地理环境、民族文化等因素是如何考虑的？

6. 农村中小学布局调整之后您觉得最大的变化是什么？布局调整后学校的办学条件、教师队伍、教育质量是否有了明显提高？具体表现在哪里？

7. 您觉得国家为什么要实施农村中小学布局调整？您知道国家有哪些政策直接和布局调整有关？是否还记得一些要求？

8. 您是如何理解这个政策的？

9. 贵省是否制定了与农村中小学布局调整相关的政策？具体内容包括哪些？

10. 在工作开展过程中，和上下级沟通方面有时候会出现理解不一致的现象。您在工作中是否也有过类似的经历？（举例）

11. 农村中小学布局调整专项基金申请的程序大概是什么样？专项基金主要用在了哪几所学校，主要用途是什么？这些专项基金在多大程度上满足了学校建设要求？

12. 贵县（市）还有多少个教学点？有没有一些教学点按要求应该撤并但是还保留着？原因是什么？

13. 农村中小学布局调整之后有没有出现一些新的问题，比如有没有一些学生是因为附近没有学校或者上学太远而不能上学（辍学）？寄宿制学校学生增加之后，吃饭、住宿、安全、管理等是否有了新问题？（有没有安排专门的生活老师？）

14. 被撤销学校的房屋是如何处理的？由哪个单位负责？

15. 家长们如何看待学校撤并（寄宿制学校）？这个过程中有没有遇到家长的阻挠？您是如何做家长工作的？（举例）

16. 您认为在开展农村中小学布局调整工作中，还有哪些因素影响了政策的落实？（举例）

17. 农村中小学布局调整工作的成绩是否计入您的工作业绩考核？如何考核？

18. 为了取得更好的政策效果，您觉得这项政策从文本上还应该从哪些方面完善？从落实层面还需要进一步做什么工作？

农村中小学布局调整政策访谈提纲（教师）

【农村中小学布局调整过程中工作有变化的教师】

1. 您来这所学校工作多少年了？
2. 原来那所学校什么时候被撤掉的，学校现在还在不在、用来做什么？
3. 您觉得那所学校为什么被撤掉？
4. 您是什么时候知道这个消息的？谁来通知您的？
5. 当时家长有什么说法？
6. 您本人如何看这个问题？

7. 现在的工作和之前相比有什么变化？您自己有没有变化？
8. 当时学校被撤的大致过程您应该还有印象吧，能不能简要说一下？
9. 学校合并后，您觉得学生成绩有没有变化？
10. 您有小孩吗？他们在哪里读书？

农村中小学布局调整政策访谈提纲（家长）

【农村中小学布局调整过程中子女学校有变动的家长】

1. 您家里有几口人？主要收入靠什么？
2. 您有几个小孩，分别上几年级？
3. 小孩上学大概要多长时间？是自己去还是家长送？
4. 小孩多久回来一次，您觉得和以前有变化吗？
5. 一个小孩一个星期大概花多少钱？和之前相比有变化吗？
6. 您愿意让小孩在附近上学还是到远一点的学校上学？
7. 当时村子里的学校是怎么被撤掉的？您是如何知道的？
8. 当时村子里的人都怎么看？
9. 原来的学校是什么时候建的？谁建的？
10. 村子里的小孩都去您小孩去的那个学校上学吗？
11. 现在的老师多久和你们联系一次？
12. 您会去学校找老师了解一下小孩的学习情况吗？多长时间一次？
13. 您对自己的小孩有什么期望？

附录二　开和县“十二五”期间农村中小学布局调整经费使用方案（按学校汇总）

学校名称		建设规模（万元）	“十二五”规划投资（万元）				
			2011年	2012年	2013年	2014年	2015年
中学	**开和县巴燕初级中学**	11424.00	3782.00				
	开和县第二中学	20805.00		900.00			
	开和县第三中学	14349.00	836.00				
	开和县第四中学	18808.00		2815.00			
	开和县民族中学（初中部）	10779.00	925.00				
九年一贯制学校	**群科新区九年一贯制学校**	81200.00		16400.00			
小学	**支扎中心完小**	2560.00					500.00
	支扎上米乃海完小	1075.00				240.00	
	支扎东朋完小	680.00					680.00
	查甫乡中心学校	3160.00	600.00				
	查甫跃洞完小	1363.00			308.00		
	查甫下曲加完小	525.00				105.00	
	查甫来洞完小	268.00					65.00
	查甫加斜完小	278.00		65.00			
	查甫中曲加完小	265.00					865.00
	雄先乡中心学校	4816.00	931.00				
	雄先希望完小	1312.00			858.00		
	雄先角加完小	374.00				90.00	
	扎巴镇全藏滩完小	1762.00					414.00
	扎巴镇中心完小	3060.00		982.00			
	扎巴镇泉古拉完小	1634.00				305.00	
	扎巴镇拉曲完小	605.00					126.00

续表

学校名称		建设规模（万元）	“十二五”规划投资（万元）				
			2011 年	2012 年	2013 年	2014 年	2015 年
小学	扎巴镇大拉曲完小	299.00				60.00	
	扎巴镇黄麻完小	717.00			140.00		
	扎巴镇夸什吉完小	1630.00		335.00			
	扎巴镇浪隆完小	1189.00			280.00		
	牙什尕镇中心学校	4877.00		960.00			
	牙什尕镇黑城学校	1405.00				280.00	
	牙什尕镇参果滩完小	651.00					160.00
	牙什尕镇唐沙完小	1008.00					200.00
	牙什尕镇完干滩完小	1260.00		240.00			
	牙什尕镇拉公麻完小	715.00					140.00
	牙什尕镇牙什尕完小	1084.00				910.00	
	牙什尕镇北岸完小	460.00			96.00		
	群科镇中心完小	1593.00				1002.00	
	群科新区特殊学校	2949.00	692.00				
	群科镇新区完小	4492.00	1548.00				
	群科镇舍仁完小	660.00					120.00
	群科镇滩心完小	1398.00		285.00			
	群科镇文卜具完小	409.00					80.00
	群科镇乙沙完小	514.00				100.00	
	群科镇向东完小	901.00		180.00			
	群科镇园艺场完小	413.00				80.00	
	群科镇格尔麻小学	850.00			170.00		
	群科镇公义完小	460.00			92.00		
	德恒隆乡中心学校	4800.00					969.00
	德恒隆乡安措小学	642.00				120.00	
	德恒隆乡黄吾具小学	496.00			96.00		

续表

学校名称		建设规模（万元）	“十二五”规划投资（万元）				
			2011 年	2012 年	2013 年	2014 年	2015 年
小学	德恒隆乡亚曲完小	1003.00				190.00	
	德恒隆乡哇家滩完小	1663.00			329.00		
	德恒隆乡培侨希望小学	2548.00				650.00	
	德恒隆乡若索完小	4651.00	844.00				
	沙连堡乡中心学校	1800.00					920.00
	沙连堡乡科才昂完小	1320.00			245.00		
	沙连堡乡冶一完小	1366.00		355.00			
	沙连堡乡塔加完小	1468.00			315.00		
	木昆乡中心完小	2821.00	852.00				
	木昆乡月草初小	1490.00				281.00	
	木昆乡太山完小	1012.00		199.00			
	木昆乡纳哈隆完小	216.00					60.00
	木昆乡列仁初小	216.00				60.00	
	昂思多镇中心学校	3800.00		1048.00			
	昂思多镇梅加完小	1940.00			380.00		
	昂思多镇拉昂完小	1958.00				378.00	
	昂思多镇关相口完小	1309.00				260.00	
	昂思多镇先群完小	1462.00					280.00
	昂思多镇关沙初小	1149.00			220.00		
	德加中心学校	2598.00					900.00
	德加尕什加完小	1540.00					300.00
	德加尔尕昂完小	1886.00		1066.00			
	德加扎浪滩完小	1734.00			340.00		
	二塘乡中心学校	4900.00		988.00			
	二塘乡香里胡拉完小	1503.00				300.00	
	二塘乡庄子湾完小	1586.00					300.00

续表

学校名称		建设规模（万元）	“十二五”规划投资（万元）				
			2011 年	2012 年	2013 年	2014 年	2015 年
小学	**二塘乡科却完小**	5529.00					1098.00
	二塘乡工哇滩完小	1635.00		325.00			
	二塘乡三塘完小	1408.00			281.00		
	二塘乡尕吾山完小	1741.00				341.00	
	开和县第一小学	4141.00		1828.00			
	开和县第二小学	8150.00	1420.00				
	巴燕镇缠么完小	1881.00		360.00			
	巴燕镇中心完小	4640.00	969.00				
	巴燕镇李家庄完小	1931.00		386.00			
	巴燕镇中拉干完小	1544.00			308.00		
	巴燕镇辛家瑶完小	1222.00				240.00	
	巴燕镇下卧里尕完小	1984.00				386.00	
	巴燕镇上吾具初级小学	1361.00					260.00
	巴燕镇地滩完小	1872.00				364.00	
	巴燕镇寺尔沟完小	1487.00			296.00		
	巴燕镇金家庄完小	1931.00				386.00	
	谢家滩乡中心学校	1967.00			476.00		
	谢家滩乡拉扎完小	1451.00		290.00			
	谢家滩乡吊沟完小	1602.00		320.00			
	谢家滩乡窑隆完小	1259.00			250.00		
	谢家滩乡朱家湾完小	1352.00				270.00	
	石大仓乡中心学校	4660.00				1000.00	
	石大仓乡项加吾具初小	1254.00					250.00
	石大仓乡小金源完小	1448.00					288.00
	石大仓乡台力盖完小	1370.00		260.00			
	石大仓乡乙什扎完小	2111.00			400.00		

续表

学校名称		建设规模（万元）	“十二五”规划投资（万元）				
			2011 年	2012 年	2013 年	2014 年	2015 年
小学	**初么乡中心学校**	5939.00	1134.00				
	初么乡初麻完小	1962.00				380.00	
	初么乡沙尔洞完小	2112.00					422.00
	初么乡拉许初小	1294.00				260.00	
	金源乡中心学校	6480.00			1200.00		
	金源乡尖科初小	1174.00			220.00		
	金源乡土哇仓初小	1291.00				248.00	
	金源乡科巴完小	1405.00					281.00
	金源乡恰加完小	1302.00				260.00	
	塔加乡中心完小	4290.00	740.00				
	塔加乡下尕洞小学	1420.00			280.00		
	塔加乡白加吉完小	1257.00				260.00	
	塔加乡旦么初小	1281.00			256.00		
	塔加乡贡什加完小	1477.00		294.00			
	甘都镇中心学校	5134.00	1015.00				
	甘都街完小	5860.00		1155.00			
	甘都镇隆康完小	5444.00			1105.00		
	甘都镇桥五完小	5669.00				1000.00	
	甘都镇东三完小	5671.00					1100.00
	甘都镇沙沟完小	5575.00					992.00
	甘都镇上四完小	5534.00				999.00	
	甘都镇东风完小	6444.00			1181.00		

注：加粗标记的为重点中小学，原文件也如此标记。

索　引

H

J

K

L

后　　记

每个从事教育的人多少都带有理想主义色彩，似乎都坚定不移地相信“教育改变命运”，当然，我也包括在内。但是，当到一些城镇、村落见到那些连孩子们吃饭和睡觉都成为问题的学校时，当见到从纯真地高喊着“我要上学”到面无表情地回答“没什么意思”的一批学生时，当校长惨淡地描述自己的工作“忍辱负重”的时候，当村支书感叹连续八年没有一个大学生时……我不禁要自问，教育的意义是什么？课本的答案似乎并不能解释这些不是个案的现象和问题。与很多研究者一样，我也诉诸研究。在探求原因的过程中，很多人都归结于“制度就是这样”、“上面的政策就是这样要求的”。而让他们解释制度和政策的时候，通常听到的是“一声叹息”。再继续追问，发现每个人理解的制度或政策其实是千差万别的。

“政策”是一个听起来很宏大但实际上很现实的一个概念，每个人都生活在政策的环境中，如经济政策、环境政策、医疗卫生政策等等，当然，还有跟每个人都息息相关的教育政策。但是，传统的观念都认为政策是政府的事情，普通民众即便关心也无可奈何。事实上很多人都在影响着政策，比如教师授课，他执行的便是课程政策；比如家长把学生送到很远的县城小学去寄宿，他也参与到了布局调整政策中。既然教育政策的参与群体如此之多，这就为政策研究提供了资料源泉。在社会科学研究中，人们的行为、态度、价值判断、意愿等都属于可探知的经验事实，它们与各种档案、公文等文献资料一并成为经验研究的第一手资料。

教育政策与其他社会公共政策一样，过程复杂而且充满着矛盾和变化，同时在制定和执行过程中存在着种种“黑洞”而难以接近并探究事实。同时，教育政策又由于教育政策的目标群体是人，而人的发展很难在短时期内进行恰当评估，因而对教育政策的时效性难以进行客观公正的评价。还有，人的发展也是不可逆的，因此教育政策似乎需要格外慎重。

从学术研究的角度来讲，教育政策研究似乎并没有完全进入教育研究主流领域。这与很多人的质疑不无关系。在很多次调研路途中，我都在反思研究的意义。研究一定要能改变现状才能称为“有意义”吗？自然，多数研究者都潜藏着这样一种抱负。但是，如果明确知道研究结果并不能改观现实的时候，这样的研究值得坚持吗？在整个博士学位论文选题阶段，这样一个问题确实一直困扰着我。于是，我尝试改变研究的叙事方式，拟将案例嵌入社会场景，试图将完整的事件以多视角的方式呈现。这样，将研究问题置于一个模糊而又确定的背景之中，掩藏个人的学术野心，通过对复杂环境中个人行动和决策过程的叙述，让读者明白政策执行其实并不能完全抽离出来作为一个纯粹的研究对象。或者，从另外一种意义上讲，政策的意义不在于政策目的本身，而在于其作为建构或者改变社会秩序的一种力量。

对于一项政策，最容易观测的是政策的实际影响。当然，我们可能对很多教育政策的内容、执行效力都有着诸多不满，但是大多数时候这种不满都表现为抱怨、批判甚或缄默。作为研究者，我当然也有此等情绪，但我更希望自己能像一个学者那样理性地分析事实并探明背后的结构和制度。然而，政策制定过程一向被视为一个“黑箱”过程，再加上存档资料获取中人为设置的一些障碍，要接近政策制定过程相当艰难。最重要的是，制定的政策究竟实效如何，并不是完全由政策制定者决定的，而是很大程度上依赖于参与人数众多、利益冲突剧烈、延续链条烦琐的政策执行。

而在这个链条中，基层组织是最后一根链条，常因为“弱权力”而表现出非制度、非结构特征，也由此常处于一种被“疏离”的状态。处于基层的管理者，受到明确的行政体制和潜在的区域风俗的多重影响，这本身就可能是一种冲突，而这种冲突也无声地依附于基层官员的决策和行为。比如同样一种政策，在各地的执行既千差万别也不约而同，问其原因，基层官员使用的方法和说辞各不相同。基层官员在政策执行中到底如何决策，为何做出特定决策？已有的研究成果似乎很难给出合理的解释。我自己在研究问题确定的时候也是一种无从下手的感觉，对某些因素似乎能够笼统地把握，但是好像又无法纳入一个清晰的分析框架中。

本研究基于“过程－事件”分析的立场，注重基层官员行为过程的动态性、流动性，这种立场较以往的“结构－制度”分析，改变了静态的、固定的、结构化的社会分析范式。孙立平在阐述这种分析策略时说：“如同印象派画家将空气和阳光看作流动的一样，将社会现象看作流动、鲜活的，在动态中充满着种种隐秘。”① 与生活在城市的管理者相比，基层官员所处的环境程式化和模式化的特征并不是特别明显，分析基层官员的行为也只有置于事件过程中进行，才能察觉他们在一些重要而敏感事件中决策的困境。

我在探究基层的政策执行时，赋予基层官员以鲜活的个性，描述其在政策过程中的个人决策和行动。也许有人试图在本书中寻找激发基层官员行动的根本动机，从某种意义上来说，这种归因的意图是合理的。但是，这样一种诉求也许会破坏对基层官员本身所处情境的关注，而且，最重要的是，很多时候个体在决策时并不是自由选择，当然也并没有明确的目的。很多时候，基层官员只能选择自愿或者不自愿。

本书并非是要为“基层官僚”正名。看到本书，估计很多读者会想到20世纪初马克斯·韦伯提出的“官僚制”概念，我最初也想尝试使用这样的术语。但是，“官僚”的概念在我们的观念中几乎等同于“低效”、“浪费”、“人浮于事”，甚至“无能”、“无礼”、“僵化”，而且都有大量的例子可以证明。为避免浪费笔墨讨论该术语的感情色彩，也为了抑制情感的冲突，我最终选择了听上去更加中性的“基层官员”，以提供客观认识这一群体的基础，并尝试以事实还原为基础描述基层官员执行政策的过程。

“基层官员”或者“基层官僚”是个集体的概念。如果人们承认即便处于行政管理体制中，个人也还是个人，那么本研究就是有意义的。本研究把基层官员置于政策执行的场景当中，对县级层面的政策执行过程进行

① 孙立平．“过程－事件”分析与对当代中国农村社会生活的洞察［M］//王汉生，杨善华．农村基层政权运行与村民自治．北京：中国社会科学出版社，2001：11．

了描述，并尝试借助社会秩序理论进行解释。这种理论的应用可以规范研究目的，而且可以以实证的方式发挥描述和解释的功能，从而有助于理解基层官员政策执行的普遍运行机制。

本研究以农村中小学布局调整政策执行过程中出现的问题为起点，以县级及县级以下单位，包括教育局、乡镇政府、学校在内的参与到政策执行的群体为研究对象，分析政策执行中基层官员的决策过程和行为，并置于社会秩序的理论框架中进行讨论。这是一种微观的政策执行研究。书中以叙述的方式再现了基层官员如何决策，采取什么方式撤并学校，怎样与教师和家长群体交互。在这个过程中，我并没有给基层官员贴标签，而是以一种客观记录的方式集中揭示了基层官员在政策执行中的决策困境：面对高度概括甚至模糊的政策标准，处于政策资源相对匮乏的情境，他们不仅需要应对自上而下的行政规制，也要呼应横向的管理部门，同时还要处理不同目标群体的需求和抗议，并接受行政管理的绩效考评。在这样一种多重张力和冲突下，基层官员面临的政策不再是纯粹的政策，他们以个体的经历和知识背景重新解构政策的价值，对政策目标也进行了简化或者替换的调整，同时抽象的政策标准也被快速地转化为一些具体的部门任务，而针对目标群体的需求，他们最擅长进行差异化处理。

本研究的视角摆脱了已有很多研究中对研究对象的集体化处理，因为任何政策执行的决议其实都是基层官员个体制定的，基层官员的个体行动是在政策情境中与制度、规则及相关人员的一种互动。本研究将这种个体行为规则置于社会秩序规则的理论脉络中，考察政策执行与社会秩序的关系，使得问题的研究更具有普遍意义和实践价值。

另外，特别值得一提的是，本研究使用了大量的第一手资料，这些访谈、观察和问卷（尽管考虑到研究范式应用很少）资料为事实分析和理论阐释提供了坚实的基础。当然，这些资料也可能为其他研究者提供更多视角的分析材料。

事实上，在这样一部小著作中涉及很多大问题，结果必然是不能做到周延和详密。有些朋友建议可以在理论高度上再提高一个层面，或者衍生出一个理论模型；有的朋友则建议只需保留事实描述就足以体现其价值。

由于我本人个人学术能力和研究范围的限制，似乎并不能在理论化或者应用化方面更进一步，当然也不敢期待对教育政策研究有独特的贡献。

在本研究基础上，还可以继续讨论的是：

其一，研究样本的丰富。本研究的取样基本集中在偏远地区教育资源相对匮乏的地区，因此，在分析决策困境的时候归因分析不够完善。在之后对布局调整政策的持续关注中，我发现在一些城市，学校的调整似乎也有独特的原因，比如由于一所学校的快速发展，另外一所学校受到威胁而最终被撤并等。倘若深入研究，也许可以得出更加丰富的研究结论。

其二，再制定行为的分析。在本研究的政策再制定行为分析中，概括了政策价值、政策目标、政策标准、政策任务以及政策目标群体等要素。但是，这一框架并没有深入讨论基层官员的利益分配和驱动，主要原因是我对资料的收集并没有上溯到更高的行政管理层面。也许，其他研究者可以将基层官员与上级部门交互的个体行为纳入研究框架，从而对再制定行为进行再丰富。

其三，理论框架的延伸。本研究尝试以哈耶克的社会秩序规则进行理论探讨，将政策视为外部规则，将县级层面的教育系统发展视为内部规则。外部规则作为一种行政指令，多带有强烈的目标和强制的力量。而内部规则是在一个区域内部随着漫长的发展过程根据自然和人文环境系统的变化而自生自发而成的一种约定俗成和传统。大多数时候，外部规则的侵入会对内部规则造成一定的影响和破坏，而基层官员作为内部规则和外部规则的掌控者，根据这种规则的冲突力量进行规避和选择，因而出现了形式各异的再制定行为。本研究所做的是将再制定行为置于社会秩序规则中进行分析。当然，还可以进一步将再制定行为与社会秩序规则中各要素之间的关系进行更加细致的分析，进一步拓展理论阐释的深度，同时考虑将理论框架进行本土化迁移，为实现理论创新或者概念创新再前进一步。

本书得以顺利出版，首先要感谢我的导师——北京大学教育学院的陈学飞先生。我以非专业人员进入他的教育政策团队，无论是对导师还是对我自己都是一个极大的挑战。在四年的学习中，陈先生不断鼓励我在工作和生活中寻找研究的问题，因为立足现实的问题具有独特的研究价值；循序引导我阅读各个学科的经典书籍，强调只有主动突破学科界限才能有所创新；告诫我要摒弃无据的论断，尝试掌握客观理性的方式表达自己的观点。陈先生提出要做“理论导向的教育政策经验研究”，确定了整个学术团队的基调和边界，也让我很快能够理解这种研究范式并不断实践。在学术和为人处世方面，陈先生都给我树立了一个“无欲”、“大气”、“淡定”的榜样。因此，生活中即便偶遇不顺，想到此心里便无比踏实。

同时，也要感谢作为我同事和领导的中央民族大学教育学院的苏德先生。正是苏德先生的充分信任，使我能够以一个初学者身份进入联合国教科文组织的课题项目组，让我有机会深入基层长时间蹲守，在获得丰富资料的同时也提升了研究素养。此外，也感谢苏德先生允许我将课题资料用于博士学位论文的撰写中，并在撰写过程中给予了很多建议。

还有在求学期间给予很多指点和建议的各位老师、同学，在工作中给予关照和悉心提携的各位同事，在调研中给予配合和无私帮助的各位朋友，感谢你们。

这是我人生第一本专著，献给我的父母、我的爱人、我的女儿。谢谢你们，让我体会到了人生的所有幸福。

欢迎读者不吝指教，请将意见和批评发至 jiangfengjuan@ muc. edu. cn，谢谢！

江凤娟
2014 年 5 月 31 日

出 版 人　所广一
责任编辑　孔　军
版式设计　杨玲玲
责任校对　贾静芳
责任印制　曲凤玲

图书在版编目（CIP）数据

民族教育政策：基层官员政策再制定行为研究／江凤娟著．—北京：教育科学出版社，2014．11
（中国少数民族教育政策研究丛书）
ISBN 978－7－5041－9070－3

Ⅰ．①民…　Ⅱ．①江…　Ⅲ．①中小学教育—少数民族教育—教育政策—研究—中国　Ⅳ．①G759．2

中国版本图书馆 CIP 数据核字（2014）第 226339 号

中国少数民族教育政策研究丛书
民族教育政策：基层官员政策再制定行为研究
MINZU JIAOYU ZHENGCE：JICENG GUANYUAN ZHENGCE ZAIZHIDING XINGWEI YANJIU

出版发行	教育科学出版社		
社　　址	北京·朝阳区安慧北里安园甲 9 号	市场部电话	010－64989009
邮　　编	100101	编辑部电话	010－64981167
传　　真	010－64891796	网　　址	http://www.esph.com.cn
经　　销	各地新华书店		
制　　作	北京金奥都图文制作中心		
印　　刷	保定市中画美凯印刷有限公司		
开　　本	169 毫米×239 毫米　16 开	版　　次	2014 年 11 月第 1 版
印　　张	15．5	印　　次	2014 年 11 月第 1 次印刷
字　　数	220 千	定　　价	39．00 元